Computer Aided Service Engineering

Springer
*Berlin
Heidelberg
New York
Hongkong
London
Mailand
Paris
Tokio*

August-Wilhelm Scheer · Dieter Spath
Herausgeber

Computer Aided Service Engineering

Informationssysteme in der
Dienstleistungsentwicklung

Schriftleitung:
Ralf Klein · Katja Herrmann

Mit 97 Abbildungen
und 3 Tabellen

Springer

Professor Dr. Dr. h.c. mult. August-Wilhelm Scheer
Institut für Wirtschaftsinformatik im DFKI
Stuhlsatzenhausweg 3, Geb. 43.8
66123 Saarbrücken
E-Mail: scheer@iwi.uni-sb.de

Professor Dr.-Ing. Dieter Spath
Fraunhofer-Institut für Arbeitswirtschaft und Organisation
Nobelstraße 12
70569 Stuttgart
E-Mail: dieter.spath@iao.fhg.de

ISBN 3-540-20888-7 Springer-Verlag Berlin Heidelberg New York

Bibliografische Information Der Deutschen Bibliothek
Die Deutsche Bibliothek verzeichnet diese Publikation in der Deutschen Nationalbibliografie;
detaillierte bibliografische Daten sind im Internet über *http://dnb.ddb.de* abrufbar.

Dieses Werk ist urheberrechtlich geschützt. Die dadurch begründeten Rechte, insbesondere
die der Übersetzung, des Nachdrucks, des Vortrags, der Entnahme von Abbildungen und
Tabellen, der Funksendung, der Mikroverfilmung oder der Vervielfältigung auf anderen
Wegen und der Speicherung in Datenverarbeitungsanlagen, bleiben, auch bei nur auszugs-
weiser Verwertung, vorbehalten. Eine Vervielfältigung dieses Werkes oder von Teilen dieses
Werkes ist auch im Einzelfall nur in den Grenzen der gesetzlichen Bestimmungen des
Urheberrechtsgesetzes der Bundesrepublik Deutschland vom 9. September 1965 in der
jeweils geltenden Fassung zulässig. Sie ist grundsätzlich vergütungspflichtig. Zuwiderhand-
lungen unterliegen den Strafbestimmungen des Urheberrechtsgesetzes.

Springer-Verlag ist ein Unternehmen von Springer Science+Business Media
springer.de

© Springer-Verlag Berlin Heidelberg 2004
Printed in Germany

Die Wiedergabe von Gebrauchsnamen, Handelsnamen, Warenbezeichnungen usw. in diesem
Werk berechtigt auch ohne besondere Kennzeichnung nicht zu der Annahme, dass solche
Namen im Sinne der Warenzeichen- und Markenschutz-Gesetzgebung als frei zu betrachten
wären und daher von jedermann benutzt werden dürften.

Einbandgestaltung: Erich Kirchner, Heidelberg
SPIN 10984512   43/3130 – 5 4 3 2 1 0 – Gedruckt auf säurefreiem Papier

Vorwort der Herausgeber

In Wissenschaft und Praxis hat sich die Erkenntnis durchgesetzt, dass der Erfolg eines Dienstleistungsangebots am Markt entscheidend von der systematischen Entwicklung abhängt. Sowohl neue Ideen als auch Änderungen bestehender Dienstleistungen müssen effektiv und effizient realisiert werden. Der vorliegende Herausgeberband setzt sich vor diesem Hintergrund mit der Fragestellung auseinander, wie ein geeignetes Rahmenkonzept für die Dienstleistungsentwicklung umgesetzt werden kann und welchen Beitrag Informationssysteme dabei leisten können.

Wesentliche Ergebnisse des vom Bundesministerium für Bildung und Forschung geförderten Projekts Computer Aided Service Engineering Tool (CASET) werden in den einzelnen Beiträgen dieses Buchs vorgestellt. Dabei wird die methodische Dienstleistungsentwicklung nicht auf eine technische Komponente reduziert, sondern aus einer ganzheitlichen Perspektive heraus untersucht. Auf diese Weise leistet die angewandte Forschung einen weiteren wichtigen Beitrag zur interdisziplinären Diskussion um das Thema Service Engineering.

Unser besonderer Dank gilt den Mitarbeiterinnen und Mitarbeitern am Institut für Wirtschaftsinformatik im DFKI, Saarbrücken, sowie am Institut für Arbeitswissenschaft und Technologiemanagement der Universität Stuttgart. Ihrem engagierten Einsatz im Projekt CASET verdanken wir die vorliegenden Ergebnisse. Darüber hinaus danken wir den am Projekt beteiligten Finanzdienstleistern und Softwarehäusern für die zahlreichen Anregungen, die konstruktiven Vorschläge sowie für ihren Beitrag zur Evaluation der erarbeiteten Lösungen.

Wir wünschen dem interessierten Leser eine aufschlussreiche Lektüre und eine Vielzahl wertvoller Anregungen für die Umsetzung in der Praxis.

August-Wilhelm Scheer
Dieter Spath

Inhaltsverzeichnis

Vorwort V

Grundlagen des Computer Aided Service Engineering

Softwaregestütztes Service Engineering – Eine Einführung
Ralf Klein, Oliver Strauß 3

Konzeptionelle und informationstechnische Anforderungen an eine systematische Dienstleistungsentwicklung
Peter Schreiner, Oliver Strauß 13

Vorgehensweisen zur systematischen Entwicklung von Dienstleistungen im Überblick
Christine Daun, Ralf Klein 43

Konfigurierbare modulare Vorgehensmodelle zur Entwicklung von Dienstleistungen
Oliver Strauß, Tek-Seng The, Anette Weisbecker 69

Methodenbasierte Visualisierung von Dienstleistungen
Katja Herrmann, Ralf Klein 93

Integriertes Kennzahlensystem für die Bewertung von Dienstleistungen
Inka C. Mörschel, Dietmar Kopperger 121

Softwaregestütztes Controlling der Dienstleistungsentwicklung
Katja Herrmann, Ralf Klein 145

Konzeption eines Service Engineering Tool
Katja Herrmann, Ralf Klein 175

Architektur eines Service Engineering Tool
Tek-Seng The 205

Computer Aided Service Engineering in der Praxis

Realisierung eines Prototyps zur Dienstleistungsentwicklung
Matthias Dannenberg, Christian Raether, Oliver Pape 227

Die Rolle des softwaregestützten Prozessmanagements in Dienstleistungsentwicklungsprojekten
Christoph Klein, Michael Schnüttgen 249

Softwaregestützte Dienstleistungsentwicklung am Beispiel des Finanzdienstleistungsprodukts „S BerlinKonto Brillant"
Peter Schreiner, Alexander Zacharias 267

Dienstleistungsentwicklung bei einem internen IT-Dienstleister
Thomas Bassler 289

Kommentare aus der Praxis 307

Autorenverzeichnis 315

Grundlagen des Computer Aided Service Engineering

Softwaregestütztes Service Engineering – Eine Einführung

Ralf Klein
Institut für Wirtschaftsinformatik (IWi) im Deutschen Forschungszentrum für Künstliche Intelligenz (DFKI), Saarbrücken

Oliver Strauß
Institut für Arbeitswissenschaft und Technologiemanagement (IAT) der Universität Stuttgart,
Fraunhofer-Institut für Arbeitswirtschaft und Organisation (IAO), Stuttgart

Inhalt

1 Einführung in das Computer Aided Service Engineering
2 Überblick über ausgewählte Untersuchungsbereiche des Computer Aided Service Engineering

1 Einführung in das Computer Aided Service Engineering

Die kontinuierliche Suche nach Dienstleistungsinnovationen hat sich für viele Unternehmen zu einem kritischen Erfolgsfaktor entwickelt. Veränderte Rahmenbedingungen wie das Eindringen branchenfremder Wettbewerber, eine zunehmende Marktdynamik oder einschneidende technologische Innovationen stellen für Unternehmen nicht nur eine Herausforderung dar, sondern bieten ihnen zugleich die Chance, durch innovative Dienstleistungsangebote die Kundenbindung zu erhöhen. Während diese Erkenntnis bei Dienstleistungsanbietern nicht zuletzt auf Grund des kaum vorhandenen Schutzes durch das Patentrecht und der damit vergleichsweise einfachen Möglichkeit einer zeitnahen Leistungsimitation nahe liegt, ergänzen verstärkt auch produzierende Unternehmen ihr Leistungsspektrum um produktnahe Dienstleistungen. Diese fungieren in diesem Zusammenhang als Alleinstellungsmerkmal und dienen der Differenzierung gegenüber den Konkurrenten.

Die mit der Einführung innovativer Dienstleistungen verbundenen Chancen werden in der Realität in vielen Fällen nur unzureichend genutzt. So entwerfen Unternehmen Dienstleistungsprodukte häufig unstrukturiert nach dem „hit-and-miss" Ansatz. Ein fehlendes Innovations- und Entwicklungsmanagement für Dienstleistungen sowie ein Mangel an spezifischen Vorgehensweisen, Methoden und Werkzeugen sind Symptome hierfür. Das Fehlen eines methodischen Vorgehens spiegelt sich beispielsweise in einem unsystematischen Generieren und Definieren von Ideen, in der mangelnden Abstimmung von Dienstleistungsdesign, Kundenbedürfnissen und verwendeten Technologien oder in unzureichenden Tests hinsichtlich möglicher Schwachstellen wider. Neben den fachlich-methodischen Defiziten können auch ungeeignete organisatorische Strukturen zum Scheitern einer Dienstleistung am Markt führen. Eine weitere Herausforderung ist mit den Technologien verbunden, die oftmals ebenso komplex wie dynamisch sind und sich nur für viel Geld in kundengerechte Dienstleistungsangebote transformieren lassen, gleichzeitig jedoch die größten Erfolgsmöglichkeiten für erfolgreiche Innovationen bieten.

Gelingt es einem Unternehmen, den genannten Herausforderungen durch einen entsprechenden Methodeneinsatz zu begegnen, ergeben sich daraus wichtige Wettbewerbsvorteile. Andernfalls kommt es mit hoher Wahrscheinlichkeit zu

Dienstleistungsflops und einer Schwächung der Wettbewerbsfähigkeit. Die strukturierte Entwicklung von Dienstleistungen im Sinne des Service Engineering bietet die Möglichkeit, bei gleichzeitiger Senkung der Misserfolgsrate Produkte schneller am Markt zu positionieren. Nach SCHEER zielt Service Engineering als Disziplin „auf die Entwicklung methodischer Instrumentarien für die systematische Planung und Realisierung von Dienstleistungsprodukten und -prozessen" ab. Detaillierter formuliert beschäftigt sie sich nach BULLINGER mit der „systematischen Entwicklung und Gestaltung von Dienstleistungen unter Verwendung geeigneter ingenieurwissenschaftlicher Methoden, Vorgehensweisen und Werkzeuge". Service Engineering kann entscheidend dazu beitragen, die eigene Position am Markt explizit hervorzuheben und sich von anderen Unternehmen abzugrenzen.

Die Notwendigkeit des Einsatzes spezifischer Vorgehensweisen und Methoden im Rahmen von Dienstleistungsentwicklungsprojekten hat in der Praxis mittlerweile weitgehende Akzeptanz gefunden. Für die schnelle und effiziente Realisierung fehlt es bei der Entwicklung komplexer Dienstleistungen aber noch an einer speziellen softwaretechnischen Unterstützung. Zwar werden in Unternehmen unterschiedliche Softwarelösungen eingesetzt, jedoch decken diese lediglich einzelne Aufgabenbereiche ab. Eine integrierte Gesamtlösung, die den Entwicklungsprozess von der Ideenfindung bis zur Markteinführung begleitet, existiert bislang noch nicht.

Die zentrale Aufgabe einer solchen Softwareplattform besteht neben der inhaltlich-methodischen Unterstützung des Dienstleistungsentwicklungsprozesses in der Koordination der Informationsflüsse zwischen den an der Erstellung beteiligten Mitarbeitern und damit in der Unterstützung kollaborativen Arbeitens. Dies betrifft nicht nur die Bereitstellung der für die Konkretisierung der Dienstleistungseigenschaften benötigten Informationen, sondern auch die Organisation des Rückflusses entscheidungsrelevanter Informationen aus der Entwicklung ähnlicher Produkte. Das Vorliegen der entscheidungsrelevanten Informationen zum richtigen Zeitpunkt spielt im Entwicklungsprozess insbesondere aus Kosten- und Zeitgründen eine herausragende Rolle, da auf Grund mangelnder Informationen getroffene Fehlentscheidungen in den frühen Phasen eines Projekts zu einem späteren Zeitpunkt zu hohen Änderungskosten führen können.

Zur Vermeidung entsprechender Informationsdefizite sowie zur Minimierung der Time-to-Market versucht die softwaregestützte Dienstleistungsentwicklung über die Parallelisierung der Entwicklungsaktivitäten eine ganzheitliche Sicht auf die im Entwicklungsprozess auftretenden Fragestellungen zu erreichen. Ein Service Engineering Tool ermöglicht die Zusammenführung verschiedener Beschreibungssichten in einem integrierten Datenmodell, sodass zum einen Wechselwirkungen zwischen den festzulegenden Dienstleistungseigenschaften unmittelbar aufgedeckt und Medienbrüche weitgehend vermieden werden können. Zum anderen erlaubt ein solches Repository die Wiederverwendung bereits existierender Komponenten und damit die Nutzung von Synergieeffekten. Darüber hinaus fördert der Einsatz eines Service Engineering-Werkzeugs durch die Verbesserung des Wissensmanagements den Aufbau von Dienstleistungsentwicklungskompetenz in Unternehmen.

Die Lücke der fehlenden informationstechnischen Unterstützung zu schließen, war Aufgabe des Forschungsprojekts „Computer Aided Service Engineering Tool (CASET)", das durch das Bundesministerium für Bildung und Forschung (BMBF) im Rahmen des Programms „Arbeitsgestaltung und Dienstleistungen" gefördert wurde. Das Ziel des Projekts CASET bestand darin, eine Werkzeugumgebung für die systematische Entwicklung, Gestaltung und EDV-technische Unterstützung von Dienstleistungen zu konzipieren, zu realisieren und in der praktischen Anwendung zu erproben.

Mit dieser Zielsetzung eng verbunden war die Entwicklung eines integrierten Rahmenkonzepts für die Gestaltung des Service Engineering-Prozesses. Dieses umfasst zum einen die theoretische Beschäftigung mit den Anlässen für die Neuentwicklung von Dienstleistungen sowie die Untersuchung geeigneter Vorgehensmodelle und Methoden zur Unterstützung der einzelnen Phasen des Entwicklungsprozesses. Beispielhaft seien hier das Design von Dienstleistungen mit integrierten Prozess-, Produkt- und Ressourcenmodellen genannt. Zum anderen wurde eine prototypische Softwarelösung konzipiert und implementiert, die verteilt arbeitende Projekte unterschiedlicher Größenordnung durch die integrierte Bereitstellung von Methoden und Werkzeugen informationstechnisch unterstützt.

2 Überblick über ausgewählte Untersuchungsbereiche des Computer Aided Service Engineering

Empirische Untersuchungen haben ergeben, dass Dienstleistungen im Gegensatz zu materiellen Produkten häufig „ad hoc" entwickelt werden. Es besteht daher ein Optimierungspotenzial, u. a. in den Bereichen Kostenstrukturen und Kundenorientierung, das durch ein systematisches und geplantes Vorgehen ausgeschöpft werden kann. Dies gilt insbesondere, wenn die Entwicklung durch geeignete Softwarewerkzeuge unterstützt wird. Den Ausgangspunkt für die Konzeption des Computer Aided Service Engineering Tool im Rahmen des Projekts CASET bildete die Erhebung des aktuellen Stands der Dienstleistungsentwicklung in den Unternehmen sowie die Analyse der sich daraus ergebenden Anforderungen an eine systematische Entwicklung von Dienstleistungen. Ausgehend von dem erhobenen Ist-Zustand werden im Beitrag *„Konzeptionelle und informationstechnische Anforderungen an eine systematische Dienstleistungsentwicklung"* die Anforderungen an ein Werkzeug zur computerunterstützten Dienstleistungsentwicklung beschrieben. Um das breite Spektrum möglicher Dienstleistungen einzugrenzen, konzentrieren sich die Beiträge des vorliegenden Buchs auf den Finanzdienstleistungsbereich, in dem „reine" Dienstleistungen mit geringem materiellem Anteil vorherrschen.

Eine zentrale Aufgabe des Service Engineering ist die Systematisierung der Dienstleistungsentwicklung mit Hilfe von geeigneten Vorgehensmodellen. Auf diesem Gebiet gibt es bereits etliche Vorarbeiten, auf die bei der Konzeption des CASET-Vorgehensmodells zurückgegriffen werden konnte. Vorgehensmodelle dokumentieren Projektabläufe, Projektstrukturen und Projektverantwortlichkeiten mit dem Ziel, die Planung, Steuerung und Überwachung von Projekten zu unterstützen. Sie kamen ursprünglich in der klassischen Produktentwicklung und im Software Engineering zum Einsatz, sind aber nach einer Anpassung an die Besonderheiten von Dienstleistungen auch in der Dienstleistungsentwicklung anwendbar. Im Beitrag *„Vorgehensweisen zur systematischen Entwicklung von Dienstleistungen im Überblick"* werden die wichtigsten Vorgehensmodelle aus den Bereichen New Service Development und Service Engineering präsentiert und die Zusammenhänge zwischen den verschiedenen Ansätzen hergestellt. Ein Vergleich der Vorgehensmodelle und die Identifikation von Schwachpunkten der bestehenden Ansätze schließen die Darstellung ab.

Bei der Beschreibung eines Vorgehensmodells ist es wichtig, einen Kompromiss zwischen einer sehr detaillierten, aber präskriptiven und einer eher deskriptiven Darstellungsform zu finden. Zum einen darf die Kreativität der Dienstleistungsentwickler durch das Vorgehensmodell nicht eingeschränkt werden, zum anderen soll das Vorgehensmodell methodische Hilfestellung bieten und ein Grundgerüst zur Steuerung, Planung und Überwachung von Projekten bereitstellen. Nach einer Betrachtung der Übertragbarkeit von Konzepten aus dem Software Engineering wird im Beitrag *„Konfigurierbare modulare Vorgehensmodelle zur Entwicklung von Dienstleistungen"* ein modulares, phasenorientiertes Vorgehensmodell dargestellt und Möglichkeiten zur Anpassung des Vorgehensmodells anhand projektspezifischer Kriterien aufgezeigt. Die Beschreibung der Umsetzung der Konzepte im CASET-Werkzeug rundet diesen Beitrag ab.

Eine wichtige Phase des Dienstleistungsentwicklungsprozesses bildet die Konzeptionsphase, in der das Leistungsangebot und die Erbringungsprozesse detailliert ausgearbeitet werden. Die hierzu erforderliche ganzheitliche Beschreibung von Dienstleistungsprodukten wird durch die nichtstoffliche Natur der Dienstleistungen und die große Variationsbreite denkbarer Dienstleistungsangebote erschwert. Im Beitrag *„Methodenbasierte Visualisierung von Dienstleistungen"* wird zuerst eine Übersicht über die semi-formalen Methoden des Molekularmodells und des Service Blueprinting von SHOSTACK gegeben. Diese Ansätze beschreiben jedoch nur die Ergebnis- beziehungsweise die Prozessdimension, während die Ressourcendimension gänzlich unberücksichtigt bleibt. Im Anschluss wird ein integriertes Rahmenkonzept vorgestellt, das aus einem Set aus bekannten und neuen Modellierungsmethoden aufgebaut ist und die ganzheitliche Darstellung des immateriellen Betrachtungsgegenstands unter Berücksichtigung der Ergebnis-, Prozess- und Ressourcendimension ermöglicht. Die einzelnen Modellelemente des Rahmenkonzepts werden mit Hilfe von Metamodellen beschrieben und veranschaulicht.

Bereits früh im Entwicklungsprozess müssen die Qualitätskriterien und Erfolgschancen für eine neue Dienstleistung bewertet und überprüft werden. Das hierzu benötigte Kennzahlensystem muss insbesondere die speziellen Charakteristika von Dienstleistungen, wie etwa den intensiven Kundenkontakt oder die Nichtstofflichkeit, berücksichtigen. Der Beitrag „*Integriertes Kennzahlensystem für die Bewertung von Dienstleistungen*" gibt eine Übersicht über bestehende Qualitätsansätze, wie beispielsweise die von PARASURAMAN, ZEITHAML und BERRY konzipierte SERVQUAL-Methode, und nimmt eine Zuordnung verschiedener Entwicklungsmethoden zu den Phasen des Entwicklungsprozesses vor. Davon ausgehend werden kritische Erfolgsfaktoren im Rahmen der Dienstleistungsbewertung identifiziert und Kennzahlen als Werkzeuge zur Messung dieser Faktoren beschrieben. Der Beitrag schließt mit der Entwicklung eines Bewertungsansatzes für die Finanzdienstleistungsbranche, der aus den drei Komponenten Ordnungskennzahlensystem, Rollenmodell und einer vierstufigen BalancedScorecard-orientierten Darstellung besteht.

Neben der Bewertung der fertigen Dienstleistung am Markt spielt das Controlling der Dienstleistungsentwicklung eine wichtige Rolle im Service Engineering. Dazu beschreibt der Beitrag „*Softwaregestütztes Controlling der Dienstleistungsentwicklung*" zunächst die besonderen Herausforderungen des Controllings der Dienstleistungsentwicklung, wie z. B. die Variationskomplexität bestimmter Leistungsangebote oder die Interdependenzkomplexität durch die Verflechtung von Leistungsangeboten. Mit dem Dienstleistungsentwicklungsassessment, dem Controlling des Dienstleistungsprogramms und dem Entwicklungsprojektcontrolling werden die drei Komponenten des Dienstleistungsentwicklungscontrollings erläutert. Das vorgestellte Controllingsystem zielt insbesondere darauf ab, die strategische Ausrichtung mit den operativen Entwicklungsaktivitäten zu verbinden und somit ein nachhaltiges Innovationsmanagement im Dienstleistungsbereich sicherzustellen. Der Einsatz von Informationsmodellen bildet dabei die Grundlage für die informationstechnische Unterstützung des Dienstleistungsentwicklungscontrollings.

Ein vorrangiges Ziel der Dienstleistungsforschung ist es, ein Werkzeug bereitzustellen, das den gesamten Dienstleistungsentwicklungsprozess über alle Phasen hinweg, d. h. von der Ideenfindung bis zur Markteinführung, abdeckt. Der Beitrag „*Konzeption eines Service Engineering Tool*" beschreibt die wesentlichen Voraussetzungen für eine durchgängige Begleitung des Service Engineering-Prozesses unter Einsatz einer Softwareplattform. Dazu wird zunächst der Gedanke des Computer Integrated Manufacturing (CIM) eingeführt, der auf die ganzheitliche informationstechnische Unterstützung von Abläufen in Industrieunternehmen abzielt. Auf Basis der Abgrenzung von physischen Produkten und Dienstleistungen wird anschließend eine CIM-Architektur für die Anwendung in Dienstleistungsunternehmen abgeleitet. Des Weiteren stellen die Autoren ein Rahmenkonzept für die schrittweise Konzeption eines Service Engineering-Werkzeugs vor, das auf einer generalisierenden Prozessbetrachtung aufbaut. Eine detaillierte, fachkonzeptionelle Beschreibung des Werkzeugs aus Funktions-, Daten- und Steuerungssicht schließt den Beitrag ab.

In Ergänzung zu der Konzeption einer durchgängigen Werkzeugunterstützung der Dienstleistungsentwicklung wird im Beitrag *„Architektur eines Service Engineering Tool"* die technische Konzeption einer Dienstleistungsentwicklungsplattform entwickelt. Der Autor gibt einen Überblick über die Schichtenarchitektur des Werkzeugs, das Konzept zur Anbindung von externen Werkzeugen und das rollenbasierte Benutzungskonzept, das den Anwendern genau die Informationen bereitstellt, die sie für die Bearbeitung ihrer Aufgaben benötigen. Abschließend wird dargestellt, wie während der Entwicklung des Prototyps durch die Erzeugung von Anwendungscode aus Design-Modellen flexibel auf geänderte Anforderungen reagiert werden konnte.

Im zweiten Teil des Buchs berichten die Softwarepartner und die Anwendungspartner aus der Finanzdienstleistungsbranche über die softwaretechnische Umsetzung der Konzepte und den Einsatz des Computer Aided Service Engineering in der Praxis. Im Beitrag *„Realisierung eines Prototyps zur Dienstleistungsentwicklung"* der ISA Tools GmbH wird der Aufbau und die Funktionsweise des CASET-Werkzeugs beschrieben. Die IDS Scheer AG stellt im Beitrag *„Die Rolle des softwaregestützten Prozessmanagements in Dienstleistungsentwicklungsprojekten"* die Umsetzung des Konzepts einer modularen Prozessbeschreibung dar und demonstriert den Nutzen des modularen Ansatzes anhand eines Praxisbeispiels aus dem Finanzdienstleistungsumfeld.

Die Anwendungspartner berichten über ihre Erfahrungen mit den erarbeiteten Methoden, Vorgehensmodellen und der Softwareplattform. Die Deutscher Sparkassen Verlag GmbH zeigt im Beitrag *„Dienstleistungsentwicklung bei einem internen IT-Dienstleister"*, wie mit Hilfe des CASET-Vorgehensmodells das interne und externe Leistungsangebot im Bereich des PC-Service neu strukturiert werden konnte. Die Bankgesellschaft Berlin AG beschreibt in *„Softwaregestützte*

Dienstleistungsentwicklung am Beispiel des Finanzdienstleistungsprodukts ‚S BerlinKonto Brillant'" am Beispiel eines Kontoprodukts die Entwicklung einer Finanzdienstleistung mit Hilfe des CASET-Werkzeugs. Die Berichte aus der Praxis belegen deutlich das Potenzial des systematischen Service Engineering und seiner Unterstützung durch geeignete Softwarewerkzeuge.

Konzeptionelle und informationstechnische Anforderungen an eine systematische Dienstleistungsentwicklung

Peter Schreiner
Oliver Strauß

Institut für Arbeitswissenschaft und Technologiemanagement (IAT) der Universität Stuttgart

Inhalt

1 Dienstleistungen systematisch entwickeln

2 Financial Service Engineering: Systematische Dienstleistungsentwicklung für die Finanzdienstleistungsindustrie

3 Auslöser für die Entwicklung neuer Dienstleistungen
    3.1 Auslöser im Bereich Finanzdienstleister
    3.2 Identifikation wichtiger Einflussfaktoren
    3.3 Vergleich mit anderen Branchen

4 Anforderungen an das Service Engineering neuer Dienstleistungen
    4.1 Stand der Dienstleistungsentwicklung
    4.2 Anforderungen an Service Engineering-Vorgehensmodelle
    4.3 Anforderungen an Service Engineering-Methoden
    4.4 Anforderungen an ein innovatives Dienstleistungsprodukt
    4.5 Dienstleistungsvariantenmanagement

5 Anforderungen an ein Service Engineering-Werkzeug
    5.1 Bisher eingesetzte Werkzeuge und Methoden
    5.2 Funktionale Anforderungen
    5.3 Nicht-funktionale Anforderungen

6 Zusammenfassung

Literaturverzeichnis

1 Dienstleistungen systematisch entwickeln

> *„Dienstleistungen [...] entwickeln,*
> *die wirklich den Bedürfnissen des Kunden gerecht werden,*
> *Systeme und Verfahrensweisen ins Leben rufen,*
> *die nicht etwas fordern, sondern Hilfe bieten,*
> *und Arbeitsplätze gestalten, die den Kontakt zum Kunden fördern*
> *und dem Angestellten die Möglichkeit geben,*
> *für und nicht gegen die Belange des Kunden zu arbeiten."*
>
> Karl Albrecht, Ron Zemke [1]

Die systematische Entwicklung von Dienstleistungen stellt eine noch sehr junge Forschungsdisziplin dar [2]. Obwohl das Thema unter dem Begriff „Service Engineering" sowohl in der Wissenschaft als auch in der Praxis eine gesteigerte Aufmerksamkeit erfährt, werden Dienstleistungen im Vergleich zu materiellen Produkten weitgehend unsystematisch entwickelt und erbracht. Untersuchungen haben gezeigt, dass Unternehmen bis dato die Dienstleistungsentwicklung nur in sehr begrenztem Umfang nach formalisierten Prozessen durchführen [3]. In der Konsequenz besteht bei nahezu allen Unternehmen, die Dienstleistungen anbieten, Optimierungspotenzial, vor allem hinsichtlich der Kostenstrukturen und der realisierten Kundenorientierung [4].

ALBRECHT und ZEMKE [1] erheben die Forderung nach geeigneten Systemen und Verfahrensweisen für die Dienstleistungsentwicklung. Die organisatorische Verankerung von Entwicklungsprozessen ist u. a. deshalb vorteilhaft, weil dadurch gezielt Entwicklungsrisiken reduziert werden können. Diese Risiken resultieren aus der Komplexität der Entwicklungsprojekte [5] sowie der eingesetzten Kapital- und Humanressourcen. Darüber hinaus wird der Erfolg von Neuentwicklungen durch technologische Innovationen, Aktionen des Wettbewerbs und veränderte Kundenbedürfnisse gefährdet [6].

Die Ausrichtung der Entwicklungsaktivitäten an einem logisch aufgebauten Prozess ist für die Implementierung innovativer Services von großer Bedeutung [7]. In einer empirischen Studie zeigt DE BRENTANI die Vorteile eines gut organisierten Entwicklungsprozesses auf. Unternehmen, die einen systematischen Prozess anwenden, [8]:

- schneiden bei der Imitation von Konkurrenzangeboten und bei der Weiterentwicklung bestehender Services besser ab,
- stellen neue Serviceideen rechtzeitig mit Hilfe von Marktanalysen und Business Cases auf den Prüfstand,
- betrachten und bewerten in der Konzeptionsphase unterschiedliche Optionen für die Gestaltung des Leistungsangebots sowie der Prozesse und
- bereiten die Einführung am Markt besonders sorgfältig vor, indem sie die Dienstleistung einem Test unterziehen, sie überlegt von Konkurrenzangeboten abgrenzen, das Personal schulen, internes Marketing betreiben und den Zusatznutzen der neuen Dienstleistung den Kunden deutlich kommunizieren.

Auch FÄHNRICH ET AL. [9] arbeiten in einer auf 282 Fragebögen basierenden Untersuchung heraus, dass erfolgreiche Unternehmen Dienstleistungsentwicklung aktiver betreiben und geeignete Methoden anwenden, um eine hohe Effizienz des Entwicklungsprozesses sicherzustellen.

Um in der Dienstleistungsforschung Lösungsansätze erproben und deren Wirksamkeit überprüfen zu können, ist es sinnvoll, den Untersuchungsbereich genau zu spezifizieren. Im Rahmen des Projekts CASET wurde hierzu die Branche der Finanzdienstleister ausgewählt. Neue Services, die in diesem Bereich entwickelt werden, weisen lediglich eine sehr geringe Kopplung zu materiellen Produkten auf. Daher sind sie – quasi als „reine" Dienstleistungen – besonders gut zur Erforschung von Dienstleistungsspezifika geeignet. Zusätzlich gelten für die Unternehmen des Kredit- und Versicherungsgewerbes Besonderheiten, die im Zuge der Untersuchung zu berücksichtigen sind. Auf diese wird im folgenden Abschnitt Bezug genommen.

2 Financial Service Engineering: Systematische Dienstleistungsentwicklung für die Finanzdienstleistungsindustrie

Finanzdienstleister bewegen sich in einem turbulenten Umfeld. Durch einen starken Konkurrenzdruck und ständig steigende Kundenerwartungen ist der Markt von einer sehr hohen Dynamik geprägt. BONGARTZ charakterisiert die Rahmenbedingungen für die Produktentwicklung bei Kreditinstituten wie folgt [10]:

- *Konkurrenz*: Das Angebotsspektrum der Finanzdienstleister überlappt sich zunehmend in den lukrativen Zielkundensegmenten.

- *Kundenanforderungen*: Die Kundennachfrage nach Beratungsdienstleistungen zum Vermögensaufbau beziehungsweise zur Vermögensstrukturierung wächst überdurchschnittlich.

- *Lösungsangebot*: An Stelle des Produktverkaufs tritt der Konzeptverkauf im Sinne von Problemlösungen entlang des Lebenszyklus des Kunden. Dies gilt sowohl für das Privatkundengeschäft wie für das institutionelle Geschäft.

- *Veränderungsgeschwindigkeit*: „Financial Planning" gewinnt in der Finanzdienstleistungswirtschaft an Bedeutung, da eine schnelle Umsetzung zur Sicherung des Markterfolgs führt.

Finanzdienstleister müssen in der Lage sein, flexibel auf sich ändernde Umfeldbedingungen zu reagieren. Ihnen wird ein Höchstmaß an Reaktionsgeschwindigkeit abverlangt. Mit Hilfe neuer, innovativer Dienstleistungen streben sie an, die eigene Wettbewerbsposition zu sichern oder durch Erschließung neuer Geschäftsfelder auszubauen. Daher intensivieren viele Kreditinstitute aus eigener Initiative die Suche nach Verbesserungen oder nach Ergänzungen des Dienstleistungsangebots. Dabei stehen sie vor der Herausforderung, einerseits ihre Kernkompetenzen auszubauen und gleichzeitig den unterschiedlichen Ansprüchen verschiedener Kundensegmente gerecht zu werden.

Vor diesem Hintergrund wird deutlich, warum die Bedeutung einer systematischen Dienstleistungsentwicklung für die Finanzdienstleistungsindustrie weiter steigt. Die angewandte Dienstleistungsforschung hat sich mit der Problematik befasst und Lösungskonzepte entwickelt. Diese können unter dem Begriff *Finan-*

cial Service Engineering subsumiert werden, der von BULLINGER wie folgt definiert wird [11]:

„Financial Service Engineering ist ein Realisierungskonzept für die

- systematische Gestaltung neuer Finanzdienstleistungen und
- Weiterentwicklung bestehender Produkte

unter Verwendung geeigneter

- Vorgehensmodelle,
- Methoden und
- Werkzeuge

sowie für das Management des Entwicklungsprozesses."

Durch ein geplantes Vorgehen, unterstützt durch geeignete Werkzeuge und Methoden, können Finanzdienstleister flexibel und kosteneffizient auf sich verändernde Rahmenbedingungen oder neue Kundenwünsche reagieren.

Der vorliegende Beitrag berichtet über die wichtigsten Auslöser für die Neuentwicklung von Finanzdienstleistungen und untersucht ihre Auswirkung auf die Dienstleistungsentwicklung. Ausgehend vom aktuellen Stand der Dienstleistungsentwicklung werden die speziellen Anforderungen an das Service Engineering im Allgemeinen und an das Service Engineering für Finanzdienstleistungen im Speziellen abgeleitet. Ferner wird untersucht, wie dabei IT-Werkzeuge unterstützend eingesetzt werden können.

3 Auslöser für die Entwicklung neuer Dienstleistungen

3.1 Auslöser im Bereich Finanzdienstleister

Gemeinsam mit den am Projekt CASET beteiligten Finanzdienstleistungspartnern (Bankgesellschaft Berlin AG, Commerzbank AG, Deutsche Bank AG, Deutscher Sparkassenverlag GmbH und DZ Bank AG) wurden die Auslöser für die Entwicklung neuer Dienstleistungen erarbeitet. Die identifizierten Faktoren konnten dabei in die sechs Kategorien Mitarbeiter, Technik, Organisation, Kunde, Wettbewerb und Gesetzgebung eingeteilt werden. Diese werden nachfolgend dargestellt.

Mitarbeiter

Die Mitarbeiter der Kreditinstitute werden über ein organisiertes Vorschlagswesen in die Ideenfindung eingebunden. Durch die Auslobung von Prämien sollen die Angestellten dazu motiviert werden, Vorschläge für neue Services einzubringen. Gratifikationen werden nicht nur für Ideen ausgegeben, die tatsächlich umgesetzt werden, sondern auch für Vorschläge, die nicht realisiert werden. Die im Projekt CASET zusammen mit den Finanzdienstleistern gewonnenen Erkenntnisse stimmen mit anderen empirischen Ergebnissen überein. Es wird betont, dass viele Ideen von den Mitarbeitern generiert werden, die einen intensiven Kontakt zum Kunden aufweisen, was beispielsweise in vertriebsnahen Bereichen der Fall ist [12].

Technik

Als außerordentlich wichtiger Enabler für neue Dienstleistungen wurden von den Finanzdienstleistern übereinstimmend die modernen Informations- und Kommunikationstechnologien identifiziert. Durch die Technik eröffnet sich den Finanzdienstleistern ein zusätzlicher Suchraum zur Entwicklung neuer Dienstleistungsangebote. So stehen den Kreditinstituten beispielsweise durch E-Commerce und M-Commerce neue Distributionswege für bestehende und neue Dienstleistungen zur Verfügung.

Beim Einsatz neuer technischer Lösungen im Vertrieb hat sich gezeigt, dass die Berücksichtigung der jeweiligen Zielgruppe von hoher Bedeutung ist. Der Vertriebskanal Internet eignet sich dabei vor allem für schnell abzuwickelnde und preissensitive Produkte im Mengengeschäft. Beratungsintensive, höherpreisige Services werden dagegen nach wie vor über persönliche Gespräche vermarktet.

Organisation

Ideen für neue Services basieren häufig auf der Kenntnis der Kernkompetenzen. Die strategische Planung liefert die Eckpunkte für die zukünftige Ausrichtung und Weiterentwicklung des Leistungsangebots. Aus Unternehmenssicht spielen vor allem die betriebswirtschaftlichen Faktoren wie Kosten und realisierbare Deckungsbeiträge eine wesentliche Rolle bei der Konzeption neuer Services. Die Zuständigkeit für das Vorantreiben der Dienstleistungsentwicklung liegt meist bei den Fachabteilungen, die den besten Überblick über die aktuellen Trends sowie über die Wünsche und Erwartungen der Kunden haben.

Neue marktseitig initialisierte Dienstleistungen entstehen des Weiteren auf Grund von Kooperationen mit Partnern. So arbeiten beispielsweise Banken und Versicherungen verstärkt zusammen, um dem Kunden komplementäre Dienstleistungsbündel anbieten zu können.

Kunde

Auch die Kunden stellen einen zentralen Auslöser für die Neuentwicklung von Dienstleistungen dar. Dabei sind insbesondere Änderungen im Kundenverhalten, demographische Entwicklungen sowie neue Organisationsstrukturen bei Firmenkunden zu berücksichtigen. Neuigkeiten aus der Trendforschung geben Aufschluss über aktuelle Kundenbedürfnisse, Kundenmentalitäten sowie über das Käuferverhalten. Auf der Basis von Fokusgruppenbefragungen lassen sich kundenorientierte Produktlinien ableiten. Darüber hinaus besteht durch Befragung der in die Bankenorganisation verankerten Beschwerdeabteilungen die Möglichkeit, fundierte kundenbezogene Informationen zur Verbesserungen des eigenen Dienstleistungsangebots zu erhalten. Außerdem werden Kundenbefragungen zur Verifizierung neuer Produktideen durchgeführt.

Vor allem bei Firmenkunden finden direkte Kundenwünsche Berücksichtigung mit dem Ziel, dem Nachfrager individuelle, maßgeschneiderte Produkte anzubieten. Allerdings führen diese selten zur Entstehung neuer Dienstleistungen in der Breite, sondern stellen durch die Veränderung der internen Abläufe beim Finanzdienstleister Einzellösungen dar.

Anregungen für die Dienstleistungsentwicklung können auch dadurch erreicht werden, dass die Kundensegmentierung modifiziert wird. So können leicht abgewandelte Produktvarianten unterschiedlichen Zielgruppen zu differenzierten Preisen offeriert werden. Die Einteilung der Nachfrager in relevante Gruppen wird anhand von Kundenbefragungen beziehungsweise Fokusgruppenbefragungen überprüft, sodass den Bestandskunden zum gegebenen Zeitpunkt unterschiedliche Profile zugeordnet werden können.

Im Rahmen des Projekts CASET wurde die These aufgestellt, dass gerade bei Finanzdienstleistern die Nachfrager und ihre Bedürfnisse bei der Identifikation und Entwicklung neuer Service-Ideen stärker in den Mittelpunkt gestellt werden müssen. Das Defizit an Kundenorientierung im Bereich der Kreditinstitute und Versicherungen steht der allgemein sehr hoch eingeschätzten Bedeutung – gerade in den frühen Phasen des Service Engineering – entgegen: Die „Nähe zum Kunden ist die wichtigste Quelle zur Generierung neuer Ideen" [13].

Wettbewerb

Bei den Finanzdienstleistern findet eine regelmäßige strategische Marktbeobachtung statt, die häufig von einem eigens mit dieser Fragestellung beauftragten Team durchgeführt wird. Dieses analysiert sowohl die Aktivitäten der Mitbewerber, als auch die der Kooperationspartner. Bietet ein Konkurrent eine vielversprechende neue Dienstleistung an, sind die anderen Anbieter gefordert, möglichst schnell nachzuziehen. Dies führt zum Angebot von „Me-too"-Produkten und in der Konsequenz zu einer Angleichung der Produktportfolien.

Darüber hinaus versuchen so genannten „Non-" beziehungsweise „Near-Banks", Marktanteile durch innovative Produkte zu gewinnen. Als Beispiel können die Auto-Banken angeführt werden. Mittlerweile werden knapp 40 Prozent aller

Neuwagen von Near-Banks finanziert oder verleast [14], wodurch sich die Umsätze der traditionellen Kreditinstitute in diesem Segment drastisch reduziert haben.

Gesetzgebung

In einem regulierten Bereich wie dem Finanzdienstleistungssektor ist die Produktentwicklung häufig gefordert, auf äußere Einflüsse zu reagieren. So muss bei der Generierung neuer Leistungsangebote den Vorgaben der Gesetze und Richtlinien entsprochen werden. Neben den inhaltlichen Implikationen neuer Gesetze für die Produktmodifikation ist eine zeitliche Restriktion zu beachten, da die Judikative den Kreditinstituten eine Frist setzt, bis wann die Vorgaben umzusetzen sind. Solche Änderungen der gesetzlichen Rahmenbedingungen zwingen einerseits zur Anpassung der internen Abläufe (z. B. Basel II), andererseits können sie aber auch Chancen für neuartige Dienstleistungsprodukte eröffnen (z. B. „Riesterrente").

Allgemeine Beobachtungen

Die Untersuchungen im Rahmen des Projekts CASET haben gezeigt, dass das Financial Service Engineering weniger auf das Hervorbringen originär neuer Angebote abzielt. Vielmehr steht die Abwandlung beziehungsweise Optimierung bestehender Dienstleistungen im Vordergrund der Aktivitäten. In einem hart umkämpften Markt stellt die schnelle Reaktionsgeschwindigkeit einen wichtigen Erfolgsfaktor für die Entwicklung von Dienstleistungen dar. Um sich auf die unmittelbar wertschöpfenden Aktivitäten zu konzentrieren und die Kostenstrukturen zu verbessern, praktizieren die Kreditinstitute zunehmend ein Outsourcing von Dienstleistungen. Diese Tendenz ermöglicht die Etablierung spezialisierter Dienstleistungsunternehmen, die sich im Sinne einer Zulieferindustrie um die Kreditinstitute herum bilden. Das Transaktionsinstitut für Zahlungsverkehrsdienstleistungen stellt ein Beispiel für einen solchen Service-Spezialisten dar. Durch Größeneffekte ist der Dienstleister in der Lage, den Banken und Sparkassen im Bereich Zahlungsverkehr qualitativ hochwertige Serviceleistungen schnell, günstig und flexibel anzubieten [15].

Auch neue Informations- und Kommunikationstechnologien beeinflussen stärker die Vertriebs- und Abwicklungskanäle, als dass sie der Etablierung gänzlich innovativer Leistungsangebote dienen. In diesem Zusammenhang ist festzuhalten, dass die zunehmende Nutzung des Internets und von Bankterminals die Verlagerung der Aktivitäten vom Back Office zum Front Office forciert. Der Kunde übernimmt inzwischen als Co-Produzent eine Vielzahl von Aktivitäten, die bislang der Mitarbeiter in der Filiale durchgeführt hat. Auf diese Weise entstehen neue Formen von Wertschöpfungspartnerschaften, die aus Anbietersicht die Kosten reduzieren, aus Kundensicht Preisvorteile generieren und letztlich für beide Seiten die Dienstleistungsqualität durch stärkere Integration des Kundenwissens verbessern [16].

Die Notwendigkeit, nicht nur bestehende Services zu verbessern, sondern auch in die Generierung innovativer Dienstleistungsideen zu investieren, wird in der Praxis derzeit nur unzureichend erkannt. In der Hektik des täglichen Kampfs um Marktanteile wird die Suche nach neuen Chancen vernachlässigt. Das Defizit an originären Innovationen resultiert insbesondere daraus, dass die reaktiven Auslöser die Dienstleistungsentwicklung dominieren. Kreditinstitute, die an nachhaltigen Wettbewerbsvorteilen interessiert sind, müssten die proaktive Seite des Financial Service Engineering in den Mittelpunkt ihres Innovationsmanagements stellen.

3.2 Identifikation wichtiger Einflussfaktoren

Anhand der genannten Auslöser für Dienstleistungsentwicklungen lassen sich die wichtigsten Einflussfaktoren ableiten, denen die Finanzdienstleistungsbranche unterworfen ist. Diese Faktoren haben sowohl einen großen Einfluss auf die grundsätzliche Entscheidung, die Entwicklung einer neuen Dienstleistung anzustoßen, als auch auf die Vorgehensweise bei der Entwicklung selbst. Man kann hierbei zwischen externen Faktoren, die von gesellschaftlichen, politischen und Marktentwicklungen abhängen, und unternehmensinternen Faktoren unterscheiden.

Wichtige externe Einflussfaktoren sind:

- *Technische Innovationen*: Neue technische Entwicklungen können zur Vereinfachung bestehender Prozesse und Dienstleistungen führen und neue Vertriebswege eröffnen. Als Beispiel sei hier eine internetbasierte Checkliste genannt, die dem Kunden anhand von verschiedenen, auf seine Lebenssituation und seine Anforderungen bezogenen Kriterien die Auswahl des für ihn am besten geeigneten Kapitalanlageprodukts ermöglicht. Bei der Konzeption und Umsetzung von technikgetriebenen Leistungen sind die Abstimmung und Kooperation zwischen den Fach- und IT-Abteilungen von entscheidender Bedeutung.

- *Gesetzliche Rahmenbedingungen*: Änderungen der gesetzlichen Rahmenbedingungen bieten einerseits Möglichkeiten für neue Dienstleistungsangebote (z. B. bei der Riesterrente) und zwingen andererseits zur Anpassung bestehender Leistungsangebote. Mögliche Änderungen der gesetzlichen Rahmenbedingungen sollten während der gesamten Lebensdauer einer Dienstleistung von der Analysephase über die Markteinführung bis zur Ablösung berücksichtigt werden, sofern dies möglich ist.

- *Kundenwünsche und Kundenfeedback*: Kundenwünsche und Kundenfeedback zeigen Bedürfnisse des Kunden auf, die von neuen beziehungsweise modifizierten Leistungsangeboten abgedeckt werden können und liefern so Ideen für neue Dienstleistungen. Die Hinweise aus dieser Quelle können durch gezielte Kunden- und Fokusgruppenbefragungen abgesichert und detailliert werden. Im Vergleich mit anderen Branchen ist allerdings festzustellen, dass gänzlich neue Dienstleistungen im Finanzdienstleistungssektor eher selten auf Grund von nachfrageseitig generierten Ideen initiiert werden.

- *Konkurrenz*: Eine Besonderheit der deutschen Bankenlandschaft besteht im Universalbankensystem. Eine Vielzahl von Instituten positioniert sich als Finanzdienstleister mit einem vollständigen Portfolio an Lösungen. Im internationalen Vergleich zeichnet sich der deutsche Bankensektor durch eine deutlich niedrigere Spezialisierung aus. Dies hat zur Folge, dass sich die einzelnen Institute in einem starken Wettbewerb befinden. Sobald ein Akteur eine Leistungsinnovation auf den Markt bringt, sind die Konkurrenten bemüht, möglichst zeitnah vergleichbare Produkte anzubieten.

Auch unternehmensinterne Faktoren spielen bei der Neuentwicklung von Dienstleistungen eine wichtige Rolle:

- *Vorschlagswesen*: Auch wenn der Begriff des „betrieblichen Vorschlagswesens" im 21. Jahrhundert veraltet klingt, so kann ein institutionalisiertes Innovationsmanagement nach wie vor wertvolle Hinweise zur Verbesserung der internen Arbeitsabläufe liefern und so zur Verbesserung der Leistungen beitragen. Die Diskussion mit den CASET-Partnern im Finanzdienstleistungsbereich hat gezeigt, dass die einzelnen Institute jeweils entsprechende Systeme eingeführt haben und – wenn auch mit unterschiedlicher Intensität – nutzen.

- *Wirtschaftlichkeitsbetrachtungen*: Gerade in wirtschaftlich schwierigen Zeiten sind die Kreditinstitute bestrebt, bestehende Produktlösungen hinsichtlich ihrer Effizienz zunächst zu analysieren und anschließend zu optimieren. Neben der Automatisierung, die in diesem Zusammenhang von großer Bedeutung ist, spielt die Verlagerung von Aufgaben auf den Kunden eine wichtige Rolle im Zuge der Bemühungen um Produktivitätsfortschritt.

- *Kooperationen und Fusionen*: Eine der größten Herausforderungen an der Schwelle zwischen internen und externen Einflussfaktoren sind Firmenzusammenschlüsse beziehungsweise Übernahmen. Derartige Entwicklungen gehen zwangsläufig einher mit einer Konsolidierung des Leistungsangebots mit dem Ziel, Doppelangebote zu vermeiden und sich bietende Synergieeffekte zu nutzen. Oft eröffnen sich durch die Kombination von Einzelleistungen der Partner zu Dienstleistungsbündeln neue, attraktive Dienstleistungsprodukte.

3.3 Vergleich mit anderen Branchen

Abbildung 1 zeigt die Ergebnisse einer Umfrage, die im Rahmen des Projekts „Vom Kunden zur Dienstleistung" [17][18] zur kundenorientierten Dienstleistungsentwicklung bei deutschen Unternehmen durchgeführt wurde.

Dargestellt sind die wichtigsten Auslöser für die Dienstleistungsentwicklung in den Unternehmen. Diese branchenübergreifend durchgeführte Studie belegt die hohe Bedeutung von Kundenwünschen als Auslöser für Dienstleistungsentwicklungsprojekte. Erst mit Abstand folgt die Absicht, sich vom Wettbewerber zu differenzieren beziehungsweise neue Dienstleistungen im Rahmen der Strategieumsetzung zu realisieren. Die Diskussion mit den am Projekt CASET beteiligten Finanzdienstleistern brachte im Vergleich zu diesem Ergebnis ein anderes Bild hervor, das sich mit den in Abschnitt 2 aufgeführten Besonderheiten der Finanzdienstleistungsbranche deckt. Wie im vorherigen Abschnitt beschrieben, stellen bei den Kreditinstituten technische Innovationen und veränderte Rahmenbedingungen in der Gesetzgebung weitaus bedeutendere Auslöser für die Entwicklung neuer Services dar. Neue beziehungsweise modifizierte Technologien fungieren als Enabler für Dienstleistungsinnovationen im Finanzdienstleistungsbereich. Die Regulierung der Branche durch die Gesetzgebung auf deutscher und mit zunehmendem Einfluss auf europäischer Ebene erfordert Produktveränderungen oder bietet Gelegenheit, bisher nicht realisierte Dienstleistungen am Markt anzubieten.

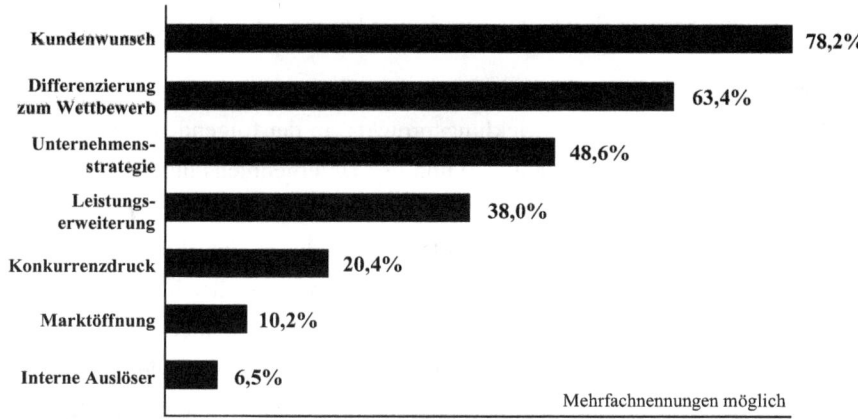

Abbildung 1: Auslöser für Dienstleistungsentwicklungen bei deutschen Unternehmen [17]

4 Anforderungen an das Service Engineering neuer Dienstleistungen

Nach der Betrachtung wesentlicher Auslöser und Einflussfaktoren erfolgt an dieser Stelle eine Auseinandersetzung mit den Anforderungen an das Service Engineering. Im Rahmen des Projekts CASET waren die involvierten Finanzdienstleister auch bei der Beantwortung dieser Fragestellung unmittelbar integriert. Entsprechend der Service Engineering-Definition wurden die Anforderungen strukturiert nach den drei Dimensionen Vorgehensmodelle, Methoden und Werkzeuge erhoben.

4.1 Stand der Dienstleistungsentwicklung

Der typische Ablauf eines Entwicklungsprojekts für eine neue Dienstleistung bei den beteiligten Finanzdienstleistungspartnern ist in zwei Abschnitte gegliedert:

- eine Vorphase, in der Dienstleistungsideen generiert, geprüft und genau spezifiziert werden und
- eine Projektphase, in der die Dienstleistung konzipiert und entwickelt wird.

Zwischen diesen Phasen steht die „Stop-or-go"-Entscheidung des Managements über die Weiterführung des Entwicklungsprojekts. In der folgenden Analysephase werden die Anforderungen der Kunden und des Unternehmens untersucht und die grundsätzliche Entscheidung über die eigene Erstellung, den Kauf oder die Wiederverwendung von Teilleistungen getroffen. Eine der Hauptschwierigkeiten besteht aus Sicht der CASET-Projektpartner im Übergang von der Idee zum initiierten Dienstleistungsentwicklungsprojekt. Problematisch sind hier die Bewertung der Erfolgsaussichten einer Idee sowie die Zuordnung der Idee zu dem Geschäftsbereich, der die Entwicklung letztlich ausführen und finanzieren soll. Der wirtschaftliche Nutzen einer vielversprechenden Idee wird in einem Business Case dokumentiert und muss dem Management überzeugend präsentiert werden.

Häufig definiert nicht der Finanzdienstleister selbst, sondern der Markt durch die vorgegebenen Rahmenbedingungen die zu entwickelnde Dienstleistung. Die gestalterischen Spielräume sind in einigen Bereichen stark begrenzt. Häufig erfolgt die Dienstleistungsentwicklung in enger Zusammenarbeit mit den internen oder externen Kunden und führt zu einer sehr dichten Kopplung an die Kundenbedürfnisse. Die Finanzdienstleister pflegen dabei ein unternehmensweit konsistentes Produktmodell, in das die Produktstrukturen neuer Leistungsangebote eingepasst werden müssen.

Aus Sicht der CASET-Projektpartner ist eine eigens für die systematische Dienstleistungsentwicklung zuständige Abteilung vorstellbar, jedoch werden die Projekte in der Praxis von den Fachabteilungen durchgeführt. Um die Erfolgschancen zu erhöhen, wird darauf geachtet, dass im Rahmen der Aufbauorganisation bei der Entwicklung der Dienstleistung Know-how-Träger mit entsprechendem Prozess- und Produktwissen in die Teams integriert werden. Für ein erfolgreiches Projekt muss ein Projektkoordinator als Machtpromoter zur Verfügung stehen und die Unterstützung durch das Management muss gesichert sein.

4.2 Anforderungen an Service Engineering-Vorgehensmodelle

Die Bestandsaufnahme hat gezeigt, dass der Erfolg der Entwicklungsprojekte stark von der Erfahrung der beteiligten Personen abhängt und das Vorgehen nur in geringem Umfang standardisiert ist. Um den Projekterfolg reproduzierbar zu machen und das Wissen im Unternehmen zu verankern, sind Vorgehensmodelle notwendig, die die einzelnen Aktivitäten, Arbeitsergebnisse, Methoden und Werkzeuge der Dienstleistungsentwicklung beschreiben. Hierbei kann teilweise auf bekannte Vorgehensmodelle aus dem Bereich des Service Engineering und Software Engineering zurückgegriffen werden (vgl. den Beitrag „Vorgehensweisen zur systematischen Entwicklung von Dienstleistungen im Überblick" von DAUN und KLEIN in diesem Buch).

Um den besonderen Merkmalen von Dienstleistungen gerecht zu werden, müssen die Vorgehensmodelle folgende Sachverhalte beinhalten [19][20]:

- Festlegung der für die Dienstleistungsentwicklung notwendigen Aktivitäten.

- Möglichkeit der Systematisierung der Dienstleistungsentwicklung und somit Grundlage für eine optimale Marktpositionierung von Dienstleistungen.

- Grundlage für die Neuentwicklung von Dienstleistungen, wobei hier zwischen Dienstleistungen unterschieden werden muss, die neu für das Unternehmen sind und solchen, die als Innovation für den gesamten Markt zu verstehen sind.

- Möglichkeit der Erstellung von Dienstleistungsbündeln. Hierunter versteht man die Zusammensetzung von einzelnen Teilleistungen zu einer neuen Dienstleistung. Diese Form hat häufig eine Kooperation von mehreren Dienstleistungsanbietern zur Folge (beispielsweise im Rahmen der Verknüpfung einer Lebensversicherung mit dem Kreditgeschäft einer Bank).

- Modifizierung bereits bestehender Dienstleistungen durch das Reverse Engineering (Neuspezifizierung einer bestehenden Dienstleistung) oder das Reengineering (Neuentwicklung einer bestehenden Leistung).

Im Rahmen des Service Engineering müssen besonders die Aufbauorganisation, begleitende IT-Infrastruktur, Schulungsmaßnahmen für Mitarbeiter sowie die Markteinführung berücksichtigt werden [21].

Weitere Anforderungen der Finanzdienstleister sollen im Service Engineering-Vorgehensmodell Berücksichtigung finden:

- Aus- und Weiterbildung der Mitarbeiter: Der erste Eindruck ist sehr wichtig für den Kunden. Daher ist die Aus- und Weiterbildung der Mitarbeiter an der Kundenschnittstelle (z. B. in der Filiale oder Hotline) im Umgang mit neuen Produkten für den erfolgreichen Vertrieb von großer Bedeutung.

- Frühzeitige Einbindung der IT-Abteilungen: Um die Unterstützung neuer Dienstleistungen durch die IT-Systeme der Banken zu gewährleisten, müssen die IT-Abteilungen frühzeitig in den Entwicklungsprozess eingebunden werden, um aus der zu entwickelnden Dienstleistung die genauen IT-Anforderungen abzuleiten und gegebenenfalls Einfluss auf den Entwicklungsprozess zu nehmen.

Das lineare Phasenmodell, das auch in anderen Engineering-Disziplinen als theoretisches Entwicklungsmodell hohe Akzeptanz findet, lässt sich als Basisstruktur für das Service Engineering verwenden. Der Vorteil liegt im übersichtlichen und strukturierten Aufbau dieses Modells. Es beinhaltet alle Phasen von der Ideenfindung bis zur Umsetzung einer Dienstleistung. Dieser einfache Ansatz weist jedoch die folgenden Nachteile auf:

- Die verwendeten Phasenmodelle beinhalten in der Phase der Ideenprüfung keine spezielle Klassifizierung von Bankdienstleistungen. Diese Voruntersuchung muss für jede Entwicklung vorgenommen werden, da der Typus einer Leistung sich auf ihre jeweils zu definierenden Anforderungen auswirkt.

- Weiterhin ist keine Feedback-Möglichkeit innerhalb der Entwicklung enthalten, d. h. es existiert keine Rückkopplung z. B. von der Konzeptionsphase direkt zur Ideenfindung, um Modifikationen bereits in einem frühen Stadium vorzunehmen.

- Letztlich erfolgt keine Kosten-Nutzen-Analyse, um während der Entwicklung zu hoch anwachsende Kosten erkennen zu können.

Diesen drei Nachteilen wird in CASET durch folgende Eigenschaften des Vorgehensmodells begegnet (vgl. den Beitrag von STRAUSS, THE und WEISBECKER „Konfigurierbare modulare Vorgehensmodelle zur Entwicklung von Dienstleistungen" in diesem Buch):

- Zu Beginn eines Entwicklungsprojekts erfolgt die Klassifikation der zu entwickelnden Dienstleistung anhand von verschiedenen Kenngrößen wie Entwicklungsanlass, Projektgröße oder Innovationsgrad. Die CASET-Plattform schlägt auf Grund dieser Klassifikation ein angepasstes Vorgehensmodell vor (vgl. die Beiträge von SCHREINER und ZACHARIAS, „Softwaregestützte Dienstleistungsentwicklung am Beispiel des Finanzdienstleistungsprodukts ‚S BerlinKonto Brillant'" sowie DANNENBERG, RAETHER und PAPE, „Realisierung eines Prototyps zur Dienstleistungsentwicklung" in diesem Buch).

- Das phasenorientierte CASET-Vorgehensmodell schreibt keinen starren, linearen Ablauf der Phasen vor. Bei Bedarf kann eine Rückkopplung zu vorgelagerten Phasen erfolgen.

- In der Analysephase erfolgt eine Kosten-Nutzen-Analyse, die später aktualisiert und verfeinert wird. Am Ende jeder Phase wird die Wirtschaftlichkeit der neuen Dienstleistung überprüft und eine Stop-or-go-Entscheidung gefällt.

4.3 Anforderungen an Service Engineering-Methoden

Im branchenübergreifenden Vergleich kann der Finanzdienstleistungswirtschaft eine hohe Akzeptanz des Methodeneinsatzes bescheinigt werden. Dies zeigt sich auch in den Untersuchungsergebnissen des Projekts CASET. Hier hat sich die Erkenntnis durchgesetzt, dass sich der Rückgriff auf geeignete Methoden sowohl hinsichtlich der Qualität als auch hinsichtlich der Effizienz bezahlt macht.

Dennoch müssen die einzusetzenden Methoden spezielle Eigenschaften aufweisen, um in den Praxisprojekten tatsächlich genutzt zu werden. Der Aufwand, der zum Erlernen einer Methode notwendig ist, muss durch den Nutzen gerechtfertigt werden. In der Tendenz erfreuen sich daher die einfachen Methoden einer größeren Beliebtheit, wie beispielsweise die Methode Mind Mapping (Gedächtniskartenmethode). Nicht zwingend, aber dennoch von Vorteil ist es, wenn es für die Methode eine geeignete Werkzeugunterstützung gibt. Die informationstechnische Speicher- und Verwaltungsmöglichkeit der mit der Methode realisierten Ergebnisse ist in dem technik-freundlichen Finanzdienstleistungsbereich ein wichtiges Entscheidungskriterium. Letztlich muss durch das methodische Vorgehen sichergestellt werden, dass die dokumentierten Resultate von unterschiedlichen Mitarbeitern gelesen werden können. Die Eindeutigkeit der Ergebnisse hinsichtlich der Interpretation stellt daher eine weitere wichtige Anforderung dar, der eine Service Engineering-Methode gerecht werden muss. Eine beispielhafte Methode zur konsistenten und vollständigen Modellierung aller relevanten Aspekte einer Dienstleistung wird von HERRMANN und KLEIN im Beitrag „Methodenbasierte Visualisierung von Dienstleistungen" dargestellt.

4.4 Anforderungen an ein innovatives Dienstleistungsprodukt

Das primäre Ziel einer Neuentwicklung im Produktbereich ist die Verbesserung des Unternehmensergebnisses. Die Profitabilität stellt somit eine zentrale Herausforderung der Dienstleistungsentwicklung dar. Die Dienstleistungsentwicklungsteams stehen vor der Herausforderung, möglichst frühzeitig realistische Abschätzungen über den Erfolg eines Produkts und über die Erfüllung der angestrebten Profitabilitätskennzahlen zu geben. Ein modularer Aufbau der Produkte und eine sorgfältig gestaltete Kostenstruktur können diese Aufgabe wesentlich vereinfachen.

Darüber hinaus sollen neue Produkte der Differenzierung vom Wettbewerb und somit dem Kreditinstitut als Alleinstellungsmerkmal dienen. Im aktuellen Marktumfeld sind derartige Ziele allerdings nur schwer erreichbar. Auf Grund des intensiven Wettbewerbs und der Kopierbarkeit neuer Leistungen in der Finanzdienstleistungsbranche gelten die Vorteile durch Einführung von Innovationen für immer kürzere Zeiträume.

4.5 Dienstleistungsvariantenmanagement

Wie viele Produkte in der produzierenden Industrie zeichnen sich auch Finanzdienstleistungsprodukte häufig durch einen großen Variantenreichtum aus. Einer der Auslöser für diesen Variantenreichtum ist der Wunsch, möglichst viele individuelle Kundenbedürfnisse durch ein Angebot von maßgeschneiderten Produkten befriedigen zu können. Dies kann ein Alleinstellungsmerkmal darstellen und die Marktposition des Unternehmens stärken, jedoch birgt eine große Variantenvielfalt auch Probleme. So erhöht sie die Komplexität des Produktportfolios, erschwert die Erbringung der Dienstleistungen und erfordert besonders eine gut konzipierte informationstechnische Unterstützung.

Das Ziel eines Dienstleistungsvariantenmanagements ist es daher, ein Spektrum zu finden, das einen optimalen Kompromiss zwischen der Kundenwunscherfüllung und der entstehenden Komplexität darstellt. Eine Voraussetzung hierfür ist die übersichtliche Verwaltung der vorhandenen Varianten, eine andere ist die Ermittlung der Kosten und des Nutzens der einzelnen Varianten. Eine solche Kostentransparenz ist nicht einfach zu erhalten, ermöglicht aber die Identifikation von teuren, kaum nachgefragten Nischenprodukten und stellt eine solide Basis für die Planung neuer Dienstleistungen dar. Durch die Absetzung von geringvolumigen, aber komplexen Produkten, die weder strategisch wichtig sind, noch entscheidend zur Kundenzufriedenheit beitragen, und durch die Verwendung von standardisierten Bausteinen kann die Variantenvielfalt reduziert werden.

Da die Effizienz unmittelbar von der Standardisierbarkeit der Leistungen abhängt und gleichzeitig die Kundenzufriedenheit an die Individualität der Lösung geknüpft ist, befindet sich die Finanzdienstleistungsindustrie – wie viele andere Branchen auch – im Spannungsfeld zwischen Individualisierung und Vereinheitlichung. In der Praxis wird dieser Herausforderung begegnet, indem nach außen (zum Kunden hin) auf eine möglichst hohe Individualisierungswahrnehmung geachtet wird. Nach innen wird dagegen versucht, die Leistungen in maximalem Ausmaß zu standardisieren.

5 Anforderungen an ein Service Engineering-Werkzeug

In Zusammenarbeit mit den Finanzdienstleistungspartnern wurden im Rahmen des Projekts CASET die Anforderungen an eine Werkzeugunterstützung für die systematische Dienstleistungsentwicklung erhoben. Ausgehend von den derzeit eingesetzten Werkzeugen werden in diesem Abschnitt die funktionalen und nichtfunktionalen Anforderungen an ein integriertes Service Engineering Tool herausgearbeitet.

5.1 Bisher eingesetzte Werkzeuge und Methoden

Ausgangspunkt für die Definition von Anforderungen an ein Service Engineering-Werkzeug ist die Analyse der bei den Finanzdienstleistungspartnern zu Projektbeginn eingesetzten Werkzeuge. Ausgehend vom Ist-Zustand werden Möglichkeiten einer besseren Werkzeugunterstützung für die systematische Dienstleistungsentwicklung durch ein integriertes Werkzeug identifiziert.

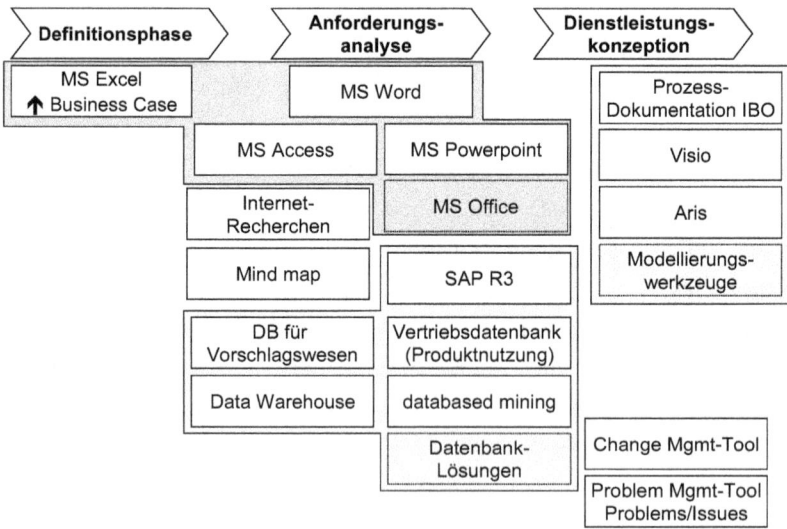

Abbildung 2: Bei den Banken eingesetzte Werkzeuge (I)

Definitionsphase

In der Definitionsphase finden vielfältige Kreativitätstechniken (z. B. Brainstorming, Mind Mapping, Kartentechnik etc.) und entsprechende Unterstützungsinstrumente wie Flipcharts oder Whiteboards Einsatz. Diese Methoden zielen darauf ab, in einem Team eine kreative Situation zu schaffen, die Kreativität der Beteiligen in weitem Rahmen zu steuern und die Ergebnisse zu strukturieren und zu dokumentieren. Die Festlegung auf nur eine einzige Methode ist hierbei nicht sinnvoll, da je nach Gruppenzusammensetzung und individuellen Vorlieben verschiedene Methoden geeignet sein können. Ein einheitliches Werkzeug, das viele dieser Ansätze verbindet, wurde von den Finanzdienstleistungspartnern als wünschenswert erachtet, sofern für die Unterstützung eines kreativen Gruppenprozesses eine Software als PC-Lösung überhaupt in Frage kommt.

Bei der Erstellung eines ersten Business Case für die neue Dienstleistung kommen schon früh in der Entwicklung Tabellenkalkulationsprogramme zum Einsatz.

Analysephase

In der Analysephase kommen neben den klassischen Office-Werkzeugen zur Erstellung von Berichten, Kalkulationen und Präsentationen vor allem unternehmensinterne Datenbanken und Informationssysteme zum Einsatz (vgl. Abbildung 2). Diese Systeme werden dazu benutzt, durch die Analyse des vorhandenen Datenbestands die Machbarkeit und die Erfolgsaussichten der neuen Dienstleistung abzuschätzen.

Konzeptionsphase

Dem Einsatz von Werkzeugen zur Modellierung, Dokumentation und Visualisierung der zu Grunde liegenden Prozesse wird bei der Dienstleistungskonzeption ein hoher Stellenwert beigemessen. Als wichtigstes Kriterium bei der Auswahl eines Werkzeugs wurde von den Projektpartnern die intuitive Benutzbarkeit genannt. Der Einsatz eines Werkzeugs zur formalen Dokumentation der Arbeitsprozesse ist vor allem dann praktikabel, wenn es die Mitarbeiter in die Lage versetzt, die Prozesse eigenständig abbilden zu können. Auf diese Weise wird erreicht, dass die Prozesse so dargestellt werden „wie sie gelebt werden". Neben Modellierungswerkzeugen kommen auch Konfigurations- und Problem-Management-Anwendungen zum Einsatz.

Abbildung 3: Bei den Banken eingesetzte Werkzeuge (II)

Markteinführungsvorbereitungsphase

Im Rahmen der Vorbereitung der Markteinführung müssen möglichst genaue Kostendaten vorliegen. Daher wird mitunter auf Basis der Ergebnisse der Konzeptionsphase eine Prozesskostenanalyse der für die Dienstleistungserbringung wichtigen Prozesse durchgeführt. Außerdem werden IT-Werkzeuge wie ComputerBasedTraining (CBT)-Module bei der Mitarbeiterschulung eingesetzt (vgl. Abbildung 3). Zur Erstellung von Marketingmaterialien werden Grafik- und Desktop-Publishing-Programme verwendet.

Phasenunabhängige Werkzeuge

Für die Unterstützung des Projektmanagements wird zumeist auf Microsoft Project oder auf Eigenentwicklungen zurückgegriffen.

Eine Vernetzung der Mitarbeiter ist dann besonders wichtig, wenn die Teilnehmer sich an verschiedenen Orten befinden. Oft werden Ideen daher mittels Groupware-Lösungen, wie Microsoft Outlook oder Lotus Notes, diskutiert. Inter- oder intranetbasierten Ansätze für die Unterstützung kreativer Prozesse sowie für das Projektmanagement sind dagegen noch kaum anzutreffen. Außerdem kommen Groupware- und Dokumentenmanagementsysteme zum Einsatz (vgl. Abbildung 4).

Generell wurde von den Finanzdienstleistungspartnern bemängelt, dass für das Wissensmanagement im Rahmen der Entwicklung von Dienstleistungen eine einheitliche Unterstützungsform fehlt und Mitarbeiter vielfach „Insellösungen" einsetzen. Die Bereitstellung von Vorlagen und von Erfahrungsberichten in einer zentralen Wissensbasis, die in neuen Projekten wieder verwendet werden können, wurde als sehr sinnvoll erachtet.

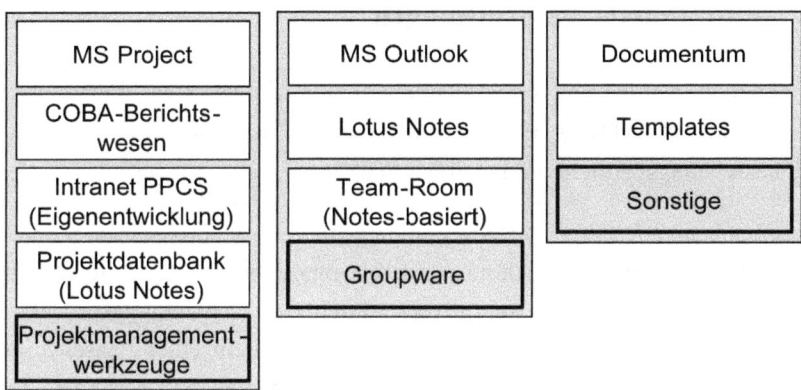

Abbildung 4: Phasenunabhängige Werkzeuge

Allgemeine Beobachtungen

Bei der durchgeführten Befragung stellte sich heraus, dass die Größe der Organisation und des jeweiligen Projekts maßgeblich die Entscheidung beeinflussen, welche der genannten Werkzeuge in welchen Phasen zum Einsatz kommen können. Es ist daher nicht sinnvoll, einen festen Satz von Werkzeugen in ein Service Engineering Tool zu integrieren.

Die einzelnen Aufgaben der Dienstleistungsentwicklung werden bereits weitgehend durch in den Unternehmen vorhandenen und etablierten Werkzeuge unterstützt. Es handelt sich jedoch meist um Insellösungen, deren Verwendung nicht in einen systematischen Prozess eingebunden ist und die von sich aus untereinander keine Daten austauschen können. Ein integriertes Werkzeug zur Unterstützung der systematischen Dienstleistungsentwicklung sollte die Funktionalität der vorhandenen spezialisierten Werkzeuge nicht nachbilden, sondern diese Werkzeuge einbinden. Die vollständige Integrationen der verschiedenen Werkzeuge in eine Plattform ist jedoch auf Grund der Unterschiede zwischen den Anwendungen zu komplex und kann nur beispielhaft umgesetzt werden. Das Aufgabengebiet des

Service Engineering-Werkzeugs liegt zunächst in der Unterstützung der systematischen Vorgehensweise durch ein prozessbegleitendes Projektmanagement und durch methodische Hilfestellungen mittels eines Service Engineering-Leitfadens.

5.2 Funktionale Anforderungen

Im Folgenden werden die Funktionalitäten eines integrierten Werkzeugs zur Dienstleistungsentwicklung angesprochen, die in Zusammenarbeit mit den Finanzdienstleistungspartnern erarbeitet wurden.

- *Leitfaden und Hilfesystem*: Als grundlegender Bestandteil eines Werkzeugs zur Dienstleistungsentwicklung wurde ein phasenorientierter Leitfaden angesehen, der den Benutzer schrittweise durch den Entwicklungsprozess hindurchführt. Damit ist eine Beschreibung der in den einzelnen Phasen zu bearbeitenden Aufgaben und der dafür geeigneten Methoden verbunden. Durch Checklisten für jede der Phasen wird die systematische Abarbeitung der erforderlichen Schritte unterstützt. Ein Freigabesystem für die Aufgaben führt den Benutzer durch den Prozess und stellt sicher, dass bei der Bearbeitung einzelner Prozessschritte die benötigten Vorarbeiten abgeschlossen sind. Ein elektronisches Handbuch beziehungsweise eine Online-Hilfe führt den Benutzer in das Systems ein.

- *Vorlagen und Checklisten*: Das Werkzeug soll vorgefertigte Vorlagen bereitstellen, mit deren Hilfe sich die Erstellung von standardisierten Dokumenten beschleunigen und vereinfachen lässt. Dies führt zu einer konsistenten und vollständigen Dokumentation der Arbeitsergebnisse.

- *Modulare Produkt- und Prozessbeschreibungen*: In der Phase der Dienstleistungskonzeption werden Prozess- und Produktmodelle erstellt. Die Produkt- und Prozessbeschreibung sollte auf unterschiedlichen Granularitätsebenen möglich sein, um die Komplexität der Modelle besser handhaben zu können. Wo dies möglich ist, sollen die Modelle aus Komponenten aufgebaut sein, die sich auf verschiedene Art und Weise miteinander kombinieren lassen und die in verschiedenen Kontexten wieder verwendet werden können.

- *Komponentenrepository*: Die Speicherung der Dienstleistungsbausteine erfolgt idealerweise in einem Komponentenrepository, sodass das gezielte Wiederfinden bereits existierender Bausteine erleichtert wird. Zusätzlich zu den Komponenten sollten Kosten- oder Qualitätsinformationen gespeichert werden, die eine Entscheidung über die Wiederverwendung der Komponente in einem anderen Kontext ermöglichen. Neben der Verwaltung der Dienstleistungskomponenten sollte das Repository auch das Management von verschiedenen Dienstleistungsvarianten unterstützen.

- *Benchmarking anhand von geeigneten Kennzahlen*: Als Grundlage eines Benchmarkings potenzieller neuer Dienstleistungen anhand verschiedener Kriterien müssen geeignete Kennzahlen identifiziert werden. Angesichts sich ändernder Rahmenbedingungen im Verlauf einer Dienstleistungsentwicklung sollte ein Benchmarking im Entwicklungsprozess zu verschiedenen Zeitpunkten durchgeführt werden können.

- *Rollenkonzept*: Um die Benutzerfreundlichkeit des Werkzeugs zu gewährleisten, soll ein Rollenkonzept mit Benutzerrollen erarbeitet werden, das den Benutzergruppen unterschiedliche Rechte einräumt und eine angepasste Sicht auf die Informationen des Systems präsentiert. Das Erscheinungsbild der Anwendung soll für jeden Benutzer(-gruppe) anpassbar sein und die benötigten Funktionen sollen im Rahmen eines Customizing individuell ausgewählt werden können. Das Werkzeug soll eine Standardkonfiguration besitzen, zugleich aber soll der Funktionsumfang konfigurierbar sein. Auch die Möglichkeit zur Konfiguration der Eingabemasken wurde angesprochen.

Die Anforderungen

- Speicherung sämtlicher die Entwicklung betreffender Daten in einer zentralen Datenbasis,

- Integration von verschiedenen Werkzeugen in der Service Engineering-Plattform,

- Versionsmanagement für die während der Entwicklung erstellten Dokumente,

- Change-Management während der Entwicklung und des Einsatzes einer Dienstleistung und

- Workflow-Funktionalitäten zur Automatisierung von Arbeitsabläufen

wurden als weniger wichtig eingestuft oder sind auf Grund ihrer Komplexität nur sehr schwer zu realisieren. Die zentrale Datenhaltung und die Anbindung von

Office-Werkzeugen an die Service Engineering-Plattform wurden in CASET auf Konzeptebene untersucht.

5.3 Nicht-funktionale Anforderungen

Neben den gewünschten Funktionalitäten soll das Service Engineering-Werkzeug den folgenden nicht-funktionalen Anforderungen genügen:

- *Mehrbenutzerfähigkeit*: Um das gleichzeitige Arbeiten eines Entwicklungsteams an einer Dienstleistung zu unterstützen, wurde ein Web-basierter Ansatz verfolgt, wobei die Daten des Systems zentral vorgehalten werden beziehungsweise aus Fremdsystemen übernommen werden.

- *Modularer Aufbau*: Ein modularer Aufbau des Werkzeugs erleichtert die Erweiterung des Systems um neue Funktionalitäten beziehungsweise Komponenten. Die Systemarchitektur sollte diese Erweiterungsmöglichkeiten vorsehen.

- *Geringer Installationsaufwand*: Das Werkzeug soll ohne großen Installationsaufwand an den einzelnen Arbeitsplätzen genutzt werden können.

- *Bedienbarkeit*: Bei der Erstellung der Benutzeroberflächen ist auf eine ergonomische Gestaltung zu achten.

6 Zusammenfassung

Die Finanzdienstleistungsbranche ist auf Grund der weitgehend nichtmateriellen Natur von Finanzprodukten, die „reine" Dienstleistungen darstellen, gut als Testfeld für das systematische Service Engineering geeignet. Im Gegensatz zu anderen Branchen wird die Entwicklung von Finanzdienstleistungen stark durch äußere (gesetzliche) Rahmenbedingungen und den Konkurrenzdruck in einem weitgehend homogenen Markt geprägt. Die effiziente und schnelle Entwicklung von neuen Leistungsangeboten ist daher als Mittel zur Bildung von Alleinstellungsmerkmalen für Finanzdienstleister besonders wichtig.

Dienstleistungen werden bei Finanzdienstleistern in der Praxis meist von Fachabteilungen entwickelt. Das Vorgehen bei der Entwicklung und der Erfolg der Projekte hängt dabei stark vom Wissen und der Erfahrung einzelner Personen ab und ist nicht beliebig reproduzierbar. Systematische Vorgehensmodelle und angepasste Methoden tragen dazu bei, Service Engineering-Know-how im Unternehmen zu verankern. Neben der effizienten und wiederholbaren Durchführung der Entwicklungsprojekte führt ein systematisches Vorgehen auch zu einer Steigerung der Dienstleistungsqualität, da Fehler und Probleme einfacher und früher erkannt werden.

Das Projektmanagement und die Durchführung vieler Entwicklungsaufgaben können von Softwarewerkzeugen unterstützt werden. In den Unternehmen kommen bei der Entwicklung von Dienstleistungen vor allem Office-Anwendungen, Geschäftsprozessmodellierungswerkzeuge und unternehmensinterne Datenbanken zum Einsatz. Die Werkzeuge decken viele Aspekte des Service Engineering bereits ab. Jedoch stellen sie zumeist Insellösungen dar, die sowohl technisch als auch konzeptionell isoliert arbeiten und Medienbrüche hervorrufen. Auf Grund der individuellen Realisierung der einzelnen Werkzeuge ist eine technische Integration höchstens teilweise zu erreichen und in der Realisierung sehr komplex. Ein Service Engineering-Werkzeug hat daher in erster Linie drei Aufgaben zu erfüllen:

- *Wissensvermittlung und Wissensmanagement*: Dokumentation und Vermittlung von Service Engineering-Know-how. Coaching und Unterstützung der Dienstleistungsentwickler durch einen Leitfaden mit Methodenbaukasten.

- *Methodische Integration bestehender Werkzeuge*: Methodische Einbindung bestehender Werkzeuge in die systematische Vorgehensweise und Unterstützung der Arbeit durch geeignete Vorlagen. Fehlende Funktionalitäten können durch spezialisierte Module ergänzt werden.

- *Steuerung und Überwachung des Dienstleistungsentwicklungsprojekts*: Das System soll den Bearbeiter entlang des Entwicklungsprozesses führen, ohne zu präskriptiv und unflexibel zu sein. Durch rollenabhängige Sichten auf Aufgaben und Projektfortschritt unterstützt das Werkzeug das Projektmanagement.

Literaturverzeichnis

[1] Albrecht, K.; Zemke, R.: Service-Strategien. Hamburg et al. 1987.

[2] Fähnrich, K.-P.; Opitz, M.: Service Engineering : Entwicklungspfad und Bild einer jungen Disziplin. In: Bullinger, H.-J.; Scheer, A.-W. (Hrsg.): Service Engineering : Entwicklung und Gestaltung innovativer Dienstleistungen. Berlin et al. 2003, S. 83-116.

[3] Scheuing, E.; Johnson, E.: A Proposed Model for New Service Development. In: Journal of Services Marketing, 3(1989)2, S. 25-34.

[4] Haller, S.: Dienstleistungsmanagement : Grundlagen - Konzepte – Instrumente. Wiesbaden 2001.

[5] Shostack, G. L.; Kingman-Brundage, J.: How to Design a Service. In: Congram, C. A. (Hrsg.): The AMA Handbook of Marketing for the Service Industries. New York 1991, S. 243-263.

[6] Easingwood, C. J.: New Product Development for Service Companies. In: Journal of Product Innovation Management, 3(1986)4, S. 264-275.

[7] De Brentani, U.: An Empirical Study of the Determinants of Success in the Development of New Industrial Services. In: Thelen, E.; Mairamhof, G. (Hrsg.): Dienstleistungsmarketing : eine Bestandsaufnahme. Frankfurt a. M. 1993, S. 11-32.

[8] De Brentani, U.: Innovative versus incremental new business services : Different keys for achieving success. In: The Journal of Product Innovation Management, 18(2001), S. 169-187.

[9] Fähnrich, K.-P.; Meiren, T.; Barth, T.; Hertweck, A.; Baumeister, M.; Demuß, L.; Gaiser, B.; Zerr, K.: Service Engineering : Ergebnisse einer empirischen Studie zum Stand der Dienstleistungsentwicklung in Deutschland. Stuttgart 1999.

[10] Bongartz, U.: Produktentwicklung in stürmischen Zeiten. In: Bullinger, H.-J. (Hrsg.): Financial Service Engineering : Aktuelle Handlungsfelder und Lösungen für die Produktentwicklung bei Banken und Sparkassen. Stuttgart 2002, S. 17-31.

[11] Bullinger, H.-J.: Financial Service Engineering - Bankprodukte systematisch entwickeln. In: Bullinger, H.-J. (Hrsg.): Financial Service Engineering : Aktuelle Handlungsfelder und Lösungen für die Produktentwicklung bei Banken und Sparkassen. Stuttgart 1999, S. 3-16.

[12] Gill, C.; Keith, H.; Schmitt, I.: Initialisierung neuer Dienstleistungen. In: Meiren, T.; Liestmann, V. (Hrsg.): Service Engineering in der Praxis : Kurzstudie zu Dienstleistungsentwicklung in deutschen Unternehmen. Stuttgart 2002, S. 28-33.

[13] Meyer, A.; Blümelhuber, C.: Dienstleistungs-Innovation. In: Meyer, A. (Hrsg.): Handbuch Dienstleistungs-Marketing. Stuttgart 1998, S. 807-826.

[14] Arbeitskreis der Banken und Leasinggesellschaften der Automobilwirtschaft (10.09.2003): 1. Halbjahr 2003: Herstellerverbundene Autobanken und Leasinggesellschaften weiter erfolgreich. URL: http://www.autobanken.de/presse-mitteilungen.php?idx=19, online 27.02.2004.

[15] Transaktionsinstitut für Zahlungsverkehrsdienstleistungen AG: Um eine Vielzahl von Herausforderungen zu meistern, genügt oft ein einziger Partner. URL: http://www.tai-ag.de/internet/markt/markt.php, online 01.03.2004.

[16] Grün, O.; Brunner, J.-C.: Wenn der Kunde mit anpackt : Wertschöpfung durch Co-Produktion. In: Zeitschrift Führung + Organisation, 72(2003)2, S. 87-93.

[17] Spath, D.; Zahn, E. (Hrsg.): Kundenorientierte Dienstleistungsentwicklung in deutschen Unternehmen. Vom Kunden zur Dienstleistung : Ergebnisse einer empirischen Studie. Berlin et al. 2003.

[18] Bullinger, H.-J.; Scheer, A.-W.; Zahn, E. (Hrsg.): Vom Kunden zur Dienstleistung : Fallstudien zur kundenorientierten Dienstleistungsentwicklung in deutschen Unternehmen. Stuttgart: 2002.

[19] Hofmann, H.; Klein, L.; Meiren, T.: Vorgehensmodelle für das Service Engineering. In: IM Information Management & Consulting, (13)1998, 20-25.

[20] DIN Deutsches Institut für Normung e.V.: DIN-Fachbericht 75 Service Engineering Entwicklungsbegleitende Normung (EBN) für Dienstleistungen. Berlin et al. 1998.

[21] Hoffrichter, M.: Dienstleistungsentwicklung : Ein Vorgehensmodell für Handel, Banken und Versicherungen. Berlin 1998.

Vorgehensweisen zur systematischen Entwicklung von Dienstleistungen im Überblick

Christine Daun
Ralf Klein

Institut für Wirtschaftsinformatik (IWi) im Deutschen Forschungszentrum für Künstliche Intelligenz (DFKI), Saarbrücken

Inhalt

1 Einleitung

2 Vorgehensmodelle

3 Vorgehensmodelle für die Dienstleistungsentwicklung
      3.1 Modelle für das New Service Development
      3.2 Modelle für das Service Engineering
      3.3 Zusammenfassende Betrachtung

4 Fazit und Ausblick

Literaturverzeichnis

1 Einleitung

Der gerade in Dienstleistungsmärkten sehr intensive Wettbewerb macht es notwendig, dass Unternehmen sich mit Hilfe innovativer Dienstleistungen von der Konkurrenz abheben. Dazu müssen sie ständig neue beziehungsweise verbesserte Dienstleistungen auf den Markt bringen und dabei sowohl schneller als die Wettbewerber sein als auch den Bedürfnissen und Erwartungen der Kunden gerecht werden. Dies bedingt, dass nicht nur innovative Ideen formuliert werden, sondern auch die zur Umsetzung zu durchlaufenden Schritte sowie die zur Unterstützung dieser Schritte existierenden Hilfsmittel bekannt sind [1].

Bereits BOWERS hat empirisch gezeigt, dass zwischen der Anwendung eines formalen Prozesses, um neue Dienstleistungen zu entwickeln, und der späteren Performance dieser Dienstleistungen auf dem Markt ein positiver Zusammenhang existiert [2]. Seine Dissertation gehört zu einer Gruppe wissenschaftlicher Arbeiten, die in den 80er Jahren in der angloamerikanischen Literatur unter der Bezeichnung New Service Development (NSD) und Service Design Fragestellungen der Entwicklung und Gestaltung von Dienstleistungen erstmalig aufgreifen. Diese Arbeiten sind jedoch sehr stark durch das Marketing geprägt. In Deutschland wird parallel zu den amerikanischen Arbeiten seit Mitte der 90er Jahre unter der Bezeichnung Service Engineering ein stärker interdisziplinärer Ansatz verfolgt, wobei angestrebt wird, vorhandenes ingenieurwissenschaftliches Know-how aus dem Bereich der klassischen Produktentwicklung einzubinden [3]. „Service Engineering beschäftigt sich mit der systematischen Entwicklung von Dienstleistungen unter Verwendung geeigneter Vorgehensmodelle, Methoden und Werkzeuge sowie mit dem Management von Dienstleistungsentwicklungsprozessen."[4] Es wird davon ausgegangen, dass Dienstleistungen grundsätzlich ähnlich wie Sachgüter oder Software entwickelt werden können, wobei jedoch die aus dienstleistungsspezifischen Charakteristika hervorgehenden Entwicklungsschwerpunkte adäquat berücksichtigt werden müssen. So gilt es, Aspekte der Gestaltung der Kundenschnittstelle und der operationalen Prozesse bei der Dienstleistungserbringung, der Auswahl und Qualifikation der Mitarbeiter sowie der Unterstützung der Mitarbeiter im direkten Kundenkontakt stärker zu beachten [5].

Beim Service Engineering lassen sich drei Betrachtungsebenen unterscheiden. Auf wissenschaftlicher Ebene geht es um Dienstleistungssysteme, Dienstleistungsklassifikationen und -morphologien sowie um allgemeine Vorgehensmodelle und Methoden. Auf Unternehmensebene beschäftigt sich das Service Engineering mit den Möglichkeiten der dauerhaften Verankerung der Dienstleistungsentwicklung in der Organisation. Hier geht es vor allem um die Gestaltung von Entwicklungsabteilungen und virtuellen Entwicklungsverbünden, um adaptierbare Referenzmodelle sowie um die Auswahl geeigneter Methoden und Werkzeuge. Gegenstand der Projektebene ist die Entwicklung konkreter Dienstleistungen [6]. Die beschriebenen Zusammenhänge verdeutlicht Abbildung 1.

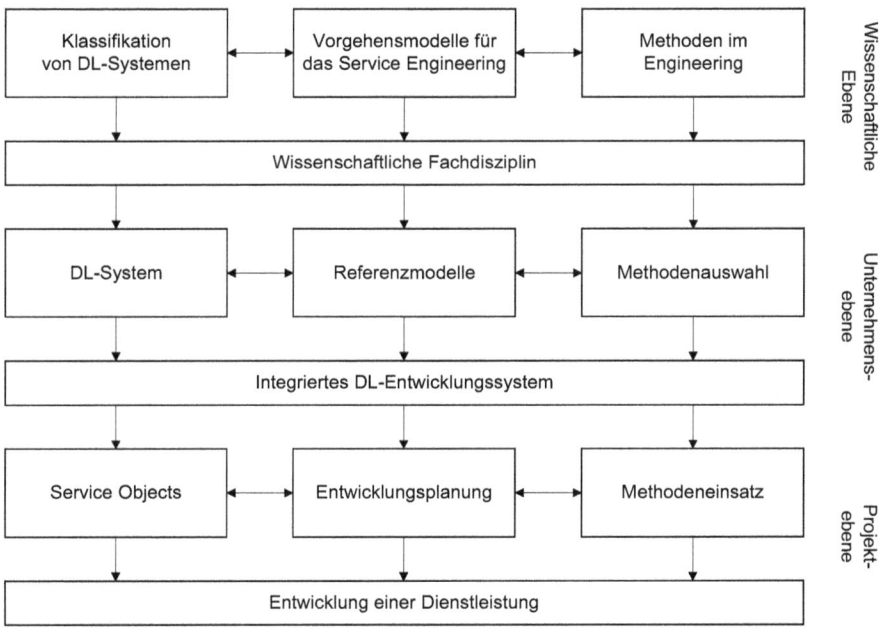

Abbildung 1: Betrachtungsebenen des Service Engineering [6]

Betrachtungsgegenstand dieses Beitrags sind vor allem die auf der wissenschaftlichen Ebene angesiedelten Vorgehensmodelle.

2 Vorgehensmodelle

„Vorgehensmodelle beinhalten eine ausführliche Dokumentation von Projektabläufen, Projektstrukturen und Projektverantwortlichkeiten und unterstützen damit die Planung, Steuerung und Überwachung von Projekten."[5] Sie fanden ursprünglich in der klassischen Produktentwicklung und im Software Engineering Einsatz. Vorgehensmodelle für das Service Engineering legen die für die Entwicklung einer Dienstleistung notwendigen Aktivitäten fest und systematisieren den Dienstleistungsentwicklungsprozess. Sie müssen dabei den Besonderheiten von Dienstleistungen gerecht werden [5]. Prinzipiell sind für die Dienstleistungsentwicklung zwei Typen von Vorgehensmodellen denkbar: lineare Phasenmodelle und iterative Modelle [7].

Die einzelnen für die Entwicklung einer Dienstleistung notwendigen Schritte werden bei linearen Vorgehensmodellen in einer sequenziellen Reihenfolge abgearbeitet [8]. Charakteristisch für diese Modelle ist, dass mit der Bearbeitung einer neuen Phase erst dann begonnen werden darf, wenn die vorhergehende Phase komplett abgeschlossen ist. Zudem stellen die Arbeitsergebnisse der vorhergehenden Phase Input für die nachfolgenden Phasen dar. Vorteil dieser Vorgehensweise ist die hohe Transparenz des Entwicklungsprozesses sowie die Eignung für eine ergebnisorientierte Planung. Als nachteilig erweisen sich die mangelnde Flexibilität und die unzureichende Nutzung von Möglichkeiten zur Parallelisierung einzelner Prozessschritte [7]. Des Weiteren sind Rückschritte in vorhergehende Phasen auf Grund sich ergebender Änderungsbedürfnisse nicht vorgesehen. Dadurch werden bereits abgeschlossene Phasen betreffende Verbesserungen unterdrückt [8]. Durch ihre Einfachheit sind die Phasenmodelle jedoch in Wissenschaft und Praxis am weitesten verbreitet [5][7].

Iterative Modelle beseitigen einige der den linearen Modellen anhaftenden Schwachstellen, indem sie Rücksprünge zwischen den Phasen zulassen. Bei Entdeckung eines Fehlers wird die für diesen Fehler ursächliche Phase samt den darauf folgenden Phasen erneut durchlaufen [8].

Bei Spiralmodellen als Beispiel für iterative Vorgehensmodelle werden dieselben Schritte gewollt mehrfach ausgeführt, wobei sie jeweils an den Ergebnissen des vorherigen Durchlaufs ansetzen. Auf diese Art und Weise erfolgt eine schrittweise

Verfeinerung des Entwicklungsobjekts. Der Vorteil von Spiralmodellen liegt insbesondere darin, dass schnell erste beurteilbare Ergebnisse vorliegen sowie bereits innerhalb eines Entwicklungsprojekts Lerneffekte genutzt werden können. Als nachteilig erweist sich der durch die Komplexität des Modells bedingte erhöhte Steuerungsaufwand [7].

Um Probleme, wie z. B. Unklarheiten über exakte Anforderungen oder die Notwendigkeit, eine von mehreren Lösungsmöglichkeiten auszuwählen, anzugehen, wurden die Prototypingmodelle entwickelt [9]. Prototypingmodelle stellen ebenfalls ein Beispiel für iterative Vorgehensmodelle dar. Es geht darum, anhand einer Testversion, dem Prototyp, möglichst frühzeitig wesentliche Merkmale und Funktionalitäten der Dienstleistung untersuchen und anschließend verfeinern zu können. Die einzelnen Entwicklungsschritte können dabei teilweise überlappend ablaufen. Es gibt eine Vielzahl unterschiedlicher Prototypen, die sich z. B. nach dem Umfang der geplanten Funktionalitäten, nach dem Detaillierungsgrad oder nach der Zielsetzung differenzieren lassen [7]. Prototypingmodelle müssen nicht notwendigerweise getrennt von anderen Modellen angewendet werden. Aus der Softwareentwicklung sind z. B. Vorgehensweisen bekannt, bei denen Prototyping in ein Wasserfallmodell eingebunden wird [10]. Diese Möglichkeit der Integration in andere Prozessmodelle wird auch als Vorteil von Prototypen angeführt [9]. Weitere Vorteile liegen in der hohen Anpassbarkeit an unterschiedliche Aufgabenstellungen sowie der schnellen Verfügbarkeit einer marktfähigen Lösung. Zudem können Kunden mit Hilfe der Testversion ihre Anforderungen detailliert in den Entwicklungsprozess einbringen. Dem stehen als Nachteile der hohe Kommunikations- und Abstimmungsaufwand sowie die schwierige Zielkontrolle gegenüber [7].

Zu beachten ist weiterhin, dass Vorgehensmodelle für das Service Engineering nicht nur bei der Neuentwicklung von Dienstleistungen eingesetzt werden können. Denkbar ist ihre Anwendung auch bei der Bündelung mehrerer Dienstleistungen zu einer neuen Dienstleistung sowie beim Reverse Engineering und Reengineering von Dienstleistungen. Unter einem Reverse Engineering versteht man die neue Spezifikation einer vorhandenen Dienstleistung, während beim Reengineering eine bestehende Dienstleistung komplett neu entwickelt wird [5].

3 Vorgehensmodelle für die Dienstleistungsentwicklung

Es existiert eine Vielzahl von Vorgehensmodellen für die Entwicklung neuer Dienstleistungen, die teilweise aufeinander aufbauen, teilweise aber auch keine direkten Gemeinsamkeiten aufweisen. Im Folgenden wird ein Überblick über die bestehenden Modelle gegeben und – sofern vorhanden – der Zusammenhang zwischen diesen Modellen aufgezeigt. Dabei werden lediglich die in den Modellen verwendeten Phasen und vom jeweiligen Modell ausgehende Besonderheiten betrachtet. Die innerhalb der einzelnen Phasen konkret auszuführenden Tätigkeiten werden aus Gründen der Übersichtlichkeit nicht näher behandelt. Da der Zusammenhang zwischen Modellen für das NSD und Modellen für das Service Engineering innerhalb der jeweiligen Gruppe besonders stark ist, werden diese zunächst getrennt behandelt (Abschnitt 3.1 und Abschnitt 3.2), bevor eine zusammenfassende Betrachtung durchgeführt wird (Abschnitt 3.3).

3.1 Modelle für das New Service Development

In Abbildung 2 sind einige Vorgehensmodelle zum NSD in ihrer zeitlichen Abfolge dargestellt. Die eingezeichneten Pfeile verdeutlichen dabei, zwischen welchen Modellen Zusammenhänge existieren. Ausgangspunkt ist ein Vorgehensmodell der Unternehmensberatung BOOZ, ALLEN & HAMILTON (BAH), das für die Entwicklung neuer Produkte konzipiert wurde [13]. Dadurch wird deutlich, dass die Vorgehensweise bei der Produktentwicklung grundsätzlich auch auf die Dienstleistungsentwicklung übertragen werden kann, wobei jedoch einige Besonderheiten zu berücksichtigen sind.

Die Modelle zum NSD von BOWERS und von DONNELLY, BERRY und THOMPSON bauen laut Aussage der Autoren auf dem BAH-Modell auf [2][14]. Das Modell von JOHNSON, SCHEUING und GAIDA ähnelt ebenfalls sehr stark dem BAH-Modell, wobei ein expliziter Hinweis auf eine Ableitung aus dem BAH-Modell fehlt. Die Ausführungen der Autoren verdeutlichen jedoch, dass sie das BAH-Modell zur Kenntnis genommen haben [11].

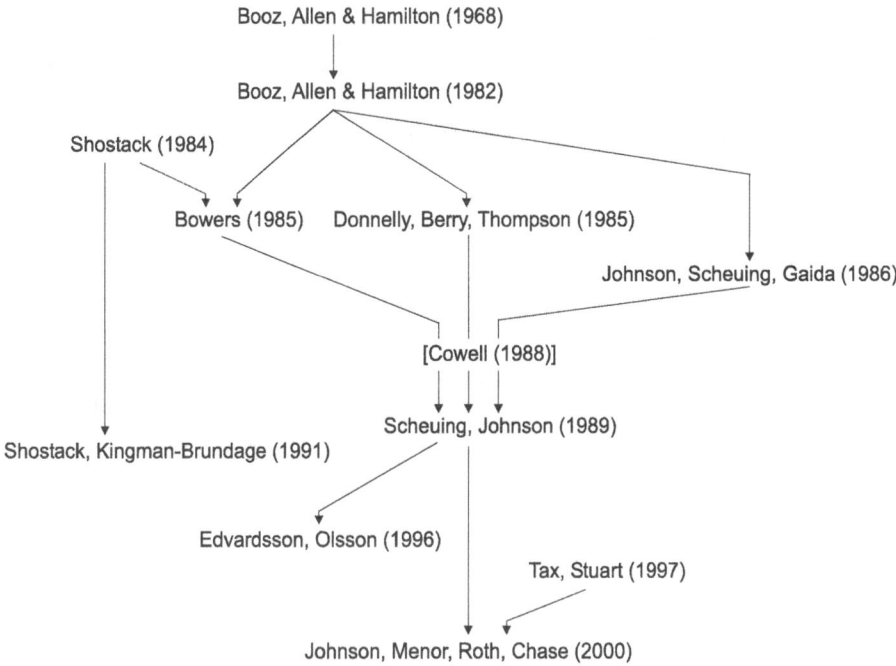

Abbildung 2: Zusammenhang zwischen ausgewählten Vorgehensmodellen zum NSD

Der Zusammenhang zwischen den genannten Modellen wird besonders deutlich, wenn man die einzelnen Phasen gegenüberstellt (vgl. Tabelle 1). Befinden sich zwei Phasen in derselben Zeile der Tabelle, so bedeutet dies nicht, dass diese vollkommen äquivalent sind. Vielmehr sollen Anhaltspunkte geliefert werden, welche Phasen sich prinzipiell ähneln.

Der in der neueren Version des BAH-Modells beschriebene Prozess wurde im Rahmen einer Umfrage unter US-amerikanischen Unternehmen identifiziert. Er wurde gegenüber einem bereits in früheren Studien ermittelten Vorgehen um einen weiteren Schritt, die Entwicklung einer Strategie für neue Produkte, ergänzt. Dadurch werden der Produktentwicklungsprozess mit den Unternehmenszielen verbunden, ein Fokus auf die Ideenfindungsphase gelegt sowie Richtlinien für die Bestimmung geeigneter Auswahlkriterien geliefert [12].

BAH (1968) [13]	BAH (1982) [12]	BOWERS (1985) [2]	DON/BER/THO (1985) [14]	JOH/SCH/GAI (1986) [11]
		Develop a Business Strategy	Strategic Guidelines	Strategy Formulation
	New Product Strategy Development	Develop a New Service Strategy		
Exploration	Idea Generation	Idea Generation	Exploration	Idea Generation
Screening	Screening and Evaluation	Concept Development and Evaluation	Screening	Analysis
Business Analysis	Business Analysis	Business Analysis	Comprehensive Analysis	
Development	Development	Service Development and Evaluation	Development and Testing	Service Design and Process Development
Testing	Testing	Market Testing		Testing
Commercialization	Commercialization	Commercialization	Introduction	Introduction

Tabelle 1: Phasen ausgewählter auf dem BAH-Modell aufbauender Modelle zum NSD [15]

BOWERS entwarf ein auf diesem Vorgehen aufbauendes Modell für die Entwicklung von Dienstleistungen. Während das BAH-Modell davon ausgeht, dass eine allgemeine Unternehmensstrategie als Ausgangspunkt der Entwicklung neuer Produkte bereits vorliegt, enthält das Modell von BOWERS die Entwicklung dieser Strategie als ersten Schritt. Im Modell von DONNELLY, BERRY und THOMPSON, das sich speziell mit der Entwicklung von Finanzdienstleistungen befasst, und im Modell von JOHNSON, SCHEUING und GAIDA wird nicht explizit zwischen der Entwicklung einer allgemeinen Unternehmensstrategie und einer Strategie für neue Dienstleistungen unterschieden.

Bezüglich des Modells von JOHNSON, SCHEUING und GAIDA bleibt weiterhin anzumerken, dass die einzelnen Phasen teilweise noch einmal ausdrücklich in Unterschritte aufgespalten werden. So besteht die Analysephase aus den Schritten „Screening", „Concept Testing" und „Business Analysis". Die Phase „Service Design and Process Development" beinhaltet die schon im Namen erwähnten beiden Teilschritte. Die Testphase wird schließlich in die Schritte „Product Testing" und „Test Marketing" untergliedert.

DONNELLY, BERRY und THOMPSON unterteilen lediglich die Analysephase explizit in einzelne Aufgaben, die in einer bestimmten Reihenfolge abzuarbeiten sind. So wird ein sequenzielles Durchlaufen der Schritte „Market Analysis", „Definition of Service", „Operations Feasibility Analysis", „Marketing Plan", „Financial Forecasts" und „Go/No-go Recommendation" empfohlen. Sie fassen außerdem in der Phase „Development and Testing" zwei in den anderen betrachteten Modellen separate Phasen zusammen.

COWELL greift 1988 in einem Artikel erneut die Vorgehensweisen aus der Produktentwicklung auf und überträgt sie auf die Entwicklung von Dienstleistungen. Dabei bezeichnet er das Vorgehen in den Phasen „Idea Generation", „Idea Screening", „Concept Development and Testing", „Business Analysis", „Development", „Testing" und „Commercialization" als gebräuchlich. Gleichzeitig verweist er darauf, dass, in Abhängigkeit von Faktoren, wie z. B. den Charakteristika des jeweiligen Zielmarkts oder dem Innovationsgrad, nicht unbedingt alle Schritte für jede Dienstleistung notwendig sind [16]. Sowohl die genannten Phasen als auch deren Anordnung ähneln stark denen der in Tabelle 1 gegenübergestellten Modellen.

Das Modell von BOWERS wurde, wie in Abbildung 2 dargestellt, außer vom BAH-Modell noch von einem von SHOSTACK entwickelten Vorgehensmodell beeinflusst. Letzteres durchläuft zweimal hintereinander die Folge „Definition", „Analysis" und „Synthesis", bevor dann die Phasen „First Phase Implementation", „Second Phase Implementation", „Market Introduction" und „Post-Introduction Audit" den Entwicklungsprozess erstmalig beenden. Bemerkenswert an diesem Modell ist der Hinweis darauf, dass der beschriebene Prozess nie endet, sondern im Sinne eines Kreislaufs nach Abschluss des „Post-Introduction Audit" wieder die erste Phase erreicht wird. Der gesamte beschriebene Prozess fokussiert jedoch auf das Service Design, d. h. Schritte wie die Bestimmung strategischer Richtlinien oder die systematische Suche nach neuen Ideen werden außer Acht gelassen. Lediglich die in der Phase des „Post-Introduction Audit" angesiedelte Aufgabe, die nächsten Schritte zur Veränderung beziehungsweise Erweiterung der Dienstleistung zu identifizieren, deutet auf die Notwendigkeit einer Ideenfindung hin

[17]. BOWERS erwähnt, dass die in seinem Modell als „Service Development and Evaluation" bezeichnete Phase die Aktivitäten der „Second Stage Analysis and Synthesis" aus SHOSTACKs Modell umfasst [2].

Insbesondere auf den bisher genannten Modellen aufbauend, aber auch unter Berücksichtigung von weiteren im Rahmen dieses Beitrags nicht näher betrachteten Modelle, entwarfen SCHEUING und JOHNSON schließlich ein detailliertes Vorgehensmodell für die Entwicklung einer neuen Dienstleistung. Dieses besteht aus 15 Schritten (vgl. Abbildung 3), die sich zu den vier Stufen „Direction", „Design", „Testing" und „Introduction" verdichten lassen und sequenziell zu durchlaufen sind. Dabei wird zusätzlich aufgezeigt, welche Haupteinflüsse sowohl von innerhalb als auch von außerhalb des Unternehmens während des Entwicklungsprozesses zu verzeichnen sind. Bemerkenswert an diesem Modell ist insbesondere die Betonung der Notwendigkeit, das Personal zu schulen. Dieser Aufgabe wird eine eigene Phase („Personnel Training") gewidmet [15].

DIRECTION	DESIGN	TESTING	INTRODUCTION
	Concept Development		
	Concept Testing		
Formulation of New Service Objectives and Strategy	Business Analysis	Service Testing and Pilot Run	Full-Scale Launch
	Project Authorization		
Idea Generation	Service Design and Testing		
Idea Screening	Process and System Design and Testing	Test Marketing	Post-Launch Review
	Marketing Program Design and Testing		
	Personnel Training		

Abbildung 3: Vorgehensmodell nach SCHEUING und JOHNSON [15]

Das Modell von EDVARDSSON und OLSSON ähnelt dem Modell von SCHEUING und JOHNSON insofern, als dass zuerst das Konzept und darauf aufbauend parallel System und Prozess entwickelt werden. Die Autoren weisen besonders darauf hin, dass das System, in dem die Dienstleistungserbringung sich letztendlich vollziehen soll, und die einzelnen Arbeitsschritte, aus denen die erbrachte Dienstleistung hervorgeht, „Hand in Hand" festgelegt werden müssen. Da das Modell jedoch lediglich aus drei Phasen besteht, die nicht mehr explizit weiter in Arbeitsschritte unterteilt werden, ist es als relativ grob zu bezeichnen [18].

JOHNSON, MENOR, ROTH und CHASE ordnen die Phasen des Modells von SCHEUING und JOHNSON in einem Kreis an, um so zum Ausdruck zu bringen, dass der Prozess der Dienstleistungsentwicklung nicht linear abläuft. Gleichzeitig weisen sie auf die Bedeutung so genannter „Enablers", wie z. B. Teams, Werkzeuge oder Organisationskultur, die sie in den Kreislauf einbetten, hin. JOHNSON, MENOR, ROTH und CHASE beziehen sich im Hinblick auf die kreisförmige Anordnung auf ein von TAX und STUART entworfenes Modell [19].

Letzteres hat einen anderen Schwerpunkt als die bisher betrachteten Modelle. Es stellt das so genannte „Service System" in den Mittelpunkt und schenkt den Auswirkungen der neuen Dienstleistung auf dieses System besondere Aufmerksamkeit. Die zu durchlaufenden Schritte zeigt Abbildung 4. Wegen der Option, auf Basis des Ergebnisses von Schritt 7 das Konzept zu ändern und wieder bei Schritt 2 anzufangen, wird das Modell von TAX und STUART den iterativen Modellen zugeordnet [20].

Mit Ausnahme des Modells von TAX und STUART lassen sich die bisher dargestellten Modelle den in Kapitel 2 erläuterten Phasenmodellen zuordnen. Bei dem in Abbildung 2 ebenfalls aufgeführten Modell von SHOSTACK und KINGMAN-BRUNDAGE handelt es sich um ein Spiralmodell. Die iterativen Elemente dieses Modells, d. h. die Phasen „Design", „Analysis" und „Synthesis", ähneln der Dreiteilung innerhalb der zweimal zu durchlaufenden Sequenz in dem Modell von SHOSTACK. Hier ist jedoch explizit ein mehrfaches Durchlaufen dieser drei Schritte vorgesehen. Das Konzept für die zu entwickelnde Dienstleistung wird also immer weiter verfeinert. Das am Ende dieser Iterationen stehende „Master Design" wird anschließend in die zur konkreten Umsetzung benötigten Funktionalitäten überführt. Auch dies ist Ausdruck einer schrittweisen Verfeinerung.

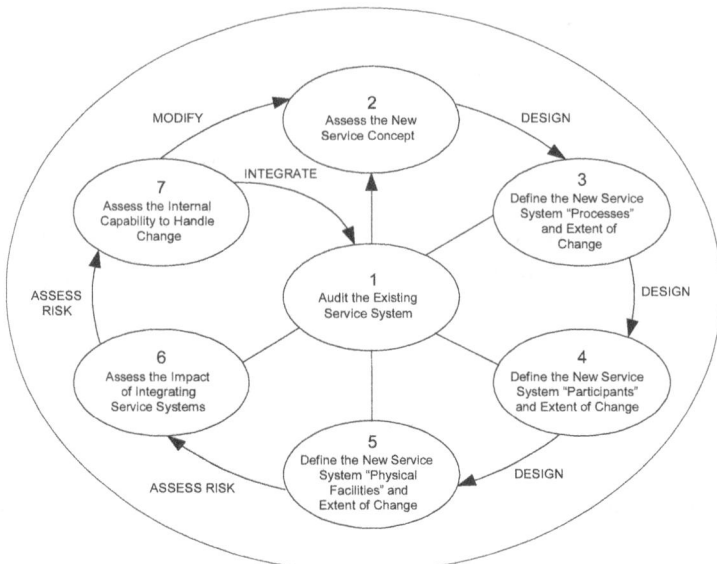

Abbildung 4: Vorgehensmodell nach TAX und STUART [20]

Bevor die Dienstleistung schließlich am Markt eingeführt wird, erfolgt noch eine Dokumentation, die Außenstehenden einen Einblick darin vermittelt, wie das gesamte System funktionieren soll. Nach der Markteinführung ist nicht ein erneutes Durchlaufen aller Phasen vorgesehen, sondern lediglich Verbesserungen am Design der eingeführten Dienstleistung auf der Grundlage einer vorhergehenden Bewertung. Die Autorinnen weisen jedoch darauf hin, dass im Zusammenhang mit den im Rahmen der Dienstleistungserbringung erhobenen Daten auch die zur Änderung beziehungsweise Erweiterung der Dienstleistung zu durchlaufenden Schritte identifiziert werden und somit der Entwicklungsprozess von vorn beginnt [21].

Wie in Abbildung 2 aufgezeigt, stellt das BAH-Modell zur Produktentwicklung den Ausgangspunkt vieler Vorgehensmodelle zum Service Engineering dar. Ein anderes Vorgehen zur Entwicklung neuer Produkte wird von COOPER beschrieben. Die dem Modell zu Grunde liegende, als „Stage-gate"-System bezeichnete Vorgehensweise ist Grundlage für ein weiteres Modell zum NSD. Es handelt sich hierbei um die Übertragung von Methoden aus dem Prozessmanagement auf den Innovationsprozess. Letzterer wird dabei in einzelne Stufen („stages") zerlegt, die wiederum aus einer Reihe vorgeschriebener, miteinander zusammenhängender und oft auch parallel ablaufender Tätigkeiten bestehen. Diese Tätigkeiten sind jedoch nicht zwingend vorgeschrieben, sondern dienen vielmehr als Hilfestellung für den Projektleiter. Es wird großer Wert auf den Übergang zwischen den einzelnen Stufen gelegt. Die hier angesiedelten „gates" können als Prüfphasen aufgefasst werden, die über die Fortsetzung des Projekts und damit über weitere, höhere Investitionen entscheiden. Sie sind vom Prinzip her den Qualitätsprüfstellen in Produktionsprozessen sehr ähnlich [22]. COOPER betont im Hinblick auf das „Stage-gate"-System die Bedeutung einer Strategie für die Produktinnovation, indem er sie dem gesamten Prozess überordnet und den Einfluss auf sämtliche Facetten des Prozesses herausstellt [23]. Die zur Erläuterung des Vorgehens in Stufen und Prüfphasen herangezogenen Aktivitäten wurden im Rahmen einer Studie von EDGETT daraufhin untersucht, inwieweit sie in Kreditinstituten zur Anwendung kommen [24]. Schließlich übertrugen COOPER und EDGETT das Vorgehen auf die Entwicklung neuer Dienstleistungen [25]. Eine typische Abfolge stellt dabei der in Abbildung 5 visualisierte Prozess dar.

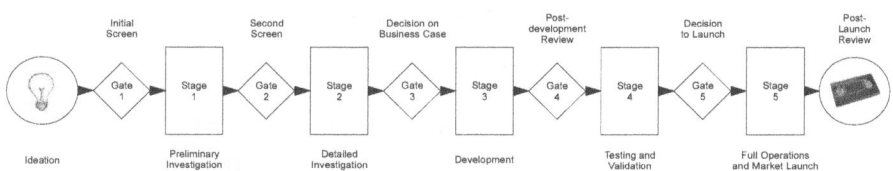

Abbildung 5: Ein typischer Stage-gate-Prozess [25]

COOPER und EDGETT erwähnen außerdem noch die Weiterentwicklung des in Abbildung 5 dargestellten Prozesses zu einem so genannten „Third-generation"-Prozess. Dieser ist durch folgende Merkmale gekennzeichnet:

- Jedes Projekt kann entsprechend des spezifischen Risikogehalts beziehungsweise der spezifischen Bedürfnisse durch den Prozess geleitet werden („Flexibility").

- An den Gates können nicht nur Ja- oder Nein-Entscheidungen, sondern z. B. auch Ja-Entscheidungen, die an das Eintreten eines zukünftigen Ereignisses geknüpft sind, getroffen werden („Fuzzy Gates").

- Die einzelnen Phasen überlappen, d. h. Aktivitäten aus der nachgelagerten Phase beginnen unter Umständen schon, bevor die aktuelle Phase abgeschlossen ist („Fluidity").

- Der Prozess funktioniert ähnlich wie ein Trichter und sorgt dafür, dass die Ressourcen den vielversprechendsten Projekten zugewiesen werden („Focus").

- Es gibt einen Prozessmanager, dessen Aufgabe darin besteht, sicherzustellen, dass die Verantwortlichen an den Gates unter Einhaltung der Regeln eine Entscheidung treffen („Facilitation").

- Stage-gate-Prozesse werden aus den Erfahrungen der sie anwendenden Unternehmen heraus ständig neu gestaltet und verbessert („Forever Green") [25].

MOHAMMED-SALLEH und EASINGWOOD überprüften in einer Studie ebenfalls die von Banken im Rahmen der Produktentwicklung durchgeführten Aktivitäten [26]. Da es sich bei Bankprodukten um Dienstleistungen handelt, können die Ergebnisse in ihrer Gesamtheit auch als Vorgehensmodell für das NSD interpretiert werden. Die herangezogenen Aktivitäten ähneln dabei stark denen, die von COOPER und EDGETT angeführt werden.

Ein von RAMASWAMY entwickeltes Vorgehensmodell (vgl. Abbildung 6) ist in Form eines Kreislaufs aufgebaut. Er unterscheidet die zwei Hauptphasen „Service Design" und „Service Management", die nochmals in je vier Schritte unterteilt und sequenziell durchlaufen werden. Während die anderen Modelle teilweise noch eine Phase der Marktbeobachtung beinhalten, ist hier explizit vorgesehen, den Prozess der Dienstleistungsentwicklung auf Basis der gewonnenen Erkenntnisse neu zu durchlaufen [27].

3.2   Modelle für das Service Engineering

In jüngerer Zeit sind auch in Deutschland Vorgehensmodelle für die Dienstleistungsentwicklung verstärkt als eigenständiger Forschungsgegenstand untersucht worden. Im Rahmen der prioritären Erstmaßnahme (PEM) 7 wurde das in Abbildung 7 dargestellte Vorgehensmodell entworfen:

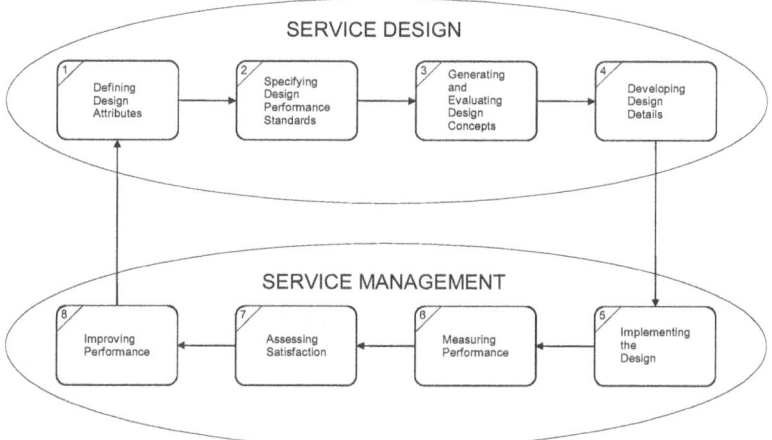

Abbildung 6: Modell nach Ramaswamy [27]

Die Istaufnahme und -analyse ähnlicher Dienstleistungsprozesse soll dabei parallel zur Marktforschung ablaufen [29]. Diese explizite Parallelisierung von Phasen ist eine Besonderheit des PEM 7-Modells. Zudem findet sich die Betrachtung ähnlicher Prozesse in keinem anderen der im Rahmen dieses Beitrags herangezogenen Modelle zum Service Engineering oder zum NSD als eigenständige Phase. Auch der zwischen den Phasen „Marktanalyse und Test" und „Dienstleistungsidee finden und konkretisieren" angedeutete Rücksprung fällt auf. Durch diesen handelt es sich beim PEM 7-Modell gemäß der in diesem Beitrag zu Grunde gelegten Definition um ein iteratives Modell.

MEYER und BLÜMELHUBER unterteilen den Innovationsprozess von Dienstleistungen in die Schritte „Ideengewinnung", „Ideenprüfung und -auswahl", „Leistungs-Design", „Test" und „Einführung". Sie betonen dabei, dass parallel zu den einzelnen Schritten eine Beschäftigung mit der Integration des Kunden sowie dem Aufbau der Leistungspotenziale notwendig ist. Dabei verfolgt man mit der Integration des Kunden das Ziel, Qualität, Akzeptanz und somit auch den vermutlichen Erfolg der neuen Dienstleistung laufend zu überprüfen. Bezüglich der Leistungspotenziale sind die notwendigen personellen und maschinellen Fähigkeiten zu schaffen [28].

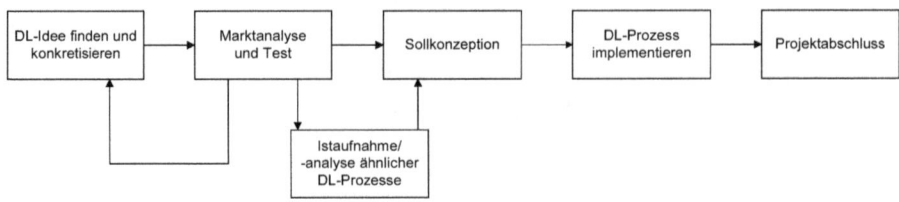

Abbildung 7: PEM 7-Modell [29]

Etwa zur selben Zeit erarbeitete JASCHINSKI ein Metamodell für die Dienstleistungsentwicklung. Dieses lässt sich in die drei Phasen „Definieren", „Konzipieren" und „Umsetzen" einteilen, die wiederum aus einzelnen Arbeitsschritten bestehen. Am Ende jeder dieser drei Phasen ist eine explizite Überprüfung vorgesehen. Das Modell ist durch ein iteratives Vor- oder Zurückspringen zwischen den einzelnen Arbeitsschritten gekennzeichnet. Die einzelnen Arbeitsschritte können zum Teil auch parallel ablaufen. Zudem gibt JASCHINSKI zu jedem Ablaufschritt das Arbeitsergebnis an. Ausgangspunkt des gesamten Prozesses ist eine formulierte Produktidee. Abbildung 8 zeigt einen Ausschnitt aus dem Vorgehensmodell [30].

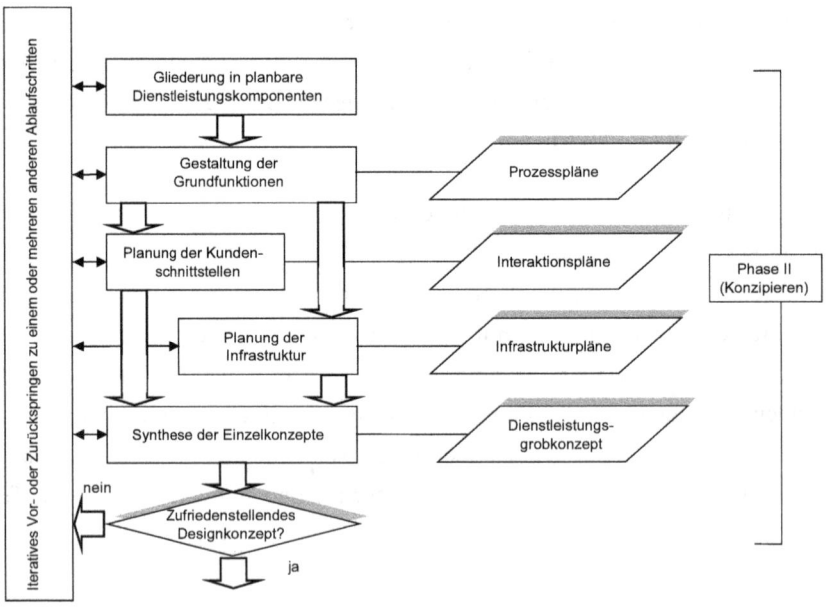

Abbildung 8: Ausschnitt aus dem Vorgehensmodell von JASCHINSKI [30]

Auf dieser Einteilung in drei Phasen aufbauend, wurde im Rahmen des Forschungsprojekts „Ganzheitliche Entwicklung von Dienstleistungen durch Service Engineering" u. a. am Forschungsinstitut für Rationalisierung e. V. (FIR) in Aachen ein Vorgehensmodell konzipiert, das zwischen den durchzuführenden Aufgaben und ihrer Anordnung in einem Entwicklungsvorhaben differenziert. Da keine Einschränkungen vorgenommen werden, kann das Modell sowohl den Phasenmodellen als auch den iterativen Modellen zugeordnet werden. Bemerkenswert ist insbesondere der zur Ideenfindung vorgeschlagene Ansatz. Die Ergebnisse der Durchführung einer Potenzialanalyse und einer Marktanalyse sind Grundlage der folgenden Ermittlung von Dienstleistungsideen. Einen Überblick über das gesamte Modell gibt Abbildung 9 [31][32].

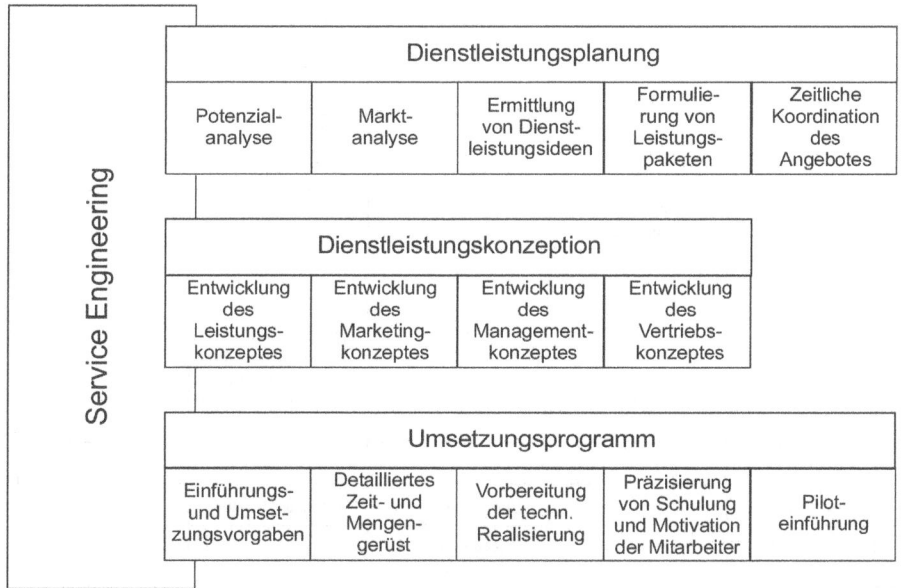

Abbildung 9: Modell des FIR [32]

Wie die folgende Tabelle 2 zeigt, bauen einige Modelle zum Service Engineering auf einem Vorgehensmodell des Deutschen Instituts für Normung (DIN) auf oder weisen große Ähnlichkeit zu diesem Modell auf. Das DIN-Modell trägt dem Gedanken Rechnung, dass das Service Engineering von Beginn an den gesamten Lebenszyklus einer Dienstleistung einbeziehen sollte. Die Aufnahme der Anforderungen, das Design und die Einführung der Dienstleistung machen den Kern des Modells aus [33]. Bei dem Modell von FÄHNRICH ET AL. handelt es sich um ein einfaches Vorgehensmodell, dem von den Autoren die Eigenschaft zugeschrieben wird, für eine erste Systematisierung des Dienstleistungsentwicklungsprozesses geeignet zu sein [1].

DIN (1998) [33]	FÄHNRICH ET AL. (1999) [1]	REI/GOE/STE (2000) [34]	HALLER (2001) [35]	SCHR/NÄG (2002) [36]
Ideenfindung und -bewertung	Ideenfindung und -bewertung	Ideenfindung und -bewertung	Ideenfindung und -bewertung	Ideenfindung
				Ideenbewertung
Anforderungen	Ermittlung von Anforderungen	Erhebung der Anforderungen	Aufnahme der Anforderungen	Anforderungsanalyse
Design	Dienstleistungskonzeption	Gestaltung der konkreten Leistung	Entwicklung, Evaluation und Auswahl von Servicekonzepten	Dienstleistungskonzept
		Erstellungsdesign	Design der Prozesse	
		Einbindung in übergeordnete Systeme		
		Gestaltung der materiellen Bestandteile	Design der materiellen Komponenten: Servicescapes	
				Test
				Verbesserung
Einführung	Markteinführung	Implementierung	Implementierung	Markteinführung
Dienstleistungserbringung		Erbringung und Evaluation		
Ablösung		Ablösung		

Tabelle 2: Vorgehensmodelle zum Service Engineering mit großer Ähnlichkeit zum DIN-Modell

In dem Modell von REICHWALD, GOECKE und STEIN werden wie im DIN-Modell die Dienstleistungserbringung sowie die Ablösung der Dienstleistung betrachtet. Im Gegensatz zum DIN-Modell wird jedoch – wie auch in dem Modell von HALLER – die Phase des Designs noch explizit weiter in einzelne Arbeitsschritte unterteilt. HALLER greift innerhalb der einzelnen Phasen des von ihr beschriebenen Modells insbesondere auf das Vorgehensmodell von RAMASWAMY zurück. Sie weist darauf hin, dass Änderungen der Umfeldbedingungen den Neubeginn des Kreislaufs des Service Engineering erforderlich machen können [35].

SCHREINER und NÄGELE widmen der Ideenfindung und der Ideenbewertung jeweils eine eigene Phase. Zudem enthält das Modell als einziges der im Rahmen dieses Beitrags betrachteten Modelle eine eigenständige Phase, innerhalb der das Dienstleistungskonzept – basierend auf den Ergebnissen der Testphase – verbessert werden soll. Die in der Tabelle aufgeführten Arbeitsschritte „Ideenfindung" und „Ideenbewertung" werden zur so genannten „Start-Phase" zusammengefasst, „Dienstleistungskonzept", „Test" und „Verbesserung" zur so genannten „Konzeptionsphase". Zudem erfolgt eine Darstellung, welche der vier Dienstleistungsdimensionen in den einzelnen Arbeitsschritten jeweils betrachtet wird [36].

Das vom Fraunhofer-Institut für Arbeitswirtschaft und Organisation (IAO) in Stuttgart zunächst als Phasenmodell entwickelte, modulbasierte Vorgehensmodell lässt sich den iterativen Modellen zuordnen. Seine Grundstruktur wird aus Abbildung 10 ersichtlich. Die einzelnen Schritte einer Hauptphase, die in einem konkreten Entwicklungsprojekt durchlaufen werden sollen, werden erst unmittelbar vor Projektbeginn festgelegt [37].

Ein in einem Leitfaden zur Umsetzung des Service Engineering in Unternehmen von MEIREN und BARTH vorgestelltes Modell, das die Hauptphasen „Ideenfindung und -bewertung", „Anforderungsanalyse", „Dienstleistungskonzeption", „Dienstleistungsimplementierung" und „Markteinführung" unterscheidet und nochmals in einzelne Arbeitsschritte unterteilt, weist in Bezug auf die Phaseneinteilung große Ähnlichkeit zu dem modulbasierten Vorgehensmodell des IAO auf [3].

BULLINGER und SCHREINER bezeichnen ein Vorgehen in den Schritten „Ideen generieren" (Startphase), „Anforderungen analysieren" und „Ideen bewerten" (Analysephase), „Einzelspezifikationen erstellen" und „Gesamtspezifikation erstellen" (Konzeptionsphase), „Potenzial bereitstellen" (Vorbereitungsphase), „Gesamtspezifikation testen" (Testphase) sowie „Konzept implementieren" (Implementierungsphase) als idealtypisch. Sie ordnen die genannten Phasen dabei als Kreislauf an und betonen, dass die Phasen nicht zwangsläufig auch in der gezeigten Reihenfolge durchlaufen werden. Sie weisen zudem auf die Möglichkeit von Rücksprüngen hin [38].

Abbildung 10: Modulbasiertes Vorgehensmodell nach Fraunhofer IAO [39]

SCHNEIDER und SCHEER entwickelten, aufbauend auf den Inhalten der Modelle von SCHEUING und JOHNSON, EDVARDSSON und OLSSON, RAMASWAMY, SHOSTACK und KINGMAN-BRUNDAGE (vgl. Abschnitt 3.1) sowie dem DIN-Modell und dem Modell von JASCHINSKI, das aus vier Ebenen bestehende Konzept des so genannten „Customer related Service Life Cycle". Es umfasst auf der ersten Ebene vier Oberphasen (Start-up-, Konzeptions-, Implementierungs- und Monitoringphase), die auf der zweiten Ebene nochmals in Unterphasen aufgeteilt werden. Diese Unterphasen, zwischen denen eine iterative Verknüpfung empfohlen wird, können als Vorgehensmodell für die Dienstleistungsentwicklung aufgefasst werden. Es wird teilweise auf eine Interaktion zwischen einzelnen Unterphasen hingewiesen. Zudem werden bei den jeweiligen Phasenergebnissen Entscheidungspunkte eingefügt [40].

3.3 Zusammenfassende Betrachtung

Die folgende Tabelle 3 ordnet die betrachteten Modelle zum NSD und zum Service Engineering den in Kapitel 2 beschriebenen Phasenmodellen oder iterativen Modellen zu. Zudem wird angegeben, welche Modelle einen Kreislauf vorsehen. Bei der Frage, ob ein Modell einen Kreislauf beinhaltet, werden zwei Varianten unterschieden. Sofern lediglich in der textuellen Erläuterung zu einem Modell auf den Kreislauf verwiesen wird, erfolgt eine Kennzeichnung mit „(X)". Wird das Modell explizit als Kreislauf dargestellt, so enthält die entsprechende Spalte der Tabelle ein „X". Besonderheiten der einzelnen Modelle werden in der letzten Spalte erfasst.

Modell \ Merkmal	Phasen-modell	Iteratives Modell	Kreislauf	Besonderheit
Bowers	X			
Bullinger/Schreiner		X	X	idealtypisch
Cooper/Edgett	X			Stage-gate-System
Cowell	X			idealtypisch
DIN	X			
Donnelly/Berry/Thompson	X			
Edgett	X			empirische Analyse
Edvardsson/Olsson	X			
Fähnrich et al.	X			einfaches Modell
FIR	X	X		Ideenfindung
Haller	X		(X)	
IAO		X		modulartiger Aufbau
Jaschinski		X		Prüfpunkte
Johnson/Menor/Roth/Chase	X		X	
Johnson/Scheuing/Gaida	X			
Meiren/Barth	X			
Meyer/Blümelhuber	X			
Mohammed-Salleh/Easingwood	X			empirische Analyse

Tabelle 3: Zusammenfassende Betrachtung der Vorgehensmodelle

Modell \ Merkmal	Phasen-modell	Iteratives Modell	Kreislauf	Besonderheit
PEM 7	X			Phase „Aufnahme ähnlicher Prozesse"
Ramaswamy	X		X	
Reichwald/Goecke/Stein	X			
Scheuing/Johnson	X			Phase „Personnel Training"
Schneider/Scheer		X	X	Entscheidungspunkte
Schreiner/Nägele	X			Phase „Verbesserung"
Shostack	X		(X)	
Shostack/Kingman-Brundage		X	(X)	
Tax/Stuart		X	X	Auswirkungen auf bestehendes System

Tabelle 3: Zusammenfassende Betrachtung der Vorgehensmodelle (Fortsetzung)

Die Tabelle zeigt, dass es sich bei der Mehrheit der betrachteten Vorgehensmodelle um Phasenmodelle handelt. Es gibt jedoch auch einige iterative Modelle. Zur Verwendung von Prototypingmodellen in der Dienstleistungsentwicklung gibt es kaum detaillierte Betrachtungen [7]. Allerdings lassen sich viele Modelle ab dem Punkt, an dem eine konzipierte Dienstleistung in einem Testmarkt eingeführt werden und auf der Grundlage der hier erzielten Ergebnisse eine Bewertung und entsprechende Anpassung erfolgen kann, auch den Prototypingmodellen zuordnen [37].

4 Fazit und Ausblick

Die bisherigen Betrachtungen haben gezeigt, dass es eine Vielzahl von Vorgehensmodellen für die systematische Entwicklung von Dienstleistungen gibt. Die meisten dieser Modelle weisen allerdings folgende Schwachstellen auf:

1. Unzureichende Detaillierung: In der Regel werden lediglich die übergeordneten Prozessschritte beschrieben, konkrete Aktivitäten und einzusetzende Methoden fehlen jedoch.

2. Mangelnde Konfigurierbarkeit: Es wird ein starrer Entwicklungsprozess definiert, der keine Anpassung an verschiedene Dienstleistungstypen erlaubt.

3. Fehlende Praxiserprobung: Die Vorgehensmodelle sind in der Regel das Ergebnis theoretischer Überlegungen.

4. Mangelnde informations- und kommunikationstechnische Unterstützung: Anknüpfungspunkte für die Unterstützung des Entwicklungsprozesses mit Informations- und Kommunikationstechnik (IuK-Technik) fehlen [7].

Um möglichst viele dieser Schwachstellen zu beseitigen, empfiehlt sich der Einsatz modularer Vorgehensmodelle. Die Einteilung des Entwicklungsprozesses in einzelne Module erlaubt bei den jeweiligen Modulen eine detaillierte Beschreibung der dort angesiedelten Aktivitäten sowie der sie unterstützenden Methoden. Durch die Auswahl der Module, die im konkreten Fall sinnvoll sind, kann zudem eine Konfiguration des Entwicklungsprozesses vorgenommen werden. Die Einteilung des gesamten Prozesses in einzelne Module bietet schließlich auch Anknüpfungspunkte zur informations- und kommunikationstechnischen Unterstützung des Prozesses (vgl. hierzu den Beitrag von HERRMANN und KLEIN zur Konzeption eines Service Engineering Tool).

Literaturverzeichnis

[1] Fähnrich, K.-P. et al.: Service Engineering : Ergebnisse einer empirischen Studie zum Stand der Dienstleistungsentwicklung in Deutschland. Stuttgart 1999.

[2] Bowers, M. R.: An Exploration into New Service Development : Process, Structure and Organization. Texas 1985.

[3] Meiren, T.; Barth, T.: Service Engineering in Unternehmen umsetzen : Leitfaden für die Entwicklung von Dienstleistungen. Stuttgart 2002.

[4] Fähnrich, K.-P.; Opitz, M.: Service Engineering : Entwicklungspfad und Bild einer jungen Disziplin. In: Bullinger, H.-J.; Scheer, A.-W. (Hrsg.): Service Engineering : Entwicklung und Gestaltung innovativer Dienstleistungen. Berlin et al. 2003, S. 83-116.

[5] Hofmann, H. R.; Klein, L.; Meiren, T.: Vorgehensmodelle für das Service Engineering. In: IM – Fachzeitschrift für Information Management & Consulting, 13(1998), Sonderausgabe Service Engineering, S. 20-25.

[6] Fähnrich, K.-P.: Service Engineering : Perspektiven einer noch jungen Fachdisziplin. In: IM – Fachzeitschrift für Information Management & Consulting, 13(1998), Sonderausgabe Service Engineering, S. 37-39.

[7] Bullinger, H.-J.; Meiren, T.: Service Engineering : Entwicklung und Gestaltung von Dienstleistungen. In: Bruhn, M.; Meffert, H. (Hrsg.): Handbuch Dienstleistungsmanagement : Von der strategischen Konzeption zur praktischen Umsetzung. 2. Aufl., Wiesbaden 2001, S. 149-175.

[8] Grob, H. L.; Seufert, S.: Vorgehensmodelle bei der Entwicklung von CAL-Software. Arbeitsbericht 5, Münster 1996.

[9] Balzert, H.: Lehrbuch der Software-Technik : Software-Management, Software-Qualitätssicherung, Unternehmensmodellierung, Bd. 2. Heidelberg et al. 1998.

[10] Wieken, J.-H.: Softwareproduktion : Ziele, Vorgehensweisen, Werkzeuge. Hamburg et al. 1990.

[11] Johnson, E. M.; Scheuing, E. E.; Gaida, K. A.: Profitable Service Marketing. Homewood 1986.

[12] Booz, Allen & Hamilton (Hrsg.): New Products Management for the 1980s. New York 1982.

[13] Booz, Allen & Hamilton (Hrsg.): Management of New Products. 3. Aufl., New York 1968.

[14] Donnelly, J. H. Jr.; Berry, L. L.; Thompson, T. W.: Marketing Financial Services. Homewood 1985.

[15] Scheuing, E. E.; Johnson, E. M.: A Proposed Model for New Service Development. In: The Journal of Services Marketing, 3(1989)2, S. 25-34.

[16] Cowell, D. W.: New Service Development. In: Journal of Marketing Management, 3(1988)3, S. 296-312.

[17] Shostack, L. G.: Service Design in the Operating Environment. In: George, W. R.; Marshall, C. E. (Hrsg.): Developing New Services. Chicago (Ill.) 1984, S. 27-43.

[18] Edvardsson, B.; Olsson, J.: Key Concepts for New Service Development. In: The Service Industries Journal, 16(1996)2, S. 140-164.

[19] Johnson, S. P. et al.: A Critical Evaluation of the New Service Development Process : Integrating Service Innovation and Service Design. In: Fitzsimmons, J. A.; Fitzsimmons, M. J. (Hrsg.): New Service Development : Creating Memorable Experiences. Thousand Oaks 2000, S. 1-32.

[20] Tax, S. S.; Stuart, I.: Designing and Implementing New Services : The Challenges of Integrating Service Systems. In: Journal of Retailing, 73(1997)1, S. 105-134.

[21] Shostack, L. G.; Kingman-Brundage, J.: How to Design a Service. In: Congram, C. A.; Friedman, M. L. (Hrsg.): The AMA Handbook of Marketing for the Service Industries. New York 1991, S. 243-261.

[22] Cooper, R. G.: Stage-Gate Systems : A New Tool for Managing New Products. In: Business Horizons, 33(1990)3, S. 44-53.

[23] Cooper, R. G.: Winning at New Products : Accelerating the Process from Idea to Launch. 2. Aufl., Reading 1995.

[24] Edgett, S.: The New Product Development Process for Commercial Financial Services. In: Industrial Marketing Management, 25(1996)6, S. 507-515.

[25]　Cooper, R. G.; Edgett, S. J.: Product Development for the Service Sector : Lessons from Market Leaders. Cambridge 1999.

[26]　Mohammed-Salleh, A.; Easingwood, C.: Why European Financial Institutions do not Test-market New Consumer Products. In: International Journal of Bank Marketing, 11(1993)3, S. 23-37.

[27]　Ramaswamy, R.: Design and Management of Service Processes : Keeping Customers for Life. Reading et al. 1996.

[28]　Meyer, A.; Blümelhuber, C.: Dienstleistungs-Innovation. In: Meyer, A. (Hrsg.): Handbuch Dienstleistungs-Marketing, Bd. 1. Stuttgart 1998, S. 807-826.

[29]　Krallmann, H.; Hoffrichter, M.: Service Engineering : Wie entsteht eine neue Dienstleistung? In: Bullinger, H.-J.; Zahn, E. (Hrsg.): Dienstleistungsoffensive : Wachstumschancen intelligent nutzen. Stuttgart 1998, S. 231-261.

[30]　Jaschinski, C.: Qualitätsorientiertes Redesign von Dienstleistungen. Aachen 1998.

[31]　Luczak, H. et al.: Service Engineering : Der systematische Weg von der Idee zum Leistungsangebot. München 2000.

[32]　Liestmann, V.: Dienstleistungsentwicklung durch Service Engineering : Von der Idee zum Produkt. Aachen 2001.

[33]　DIN Deutsches Institut für Normung e. V. (Hrsg.): Service Engineering : Entwicklungsbegleitende Normung (EBN) für Dienstleistungen. DIN-Fachbericht 75, Berlin et al. 1998.

[34]　Reichwald, R.; Goecke, R.; Stein, S.: Dienstleistungsengineering : Dienstleistungsvernetzung in Zukunftsmärkten. München 2000.

[35]　Haller, S.: Dienstleistungsmanagement : Grundlagen – Konzepte – Instrumente. Wiesbaden 2001.

[36]　Schreiner, P.; Nägele, R.: Methodische Gestaltung kundenorientierter Dienstleistungsprozesse. In: IM – Fachzeitschrift für Information Management & Consulting, 17(2002)3, S. 72-76.

[37]　Schneider, K.; Wagner, D.; Behrens, H.: Vorgehensmodelle zum Service Engineering. In: Bullinger, H.-J.; Scheer, A.-W. (Hrsg.): Service Engineering : Entwicklung und Gestaltung innovativer Dienstleistungen. Berlin et al. 2003, S. 117-141.

[38]　Bullinger, H.-J.; Schreiner, P.: Service Engineering : Ein Rahmenkonzept für die systematische Entwicklung von Dienstleistungen. In: Bullinger, H.-J.; Scheer, A.-W. (Hrsg.): Service Engineering : Entwicklung und Gestaltung innovativer Dienstleistungen. Berlin et al. 2003, S. 51-82.

[39]　Meiren, T.: Entwicklung von Dienstleistungen unter besonderer Berücksichtigung von Human Ressources. In: Bullinger, H.-J. (Hrsg.): Entwicklung und Gestaltung innovativer Dienstleistungen. Tagungsband zur Service Engineering 2001, Stuttgart 2001.

[40]　Schneider, K.; Scheer, A.-W.: Konzept zur systematischen und kundenorientierten Entwicklung von Dienstleistungen. In: Scheer, A.-W. (Hrsg.): Veröffentlichungen des Instituts für Wirtschaftsinformatik, Heft 175, Saarbrücken 2003.

Konfigurierbare modulare Vorgehensmodelle zur Entwicklung von Dienstleistungen

Oliver Strauß
Tek-Seng The
Anette Weisbecker

Institut für Arbeitswissenschaft und Technologiemanagement (IAT) der Universität Stuttgart
Fraunhofer-Institut für Arbeitswirtschaft und Organisation (IAO), Stuttgart

Inhalt

1 Vorgehensmodelle in der Dienstleistungsentwicklung
    1.1 Beispiele für aktuelle Vorgehensmodelle
    1.2 Ansätze zur Beschreibung von Vorgehensmodellen

2 Beschreibung eines modularen Vorgehensmodells
    2.1 Übertragung des Modulkonzepts aus der Softwareentwicklung
    2.2 Aufbau eines Service Engineering-Moduls
    2.3 Spezialisierung und Verfeinerung von Modulen

3 Umsetzung in der CASET-Plattform
    3.1 Strukturierung des Vorgehensmodells
    3.2 Modulbeschreibungen
    3.3 Anpassung und Konfiguration des Vorgehensmodells
    3.4 Auswahl des Vorgehensmodells zu Projektbeginn
    3.5 Prozessbegleitende Funktionen der CASET-Plattform

4 Fazit

Literaturverzeichnis

1 Vorgehensmodelle in der Dienstleistungsentwicklung

Vorgehensmodelle sind neben den Service Engineering-Methoden und der Werkzeugunterstützung ein wichtiger Bestandteil der systematischen Entwicklung von Dienstleistungen. Sie beschreiben, welche Tätigkeiten in welcher Reihenfolge durchzuführen sind, legen Zuständigkeiten für diese Tätigkeiten und deren Ergebnisse fest und geben Hinweise, wie die Tätigkeiten durchgeführt werden sollen. Sie bilden somit die Grundlage für das Projekt- und Qualitätsmanagement in Entwicklungsprojekten.

1.1 Beispiele für aktuelle Vorgehensmodelle

Vorgehensmodelle zur systematischen Durchführung von Entwicklungsprojekten sind im Bereich der Softwareentwicklung schon lange etabliert, sind theoretisch untersucht und haben sich in der Praxis bewährt. Die Entwicklung von Softwareanwendungen ist in vielen Aspekten, wie etwa dem Projekt- und Qualitätsmanagement, mit der Dienstleistungsentwicklung zu vergleichen. Bei der Konzeption eines Vorgehensmodells für die Dienstleistungsentwicklung ist es daher sinnvoll, als Anregung und Ausgangspunkt bestehende Vorgehensmodelle zu betrachten. Im Folgenden werden drei Software Engineering-Vorgehensmodelle und ein Service Engineering-Vorgehensmodell kurz vorgestellt.

1.1.1 Unified Software Development Process

Der Unified Software Development Process ist ein auf der Unified Modeling Language (UML) basierender Software-Entwicklungsprozess [1]. Er entstand aus dem von JACOBSON entwickelten Objectory Process [2], aus dem das Prozessmodell und die Anwendungsfälle übernommen wurden, und dem Rational Process [3] mit seiner interaktiven Entwicklungsstrategie und der Berücksichtigung der Architektur.

Folgende Eigenschaften charakterisieren den Unified Software Development Process [1]:

- Anwendungsfallgetrieben: Die im Anwendungsfall beschriebenen funktionalen Anforderungen berücksichtigen die Sicht des Anwenders.

- Architekturzentriert: Bei der Berücksichtigung der Einflüsse zwischen der Systemarchitektur und den Anwendungsfällen nimmt die Architektur eine zentrale Rolle im Entwicklungsprozess ein.

- Iterativ und inkrementell: Diese Eigenschaften stehen für die evolutionäre Softwareentwicklung. Projekte werden zeitlich in kleine Teilprojekte zerlegt, die jedes für sich iterativ entwickelt werden. Das Gesamtsystem wird so Stück für Stück in überschaubaren Teilschritten, so genannten Inkrementen, fertiggestellt.

Der Unified Software Development Process ist in zwei Dimensionen gegliedert.

- Horizontal ist der Prozess in vier Phasen aufgeteilt, die jeweils mit einem Meilenstein enden. Die Phasen sind: Konzeption (inception), Entwurf (elaboration), Konstruktion (construction) und Übergang (transition). Jede Phase wird in einzelnen Iterationen durchlaufen.

- Vertikal werden die Kernprozesse dargestellt, in denen zusammengehörige Aktivitäten logisch gruppiert werden. Alle Kernprozesse erstrecken sich über die vier Phasen. Die fünf definierten Kernprozesse sind Anforderungen, Analyse, Design, Implementierung und Test.

Der Unified Software Development Process wurde von der Firma Rational zum Rational Unified Process weiterentwickelt, der zusätzlich Unterstützungsprozesse für das Konfigurations-, Änderungs- und Projektmanagement bereitstellt [4].

1.1.2 V-Modell

Das V-Modell wurde von der Industrieanlagen-Betriebsgesellschaft mbH im Auftrag des Bundesministeriums für Verteidigung in Zusammenarbeit mit dem Bundesamt für Wehrtechnik und Beschaffung entwickelt und hat im deutschsprachigen Raum bei Behörden und in der Industrie weite Verbreitung gefunden. Nach mehreren Überarbeitungen wurde 1997 die aktuelle Version, das V-Modell '97, veröffentlicht [5]. Das V-Modell besteht aus drei Komponenten:

- Vorgehensmodell: Das Vorgehensmodell basiert auf der detaillierten Beschreibung der Aktivitäten, die während der Entwicklung von Software durchzuführen sind, und der Produkte, die hierbei entstehen.
- Methodenzuordnung: „Die Methodenzuordnung legt fest, mit welchen Methoden die Aktivitäten des Vorgehensmodells durchzuführen und welche Darstellungsmittel in den Ergebnissen zu verwenden sind" [5].
- Funktionale Werkzeuganforderungen: In diesem Teil werden die funktionalen Anforderungen an unterstützende Software-Werkzeuge definiert.

Das V-Modell enthält verschiedene Szenarien, anhand derer der Ablauf der im Modell definierten Aktivitäten und der Fluss der erzeugten Produkte exemplarisch dargestellt wird. Es liegen beispielsweise Szenarien zur „Objektorientierten Entwicklung" und zur „Inkrementellen Entwicklung" vor.

1.1.3 Catalysis

Catalysis wurde von D'SOUZA und WILLS entwickelt und im Jahre 1998 veröffentlicht [6]. Das Vorgehensmodell unterstützt speziell die Entwicklung von komponentenbasierter Software. Besonderer Wert wird dabei auf die sorgfältige Spezifikation der einzelnen Komponenten mit der Unified Modeling Language gelegt. Dies schließt eine genaue Beschreibung der Komponentenschnittstellen durch Vor- und Nachbedingungen ein.

Ein fest definierter Entwicklungsprozess wird von Catalysis nicht vorgeschrieben. Stattdessen erfolgt die Beschreibung des Vorgehensmodells mit Hilfe von so genannten Prozessmustern (Process Patterns, siehe auch Abschnitt 1.2). Ein Prozessmuster beschreibt ein Problem und dessen Lösung sowie den Kontext beziehungsweise die Randbedingungen, unter denen diese Lösung angewendet werden kann. Die Verwendung von Prozessmustern erlaubt eine flexible, iterative Vorgehensweise, die an die Anforderungen des jeweiligen Projekts angepasst werden kann.

1.1.4 Modell nach MEIREN

In diesem Modell stehen die einzelnen Schritte innerhalb der Phasen im Vordergrund. Die Phaseneinteilung dient lediglich der Strukturierung. Die Schritte sind sechs Phasen zugeordnet. Das Modell beginnt mit der Definitionsphase, gefolgt von der Anforderungsanalyse. Auf Basis der Ergebnisse der ersten zwei Phasen wird in der dritten Phase die Dienstleistungskonzeption durchgeführt. Die Dienstleistungsrealisierung erfolgt in der vierten Phase. Danach folgen die Vorbereitung der Markteinführung und schließlich die Markteinführung.

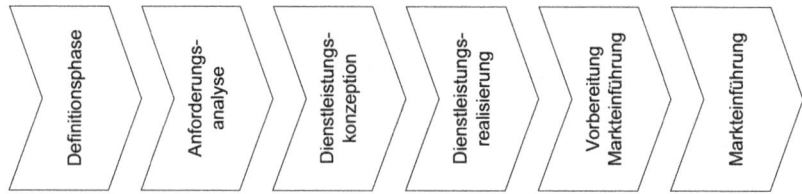

Abbildung 1: Die Phasen des Modells nach MEIREN [7]

Die in Abbildung 1 dargestellten Phasen sind an die Entwicklung einer technischen Dienstleistung angepasst. Das modulbasierte Konzept besagt, dass die Schritte in den Phasen jeweils gemäß den Bedürfnissen eines Unternehmens oder einer Branche konfiguriert werden können. In den Entwicklungsprojekten werden dann individuell aus den vorhandenen Schritten (Modulen) diejenigen ausgewählt, die verwendet werden sollen.

1.2 Ansätze zur Beschreibung von Vorgehensmodellen

Wie anhand der in Abschnitt 1.1 beschriebenen Vorgehensmodelle zu sehen ist, existieren in der Software- und Dienstleistungsentwicklung verschiedene Ansätze zur Strukturierung und Dokumentation von Entwicklungsprojekten. Zwei Beschreibungsstrategien seien hier erwähnt:

- Produktzentrierte Struktur: Bei einem produktzentrierten Vorgehensmodell liegt das Hauptaugenmerk auf dem Fluss der Arbeitserzeugnisse und ihren Zustandsänderungen. Für eine durchzuführende Tätigkeit beziehungsweise

Aktivität ist als Anfangsbedingung festgelegt, welche Produkte in welchem Bearbeitungszustand vorliegen müssen, damit die Aktivität durchgeführt werden kann. Durch die Aktivität selbst wird der Zustand dieser Produkte verändert beziehungsweise neue Produkte werden erzeugt. Auf diese Weise lässt sich der Entstehungsprozess der Arbeitserzeugnisse (Produktfluss) darstellen. Ein bekanntes Beispiel für ein produktzentriertes Vorgehensmodell ist das bereits erwähnte V-Modell [5].

- Beschreibung durch Prozessmuster: Bei der Beschreibung eines Vorgehensmodells mit Hilfe von Prozessmustern steht nicht die genaue Planung und Abfolge der einzelnen Aktivitäten im Vordergrund. Vielmehr wird das Vorgehen durch Prozessmuster beschrieben, die den aus der Softwareentwicklung bekannten Design-Patterns [8] nachempfunden sind. ALEXANDER definiert ein Muster wie folgt: „Ein Muster beschreibt ein in unserer Umwelt beständig wiederkehrendes Problem und erläutert den Kern der Lösung für dieses Problem, sodass Sie diese Lösung beliebig oft ausführen können, ohne sie jemals ein zweites Mal gleich auszuführen" [9]. Ausgehend von einer Beschreibung des Problems und der Umstände, in denen das Problem auftritt, wird ein Lösungsansatz angeboten und die Vor- und Nachteile sowie die Konsequenzen dieser Lösung diskutiert. Der Musteransatz erlaubt es, sehr flexibel auf unvorhergesehene Ereignisse zu reagieren. Er erfordert jedoch eine genaue Kenntnis der Muster und hat sich bislang noch nicht in der Breite durchgesetzt. Als Beispiel aus der Softwareentwicklung sei hier auf das Catalysis-Vorgehensmodell [6] verwiesen.

Die Anforderungen an das CASET-Vorgehensmodell wurden in einem Workshop mit den am Projekt beteiligten Finanzdienstleistungspartnern erarbeitet. Hierbei stellte sich heraus, dass viele bestehende Vorgehensmodelle zu formal und komplex erscheinen und einen großen Einarbeitungsaufwand erfordern. Als Ergebnis des Workshops wurden die folgenden Kriterien für ein geeignetes Vorgehensmodell zur Dienstleistungsentwicklung identifiziert:

- Einfache Anpassbarkeit auf das jeweilige Projekt,
- Führung der Mitarbeiter durch den Entwicklungsprozess, ohne sie in ein formales Korsett zu zwängen,
- inhaltliche Arbeitsanweisungen für die einzelnen Aktivitäten und
- Übersicht über den Stand des Projekts.

Um diesen Anforderungen zu genügen, wird in CASET das Vorgehensmodell in Form eines Baukastens aus einzelnen Modulen beschrieben, die jeweils eine Aufgabenstellung der Dienstleistungsentwicklung abdecken. Obwohl die Struktur der Module an die produktzentrierte Beschreibung angelehnt ist, wird eine starre Formalisierung des Produktflusses vermieden. Die Reihenfolge der Module ergibt sich aus ihren Abhängigkeiten, liegt aber im Einzelnen im Ermessen des Projektmanagers. Ziel dabei ist, die Freiheitsgrade der Mitarbeiter nicht durch Formalismen einzuschränken, sondern unterstützende Hilfestellung zu bieten.

2 Beschreibung eines modularen Vorgehensmodells

Die Zielsetzungen und Rahmenbedingungen von Dienstleistungsentwicklungsprojekten hängen in hohem Maße von der Art der zu entwickelnden Dienstleistung, dem Marktumfeld und dem entwickelnden Unternehmen ab. Das Spektrum der resultierenden Anforderungen an ein Vorgehensmodell zur Dienstleistungsentwicklung ist so breit, dass es nicht möglich ist, diese Anforderungen durch ein fest vordefiniertes Vorgehensmodell abzudecken. Im CASET-Vorgehensmodell wird daher nicht versucht, alle denkbaren Bedürfnisse und Rahmenbedingungen zu berücksichtigen. Vielmehr bildet der Ansatz eines modularen Vorgehensmodells in Baukastenform den Ausgangspunkt für die Definition spezialisierter Vorgehensmodelle, die an die Rahmenbedingungen eines Unternehmens angepasst werden können.

In diesem Abschnitt wird zuerst der Einsatz des im CASET-Vorgehensmodell verwendeten modularen Beschreibungsansatzes motiviert, der seine Wurzeln in der komponentenbasierten Softwareentwicklung hat. Im Anschluss wird näher auf die Struktur und Beschreibung eines einzelnen Dienstleistungsmoduls unter den Gesichtspunkten fachlicher Inhalt, Projektmanagement und Verwaltungsinformationen eingegangen.

2.1 Übertragung des Modulkonzepts aus der Softwareentwicklung

Das Baukastenprinzip, also das Aufbauen eines komplexen Systems aus einzelnen wiederverwendbaren Bauteilen, ist in der produzierenden Industrie und der Softwareentwicklung schon lange bekannt. Eine der Ideen von CASET ist es, die aus der Softwareentwicklung bekannten Ansätze zur Komposition von Systemen aus einzelnen Komponenten und zur Wiederverwendung von Komponenten auf die Entwicklung von Dienstleistungen zu übertragen.

In der komponentenorientierten Softwareentwicklung kann zwischen drei Design-Prinzipien unterschieden werden [10]:

- Design for Component: Komponenten werden mit dem Ziel der Wiederverwendbarkeit entwickelt.

- Design to Component: Bestehende Systeme werden in Komponenten aufgeteilt, die potenziell wieder verwendet werden können.

- Design from Component: Ein System wird unter Verwendung von Komponenten aufgebaut.

Bei der Erstellung der Service Engineering-Module kommt vor allem das Design-Prinzip des „Design for Component" zur Anwendung. In der Softwareentwicklung verfolgt dieser Ansatz das Ziel, kleine, funktional leicht definierbare Komponenten bereitzustellen. Die Komponenten sollen später in einem „Design from Component"-Schritt in eine neue Anwendung schnell und einfach integriert werden können. Für die spätere Anpassung an eine spezifische Anwendungssituation können Mechanismen zur Konfiguration und Komposition vorgesehen werden. Die so definierten Komponenten werden in Form von wieder verwendbaren Bausteinen realisiert und umfassen fachliche oder technische Funktionalitäten. Des Weiteren stellen sie wieder verwendbare Komponenten dar, die in verschiedenen Kontexten eingesetzt werden können.

Die Idee der Konfiguration und Komposition wird im CASET-Vorgehensmodell übernommen. Aus den einzelnen Modulen des Baukastens kann ein angepasstes Vorgehensmodell zusammengestellt werden. Diese Aufgabe ist für Service Engineering-Module auf Grund der geringeren Formalisierung der Modulschnittstellen einfacher zu realisieren als für Softwarekomponenten.

2.2 Aufbau eines Service Engineering-Moduls

Bei der Definition und Beschreibung eines Service Engineering-Moduls sind verschiedene Aspekte zu berücksichtigen:

- Inhalt: Die inhaltliche Beschreibung eines Moduls ist unabhängig von der Verwendung des Moduls in einem konkreten Projekt. Sie beantwortet die Fragen: Was ist zu tun? Welche Rollen sind zuständig? Auf welche Weise ist die Aufgabe zu erledigen? Welche Hilfsmittel, Methoden und Werkzeuge gibt es?
- Projektmanagement: Wird ein Modul in einem Projekt verwendet, müssen in Ergänzung zur inhaltlichen Beschreibung zusätzliche Informationen, z. B. über den Bearbeitungszustand des Moduls oder die Zeitplanung, erfasst werden.
- Verwaltung: Zur Verwaltung der Module sind weitere beschreibende Merkmale zu beachten.

Diese drei Beschreibungskategorien werden im Folgenden weiter detailliert, wobei anzumerken ist, dass eine Modulbeschreibung nicht alle angeführten Elemente zwingend enthalten muss.

2.2.1 Inhaltliche Beschreibung eines Moduls

In der inhaltlichen Beschreibung werden alle fachlich relevanten Informationen zusammengefasst, die zur Bearbeitung einer Service Engineering-Aktivität benötigt werden.

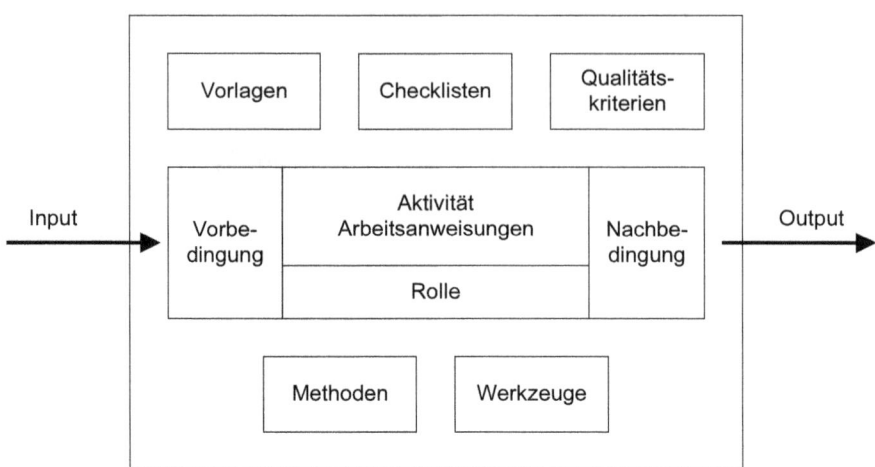

Abbildung 2: Inhaltliche Struktur eines Service Engineering-Moduls

- Input: Hierbei handelt es sich um alle Ressourcen (Informationen, Arbeitsergebnisse von vorgelagerten Modulen, Mitarbeiter etc.), die das Modul für die Bearbeitung benötigt.

- Output: Beim Output handelt es sich um das (gewünschte) Arbeitsergebnis des Moduls beziehungsweise Arbeitspakets. Es kann wiederum den Input für nachgelagerte Module darstellen.

- Vor- und Nachbedingungen: Vor- und Nachbedingungen legen fest, welche Voraussetzungen erfüllt sein müssen, um ein Modul durchzuführen, und welche Ergebnisse am Ende vorliegen müssen.

- Arbeitsanweisung und Qualitätskriterien: Hier wird z. B. mit Hilfe einer Checkliste beschrieben, welche Einzelschritte beim Durchlaufen des Moduls erfüllt werden müssen. Es handelt sich hierbei um eine Beschreibung, die den Arbeitsablauf grob vorgibt. Zusätzlich werden die Qualitätskriterien beschrieben, die bei Abarbeitung des Moduls erfüllt und beachtet werden müssen. Die Arbeitsanweisungen können durch Dokumentvorlagen ergänzt werden, die eine einheitliche Bearbeitung des Moduls fördern.

- Methoden: Hier werden die für das Modul anwendbaren Methoden (z. B. GAP-Analyse oder FMEA-Methoden etc.) beschrieben, die dazu beitragen, das Modul mit einem positiven Arbeitsergebnis abzuschließen. Die einzusetzenden Methoden können bereits in den Arbeitsanweisungen beziehungsweise Qualitätskriterien festgelegt worden sein.

- Werkzeuge: In engem Zusammenhang mit den Methodenbeschreibungen steht der Hinweis auf geeignete Werkzeuge, die diese Methoden unterstützen. Es können hier Anleitungen zur Erledigung bestimmter Aufgaben mit einem Werkzeug hinterlegt werden.

- Rollen: Die Rollen legen fest, welche Funktion und welche Qualifikation eine Person haben muss, um das Modul erfolgreich bearbeiten zu können (siehe auch [11]).

- Modulreihenfolge (Nachfolger, Vorgänger): Nachfolgende Module sind diejenigen, die als nächstes zu bearbeiten sind, sofern das gerade zu bearbeitende Modul mit einem positiven Arbeitsergebnis abgeschlossen wurde. Vorgelagerte Module beschreiben die Module, die zuvor i. d. R. mit einem positiven Arbeitsergebnis abgeschlossen wurden und damit zum Teil den Input für dieses Modul liefern.

- Submodule: Submodule sind vollwertige Module, die einen bestimmten Aspekt eines übergeordneten Moduls näher beschreiben. Sie können selbst weitere Submodule besitzen (siehe Abschnitt 2.3) und dienen dazu, komplexe Aufgaben in übersichtliche Einzelschritte zu untergliedern.

- Optionalität: Während viele Module immer erforderlich sind, gibt es solche, die unter Umständen nicht in jedem Projekt benötigt werden. Durch Angabe der Optionalität wird dies angezeigt. Bei der Anpassung an ein konkretes Projekt können nur optionale Module ausgeblendet werden.

2.2.2 Projektmanagementbezogene Informationen

Während der Bearbeitung eines Projekts werden die projektunabhängigen inhaltlichen Informationen der Module durch projektspezifische Informationen ergänzt, die für das Projektmanagement benötigt werden.

- Beteiligte Mitarbeiter: Die Mitarbeiter, die ein Modul bearbeiten, werden durch eine Zuordnung der in der inhaltlichen Beschreibung festgelegten Rollen zu konkreten Mitarbeitern ermittelt.

- Modulverantwortlicher: Der Modulverantwortliche koordiniert die Bearbeitung eines Moduls. In kleineren Projekten ist dies meist der Projektleiter.
- Bearbeitungsstatus: Zur Verfolgung des Projektfortschritts wird der Bearbeitungsstatus der Module gespeichert. Der Status zeigt an, in welchem Zustand sich das Modul gerade befindet. Mögliche Zustände sind beispielsweise:
  - noch nicht bearbeitet (noch nicht bearbeitbar, da die Voraussetzungen nicht erfüllt sind),
  - noch nicht bearbeitet (schon bearbeitbar),
  - in Bearbeitung,
  - abgebrochen,
  - fertig gestellt mit positivem Arbeitsergebnis,
  - fertig gestellt mit negativem Arbeitsergebnis.
- Bearbeitungszeitraum beziehungsweise Bearbeitungszeitpunkt: Hier ist die Zeitplanung des Projektmanagements von hoher Bedeutung. Damit das Entwicklungsprojekt zügig voranschreiten kann und die einzelnen Abteilungen ihre Ressourcen planen und verteilen können, müssen Bearbeitungszeiträume und genau definierte Zeitpunkte festgelegt werden, an denen das Modul fertig durchlaufen sein muss. Der Bearbeitungszeitraum ist die maximal zulässige Zeit für den Ablauf eines Moduls. Sollte dies nicht in der vorgegebenen Zeit möglich sein, muss der Modulverantwortliche sofort Rücksprache mit dem Projektmanagement der zu entwickelnden Dienstleistung halten und Gegenmaßnahmen ergreifen.
- Modulhistorie beziehungsweise Ereignisse: In der Modulhistorie können vorgesehene und unvorhergesehene Ereignisse dokumentiert werden. Diese Informationen stehen zukünftigen Projekten als Erfahrungs- und Wissensbasis zur Verfügung.

2.2.3 Informationen zur Verwaltung von Modulen

Zur Verwaltung der Service Engineering-Module, z. B. in einem DV-System, sind außer der inhaltlichen Beschreibung und den Projektmanagementinformationen weitere beschreibende Attribute erforderlich, die das Auffinden und die Auswahl der Module unterstützen:

- Eindeutige Kennung (ID): Die ID identifiziert ein Modul eindeutig und dient dazu, an anderer Stelle auf das Modul zu verweisen.
- Version: Die Version des Moduls identifiziert den Entwicklungsstand des Moduls und erlaubt die Verwaltung einer Modul-Historie.
- Name: Der Name stellt eine kurze und prägnante Bezeichnung des Service Engineering-Moduls dar.
- Kurztext: Der Kurztext enthält eine allgemeine Beschreibung der Modulinhalte und dient dazu, schnell einen Überblick über das Modul zu vermitteln.
- Langtext: Der Langtext gibt eine detaillierte Beschreibung des Moduls, der Tätigkeiten und der beteiligten Rollen.
- Zugehörigkeit zu einer Disziplin: Die Module eines Vorgehensmodells werden auf Grund ihres fachlichen Inhalts in Kernprozesse, so genannte Disziplinen, eingeteilt (siehe Abschnitt 3.1). Jedes Modul ist einer Disziplin zugeordnet. Dies erleichtert die Zuordnung von Rollen zu Modulen, da die Module innerhalb einer Disziplin fachlich verwandt sind.
- Hilfetexte: Hilfetexte unterstützen den Benutzer bei der Bearbeitung eines Moduls.

2.3 Spezialisierung und Verfeinerung von Modulen

Einige Service Engineering-Module beschreiben aufwändige und komplexe Tätigkeiten, während andere Module relativ einfach sind. Um die Darstellung von komplexen Modulen zu vereinfachen, ist es möglich, ein Modul in mehrere Submodule zu untergliedern, die zusammen die Aufgabe des ursprünglichen Moduls abdecken. Das umfangreiche Modul „Machbarkeitsstudie" wird beispielsweise durch Submodule wie „Konkurrentenanalyse", „Wirtschaftlichkeitsprüfung" und „Strategiebetrachtungen" näher beschrieben. Diese Submodule haben dieselbe Struktur und Beschreibung wie das Ausgangsmodul und sind mit diesem verknüpft. Dieses Prinzip der hierarchischen Verfeinerung ermöglicht die Abbildung und Beschreibung von komplexen Aufgaben und ist im Prozessmodellierungsumfeld weit verbreitet.

Häufig tritt der Fall auf, dass eine relativ allgemein beschriebene Tätigkeit auf verschiedene Arten und mit verschiedenen Methoden durchgeführt werden kann. In einem solchen Fall kann das allgemeinere Modul durch ein oder mehrere konkretere Module ersetzt werden. Diese Spezialisierung von Modulen ermöglicht einerseits eine übersichtliche Darstellung der für die Dienstleistungsentwicklung nötigen Tätigkeiten auf einem hohen Abstraktionsgrad, andererseits lassen sich diese allgemein formulierten Tätigkeiten in einem konkreten Projekt durch spezialisierte Ausprägungen ersetzen. Ein Beispiel für die Spezialisierung ist das allgemeine Modul „Preisfindung", das in einem Projekt durch das konkretere Modul „Preisfindung durch retrograde Kalkulation" ersetzt wird.

3 Umsetzung in der CASET-Plattform

Das in Abschnitt 2 beschriebene Konzept wurde in der CASET-Plattform umgesetzt. Der Baukasten des CASET-Vorgehensmodells ist in Form eines Leitfadens realisiert. Eine Übersichtsseite zeigt die in Phasen und Disziplinen angeordneten Dienstleistungsmodule (vgl. Abbildung 3). Die Modulbeschreibungen werden aus den im Repository hinterlegten Daten erzeugt und als HTML-Seiten angezeigt (vgl. Abbildung 4). In der CASET-Plattform können mehrere Vorgehensmodelle hinterlegt werden (siehe Abschnitt 3.3). Mit Hilfe einer Projektklassifikation am Anfang des Entwicklungsprojekts wird das am besten geeignete Vorgehensmodell identifiziert (siehe Abschnitt 3.4). Zur Unterstützung der Dienstleistungsentwickler wurden außerdem Projektmanagementfunktionalitäten zur Terminplanung und Zustandsüberwachung sowie ein Freigabemechanismus für Dienstleistungsmodule (siehe Abschnitt 3.5) implementiert.

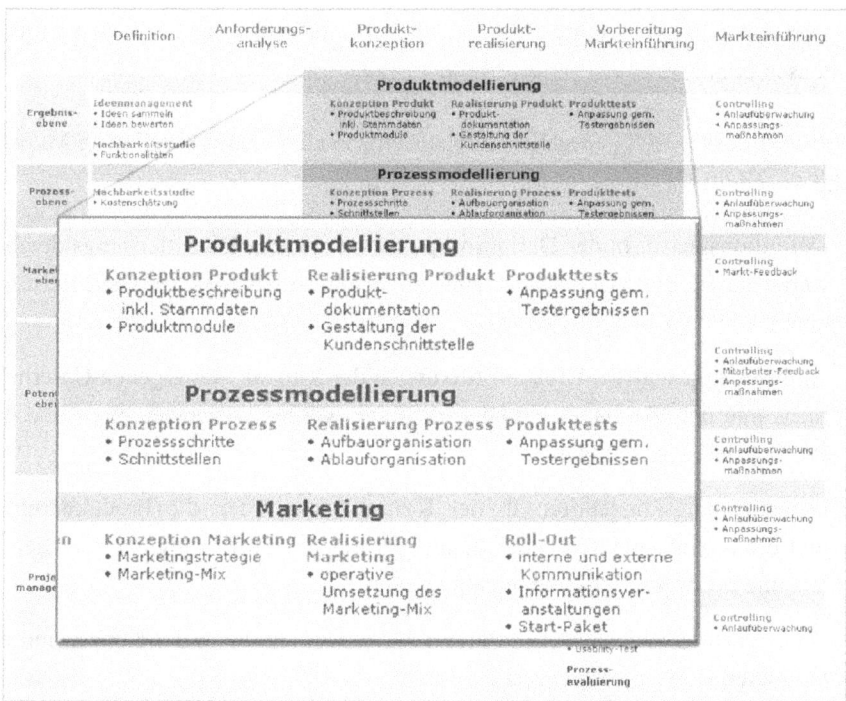

Abbildung 3: Generisches Modell mit Aufteilung der Service Engineering-Module in Phasen und Disziplinen

3.1 Strukturierung des Vorgehensmodells

Die Strukturierung der Service Engineering-Module im Vorgehensmodell erfolgt entlang von drei Dimensionen: zeitlicher Ablauf, inhaltliche Struktur und Organisation.

Die zeitliche Strukturierung beginnt mit der Definition von Phasen. Die Phasen stellen eine grobe zeitliche Einteilung der Service Engineering-Module dar. Diese Einteilung legt eine sequenzielle Abarbeitung der Phasen nahe. Da im Vorgehensmodell neben den Abhängigkeiten zwischen den Modulen keine Bearbeitungsreihenfolge festgeschrieben ist, sind durchaus auch iterative Rückkopplungsschleifen möglich. Es lassen sich also sowohl sequenzielle Wasserfallmodelle als auch iterative Phasenmodelle abbilden, die eine teilweise parallele Bearbeitung der Phasen erlauben.

Die Phasen des CASET-Vorgehensmodells entsprechen dem Modell nach MEIREN (siehe Abschnitt 1.1.4):

- Definitionsphase: In der Definitionsphase werden die Dienstleistungsidee bewertet sowie die Machbarkeit und die Erfolgsaussichten der Dienstleistung untersucht.

- Anforderungsanalyse: Die Anforderungen der Kunden, des eigenen Unternehmens und des Markts an die Dienstleistung werden weiter detailliert und ein Preismodell wird entwickelt.

- Dienstleistungskonzeption: In der Konzeption werden die Produktstruktur und die Arbeitsabläufe ausgearbeitet und die für die Erbringung der Dienstleistung benötigten Ressourcen eingeplant.

- Dienstleistungsrealisierung: In dieser Phase werden die in der Konzeption erarbeiteten Konzepte umgesetzt.

- Vorbereitung Markteinführung: Neben Feldtests der Dienstleistung findet in dieser Phase die Schulung der Mitarbeiter statt.

- Markteinführung: Nach dem Abschluss des Roll-out wird mit Hilfe des Controlling die Wirtschaftlichkeit der Dienstleistung überwacht.

Die inhaltliche Strukturierung dient der Zuordnung der Module aus den einzelnen Phasen zu den Service Engineering-Kernprozessen, den so genannten Disziplinen. Die folgende Definition des Begriffs der Disziplin ist an die Definition der OBJECT MANAGEMENT GROUP (OMG) [12] und die Definition von Kernprozessen im Rational Unified Process angelehnt: Eine Disziplin gruppiert die Aktivitäten beziehungsweise Module eines Prozesses anhand ihrer Aufgabe, der Art der erzeugten Ergebnisse und der Verantwortlichkeiten zu einer logischen Einheit. Typische Disziplinen sind: Prozessmodellierung, Marketing, Ressourcenmanagement, Informationstechnik und Controlling.

Die Disziplinen laufen prinzipiell parallel ab. Disziplinübergreifende Module sind möglich, sollten aber durch eine Verfeinerung der Module vermieden werden. Dagegen kommt es oft vor, dass eine Aktivität das Ergebnis einer Aktivität aus einer anderen Disziplin als Voraussetzung hat. Ein Beispiel dafür ist die Erstellung von Softwarekomponenten in der Disziplin „Informationstechnik", die auf die Definition der Stammdaten aus der „Produktmodellierung" angewiesen ist. Jede Aktivität ist mindestens einer Phase und nach Möglichkeit genau einer Disziplin zugeordnet (vgl. Abbildung 3).

Die inhaltliche Gliederung des CASET-Vorgehensmodells umfasst die folgenden sieben Disziplinen:

- Produktmodellierung: In der Produktmodellierung werden konkrete Eigenschaften der Dienstleistung, z. B. Stammdaten, Dokumentation und Kundenschnittstelle, konzipiert und realisiert.

- Prozessmodellierung: Im Rahmen der Prozessmodellierung wird der unternehmensinterne Prozess für die Erbringung der Dienstleistung entworfen und umgesetzt.

- Marketing: Das Marketing umfasst im Prozess die Marktanalyse, die Planung der Marketingstrategie und das aktive Marketing des fertigen Produkts.

- Ressourcenmanagement: Hauptaufgabe des Ressourcenmanagements ist die Planung und Bereitstellung der für die Dienstleistungserbringung benötigten Betriebsmittel sowie der Personalressourcen.

- Informationstechnik: Diese Disziplin umfasst die Erstellung der benötigten Software, deren Integration und Test sowie die Bereitstellung des Systems für die Mitarbeiter, die die Dienstleistung erbringen.

- Controlling und SE-Management: Zum Controlling zählen die Machbarkeitsstudie, die Preisbildung und das Controlling der tatsächlichen Produktkosten während des Produktlebenszyklus. Das SE-Management befasst sich mit der Steuerung des SE-Prozesses selbst, also Kostenschätzung, Projektmanagement etc.

- Test: Der komplette Test des Dienstleistungsangebots wird dieser Disziplin zugeordnet.

Die organisatorische Strukturierung beschreibt schließlich die Zuordnung der beteiligten Rollen und anderer Ressourcen zu den einzelnen Service Engineering-Modulen. Die Zuordnung der Rollen erfolgt anhand der Fähigkeiten und Verantwortlichkeiten der Mitarbeiter. Die Definition der Rollen im Prozessmodell orientiert sich an den Kernprozessen. Wird das Prozessmodell sorgfältig erstellt, so liegen alle Verantwortlichkeiten für Aktivitäten einer bestimmten Rolle innerhalb desselben Kernprozesses.

Die beschriebene, aus dem Unified Software Development Process übernommene Struktur hat den entscheidenden Vorteil, dass in großen Projekten Verantwortlichkeiten für einzelne Disziplinen delegiert oder sogar in eigenständige Subprojekte ausgegliedert werden können. Eine denkbare Variante ist die Definition einer „Disziplinmanager"-Rolle, die jeweils alle Aktivitäten in ihrer Disziplin überwacht und dem Projektleiter Bericht erstattet, wodurch dieser von der Planung und Überwachung der zahlreichen Aktivitäten in einem großen Projekt entbunden wird.

Alternativ kann auch eine einzelne Disziplin, die im Rahmen eines Projekts einen besonders umfangreichen Aufgabenblock zu bearbeiten hat, als eigenständiges Subprojekt ausgegliedert werden. Dafür bieten sich vor allem die Disziplinen der Marketing- und Potenzialebene an.

Denkbar sind auch Prozessmodelle, die weniger oder auch mehr Disziplinen umfassen. Beispielsweise fallen bei der Entwicklung einer unternehmensinternen Dienstleistung die auf den Markt ausgerichteten, externen Aktivitäten der Disziplin „Marketing" weg. Andererseits kann es auch sinnvoll sein, die Disziplin „Controlling und SE-Management" in zwei separate Disziplinen aufzuteilen, die sich mit dem Controlling einerseits und dem Management des Dienstleistungslebenszyklus andererseits beschäftigen.

3.2 Modulbeschreibungen

Die Modulbeschreibungen sind in Form eines Leitfadens definiert. Jedes Modul in der Übersicht (vgl. Abbildung 3) ist durch eine Beschreibung hinterlegt, die dem in Abschnitt 2.2.1 definierten Schema folgt. Abbildung 4 zeigt beispielhaft einen Ausschnitt der Beschreibung des Moduls „Marktanforderungen".

> **Modul »Marktanforderungen«**
>
> **Anwendungsbereich**
>
> Im Rahmen des Moduls Marktanforderungen werden Markt, Marktteilnehmer, Marktinstrumente und Marktumwelt analysiert und auf dieser Basis Anforderungen an das neue Produkt formuliert.
>
> Insbesondere bei Neuentwicklungen sollten Marktanforderungen vollständig ermittelt werden. Bei Weiterentwicklungen, Kundenanpassungen und Produktbündelungen sind ausgewählte Aktivitäten durchzuführen.
>
> **Input**
>
> Für die Ermittlung von Marktanforderungen werden Informationen über Markt, Wettbewerber und Kunden benötigt. Hierfür lassen sich folgende Instrumente einsetzen:
>
> - (repräsentative) Kundenbefragung,
> - Mitarbeiterbefragung (v.a. Mitarbeiter mit Kundenkontakt),
> - Wettbewerberbefragung,
> - Abwerben von Mitarbeitern der Wettbewerber,
> - Expertenbefragungen,
> - Auswertungen von Beschwerden,
> - Auswertung amtlicher Statistiken
> - Auswerten von Branchenbüchern,
> - Auswertung von Studien professioneller Analysten (z.B. Forrester, Frost & Sullivan, Gartner Group, Yankee Group, IDC, eResearch),
> - Auswertung vorhandener Marktstudien,
> - Internet-Recherchen.
>
> In der folgenden Abbildung sind diese Instrumente strukturiert nach der Art der Daten (quantitativ und qualitativ) und nach der Art der Datenerhebung (Primäranalyse und Sekundäranalyse).

Abbildung 4: Beispiel für eine Beschreibung eines Service Engineering-Moduls in der CASET-Plattform

3.3 Anpassung und Konfiguration des Vorgehensmodells

Die Erfahrungen aus der Praxis zeigen, dass es kein universelles Vorgehensmodell geben kann, das ohne Anpassung alle Bedürfnisse des Service Engineering abdeckt. Dies liegt nicht zuletzt in den sehr unterschiedlichen unternehmensspezifischen Rahmenbedingungen begründet, die eine Festlegung auf ein für alle Zwecke verwendbares Vorgehensmodell unmöglich machen.

Ein Werkzeug, das unabhängig von Branchen, Dienstleistungsarten sowie unternehmens- und projektspezifischen Gegebenheiten die Dienstleistungsentwicklung unterstützen soll, muss daher ausreichend flexibel sein, um mehrere Vorgehensmodelle zu unterstützen, beziehungsweise es muss die Möglichkeit bieten, bestehende Vorgehensmodelle im Sinne des CASET-Vorgehensmodells zu konfigurieren und anzupassen.

Die Anpassung des dargestellten modularen Vorgehensmodells für die Dienstleistungsentwicklung erfolgt in vier Schritten:

1. Klassifikation des Entwicklungsprojekts,
2. Identifikation der benötigten optionalen Module,
3. Wahl der geeigneten spezialisierten Modulvarianten,
4. Projektplanung und Projektmanagement.

Die Schritte 1. bis 3. erfolgen im Vorfeld eines Projekts und dienen dazu, bestimmte Projekttypen zu definieren, die später wieder verwendet werden können. Die Klassifikation in Schritt 1. erleichtert hierbei die Identifikation von bereits bestehenden, geeigneten Projekttypen. Der vierte Schritt ist projektspezifisch und muss zu Beginn jedes Projekts durchgeführt werden. Der Projektablauf orientiert sich an dem gewählten Service Engineering-Prozess, der als „Projektschablone" dient.

Das Einpflegen neuer Vorgehensmodelle erfolgt in CASET auf Basis des im letzten Abschnitt beschriebenen generischen CASET-Modells. Im CASET-Prototyp ist noch keine Benutzerschnittstelle für diese Aufgabe realisiert. Die Konfiguration erfolgt über ein UML-Modell, das exportiert und mit Hilfe eines speziellen Importwerkzeugs in die CASET-Datenbank übernommen werden kann (vgl. Abbildung 5). Dieselbe Technik kommt beim Erzeugen des Datenbankschemas und der Datenzugriffsschicht zum Einsatz. Für den praktischen Einsatz kann der Konfigurationsvorgang durch die Entwicklung einer Benutzerschnittstelle vereinfacht werden. Diese Konfiguration eines neuen Vorgehensmodells entspricht den oben erwähnten Konfigurationsschritten 2. und 3.

3.4 Auswahl des Vorgehensmodells zu Projektbeginn

Um die Eignung der vorhandenen Vorgehensmodelle für den speziellen Einsatzzweck feststellen zu können, müssen Kriterien zur Klassifizierung von Projekten bekannt sein. Für CASET wurde ein morphologischer Kasten entwickelt, der die Wahl zwischen den im System eingepflegten Vorgehensmodellen unterstützt.

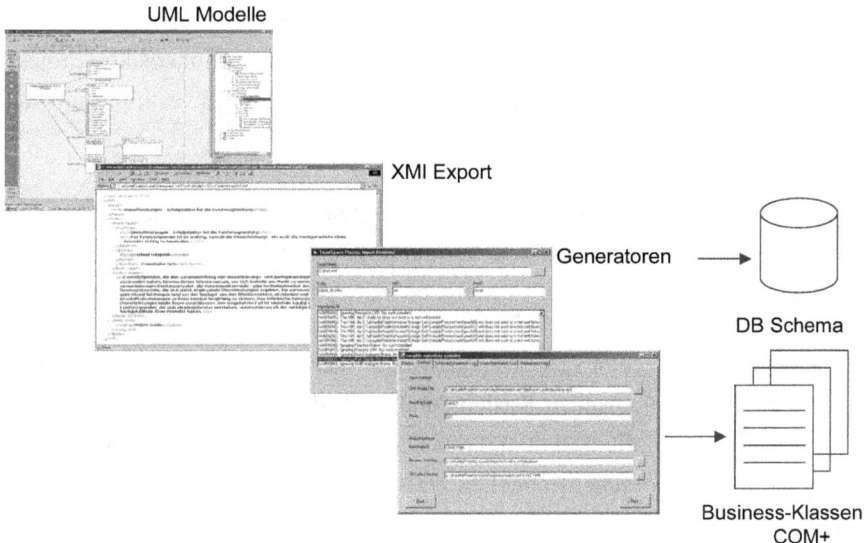

Abbildung 5: Konfiguration neuer Vorgehensmodelle mit Hilfe von UML-Diagrammen

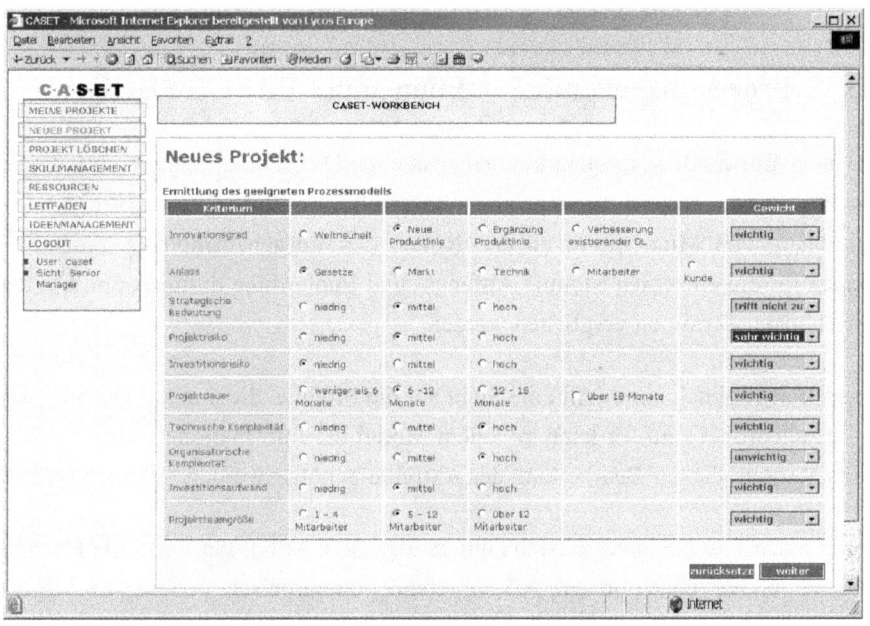

Abbildung 6: Morphologischer Kasten zur Projektklassifikation

Abbildung 6 zeigt den morphologischen Kasten mit den Kriterien Innovationsgrad, Anlass, strategische Bedeutung, Projektrisiko, Investitionsrisiko, Projektdauer, technische Komplexität, organisatorische Komplexität, Investitionsaufwand und Projektteamgröße.

Bei der Konfiguration eines neuen Vorgehensmodells, die im letzten Abschnitt beschrieben wurde, wird für jedes Kriterium angegeben, für welchen Bereich das Vorgehensmodell „sehr geeignet", „geeignet" oder „ungeeignet" ist.

Beim Anlegen eines neuen Projekts klassifiziert der Projektmanager das Projekt mit Hilfe des morphologischen Kastens und stellt die Gewichtung der Kriterien ein. Aus der Projektkonfiguration und den Daten über die Vorgehensmodelle wird nun eine Liste von Vorgehensmodellen erzeugt, die nach dem Grad der Eignung sortiert ist. Welches Vorgehensmodell schließlich verwendet wird, entscheidet aber nicht die Vorschlagslogik, sondern der Projektmanager. Die Klassifikation des Entwicklungsprojekts und die Auswahl eines geeigneten Vorgehensmodells entspricht Schritt 1. in Abschnitt 3.3.

3.5 Prozessbegleitende Funktionen der CASET-Plattform

Für jedes Entwicklungsprojekt können zusätzlich Daten hinterlegt werden, die für das Projektmanagement relevant sind. So erfolgt am Anfang eines Projekts die Zuordnung von Mitarbeitern zu den Rollen des Vorgehensmodells. Außerdem können für die einzelnen Module Anfangs- und Endtermine definiert und mit den tatsächlichen Terminen verglichen werden.

Jeder Projektteilnehmer erhält eine Sicht auf die Module, die ihm auf Grund seiner Rolle zugeordnet sind. Er kann zu jedem Modul die Informationen aus dem Leitfaden abrufen, die zur Bearbeitung der Aktivität benötigt werden.

Durch einen Freigabemechanismus unterstützt die CASET-Plattform die Bearbeitung und Synchronisation parallel ablaufender hierarchisch verfeinerter Module (Abbildung 7). Der Bearbeiter kann ein Modul als bearbeitet markieren, wenn er die Aktivität des Moduls abgeschlossen hat. Der Qualitäts- oder Projektmanager überprüft das Ergebnis und gibt das Modul als bearbeitet frei. Auf diese Weise ist der Projektzustand auf einer globalen Ebene immer messbar.

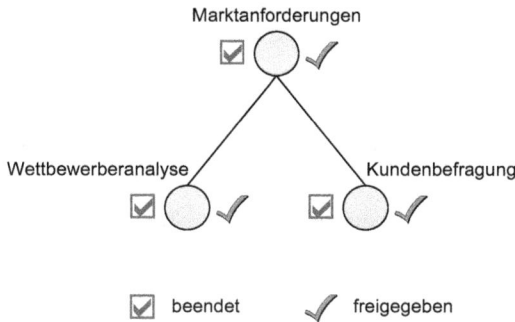

Abbildung 7: **Freigabemechanismus am Beispiel des Moduls Marktanforderungen**

4 Fazit

Ziel bei der Entwicklung des modularen CASET-Vorgehensmodells war es, die Dienstleistungsentwickler optimal durch Service Engineering-Know-how bei der Arbeit zu unterstützen, ohne sie in ein „formales Korsett" zu zwängen. Aus diesem Grund wurde ein Baukasten aus Service Engineering-Modulen konzipiert, die flexibel zu sequenziellen oder iterativen Vorgehensmodellen zusammengestellt werden können. Module, die nicht in jedem Entwicklungsprojekt gebraucht werden, werden hierbei durch optionale Module abgebildet. Durch Spezialisierung und Verfeinerung wird ein komplexes Modul in kleinere, besser beherrschbare Submodule aufgeteilt. Die Bearbeitungsreihenfolge ist durch die Abhängigkeiten der Module untereinander und durch die definierten Vorgänger- und Nachfolger-Beziehungen festgelegt. Die Auswahl eines geeigneten Vorgehensmodells wird durch die Klassifikation des Vorgehensmodells und des Entwicklungsprojekts in der CASET-Plattform unterstützt.

Neben dem Baukasten bietet die CASET-Plattform Projektmanagementfunktionalitäten, wie angepasste Projektsichten, ein Freigabekonzept für Module und eine einfache Terminverwaltung.

Literaturverzeichnis

[1]   Jacobson, I.; Booch, G. ; Rumbaugh, J.: The Unified Software Development Process. Reading 1999.

[2]   Jacobson, I. ; Christenson, M.; Jonsson, P.; Övergaard, G.: Object-Oriented Software Engineering : A Use Case Driven Approach. Reading 1993.

[3]   Kruchten, P.: The 4+1 View Model of Architecture. In: IEEE Software, 12(1995)6, S. 42-50.

[4]   Kruchten, P.: The Rational Unified Process : An Introduction. 2. Aufl., Reading 2001.

[5]   o. V.: Das V-Modell : Allgemeiner Umdruck Nr. 250: Vorgehensmodell - Planung und Durchführung von IT-Vorhaben - Entwicklungsstandard für IT-Systeme des Bundes. <URL: http://www.v-modell.iabg.de/>, online 7.1.2004.

[6]   D'Souza, D. F.; Wills, A. C.: Objects, Components, and Frameworks with UML : The Catalysis Approach. Reading 1998.

[7]   Meiren, T.: Entwicklung von Dienstleistungen unter besonderer Berücksichtigung von Human Resources. In: Bullinger, H.-J.: Entwicklung und Gestaltung innovativer Dienstleistungen. Tagungsband zur Service Engineering 2001, Stuttgart 2001.

[8]   Gamma, E.; Helm, R.; Johnson, R.; Vlissides, J.: Entwurfsmuster. Reading 1996.

[9]   Alexander, C.; Ishikawa, S.; Silverstein, M.; Jacobson, M.; Fiksdahl-King, I.; Angel, S.: A Pattern Language. New York 1977.

[10] Weisbecker, A.: Software-Management für Komponentenbasierte Software-Entwicklung. Heimsheim 2002.

[11] Weisbecker, A.; Groh, G. (Hrsg.): PROMPT : Organisationsgestaltung und Methoden für menschengerechte Software-Entwicklungsprozesse. Abschlussbericht, Stuttgart 1998.

[12] Object Management Group: Software Process Engineering Metamodel v1.0, 2002. <URL: http://www.omg.org/docs/formal/02-11-14.pdf>, online 29.07.2003.

Methodenbasierte Visualisierung von Dienstleistungen

Katja Herrmann
Ralf Klein

Institut für Wirtschaftsinformatik (IWi) im Deutschen Forschungszentrum für Künstliche Intelligenz (DFKI), Saarbrücken

Inhalt

1 Einleitung

2 Überblick über semi-formale Methoden zur Beschreibung von Dienstleistungen
    2.1 Molekularmodell
    2.2 Service Blueprinting

3 Ganzheitliches Design von Dienstleistungen
    3.1 Rahmenkonzept
    3.2 Produktmodelle
    3.3 Prozessmodelle
    3.4 Ressourcenmodelle

4 Fazit und Ausblick

Literaturverzeichnis

1 Einleitung

Die Forschungsdisziplin Service Engineering beschäftigt sich seit Mitte der neunziger Jahre mit der systematischen Entwicklung von Dienstleistungen unter Einsatz geeigneter Vorgehensweisen, Methoden und Werkzeuge. Sie greift den Grundgedanken der wissenschaftlichen Arbeiten aus dem angloamerikanischen Raum zu den Konzepten des New Service Development und Service Designs auf, deren Fokus in erster Linie auf den Bereich des Dienstleistungsmarketings gerichtet ist. In Abgrenzung dazu verfolgt das Service Engineering einen interdisziplinären Ansatz, indem es die Übertragung ingenieurwissenschaftlichen und softwaretechnischen Know-hows untersucht [1]. Prinzipiell wird davon ausgegangen, dass eine Dienstleistung in ähnlicher Weise wie Sachgüter und Software entwickelt werden kann, wobei dienstleistungsspezifische Charakteristika sowie neue Entwicklungsschwerpunkte berücksichtigt werden müssen.

Einen zentralen Themenkomplex der Service Engineering-Forschung stellt dabei eine den Anforderungen einer systematischen Dienstleistungsentwicklung gerecht werdende Beschreibungsform des immateriellen Konstrukts Dienstleistung dar. Die sachgerechte Erfassung bildet die Grundvoraussetzung für die Übertragbarkeit ingenieurwissenschaftlicher Verfahren. In diesem Zusammenhang existieren zwar erste Ansätze, jedoch beschränken sich diese auf die Visualisierung einzelner Gesichtspunkte. Des Weiteren wurde bislang kein Versuch einer Adaption von bereits in anderen Bereichen bewährten Methoden und Werkzeugen unternommen.

Das Problemfeld der Dienstleistungsbeschreibung wird im Folgenden thematisiert. Dazu werden zunächst in Abschnitt 2 die beiden speziell für Dienstleistungen entwickelten Beschreibungsmethoden Molekularmodell sowie Service Blueprinting vorgestellt. Ein integriertes Rahmenkonzept zur vollständigen Abbildung einer Dienstleistung mit den darin enthaltenen Modelltypen wird in Abschnitt 3 präsentiert. Dabei richtet sich der Fokus zum einen auf die Konkretisierung der Sachverhalte im Hinblick auf die Anwendung in der betrieblichen Praxis. Zum anderen wird durch die konsistente Beschreibung struktureller Zusammenhänge mittels einer geeigneten Modellierungsmethode die Voraussetzung für eine DV-technische Implementierung geschaffen.

2 Überblick über semi-formale Methoden zur Beschreibung von Dienstleistungen

2.1 Molekularmodell

Eine Möglichkeit, Dienstleistungsprodukte beziehungsweise -produktbündel grafisch darzustellen, bietet die Anwendung des von SHOSTACK konzipierten Molekularmodells [2]. Ein vereinfachtes Molekularmodell am Beispiel des Angebots „Flug" veranschaulicht Abbildung 1.

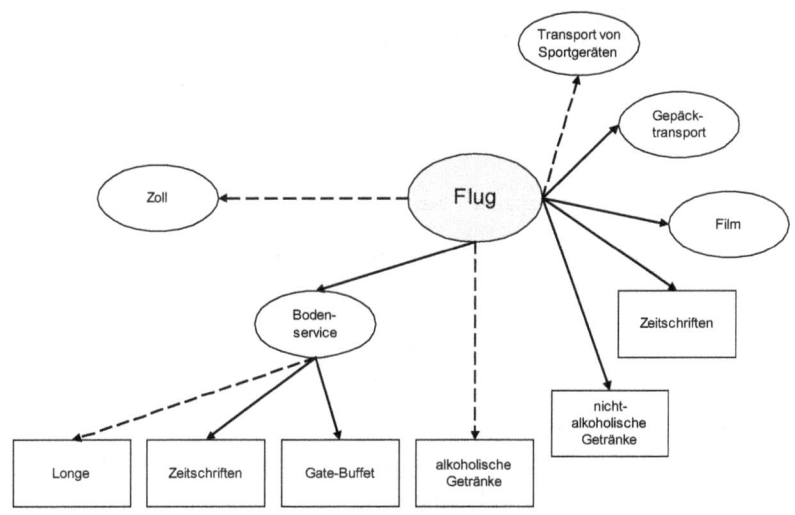

Abbildung 1: Molekularmodell des Angebots „Flug" [3]

Bei der Darstellung des Angebotsbündels werden verschiedene Konstrukte für die einzelnen Teilkomponenten verwendet. Dazu zählen Dienstleistungen (Oval), Sachleistungen (Rechteck) sowie Rechte und Chancen (Raute). Dabei können die Teilkomponenten optionaler oder zwingender Bestandteil des Objektsystems sein, so dass zwischen diesen fakultative (gestrichelte Linie) oder fixe (durchgezogene Linie) Beziehungen entstehen. In dem Beispiel wird die Dienstleistung „Flug", die zugleich auch das Kernelement des Leistungsbündels darstellt (graue Hinterlegung), als Zusammensetzung aus fixen Dienstleistungen, z. B. „Bodenservice", „Gepäcktransport" und „Film", aus Pflichtsachleistungen, z. B. „Zeitschriften" und „nicht-alkoholische Getränke" sowie aus optionalen Dienstleistungen „Transport von Sportgeräten" und „Zoll" und der fakultativen Sachleistung „alkoholische Getränke" beschrieben.

Die allgemeine Charakteristik des Molekularmodells visualisiert Abbildung 2 in Form eines Meta-Modells. Zur Beschreibung wird ein Klassendiagramm nach der Unified Modeling Language (UML)-Notation verwendet [4].

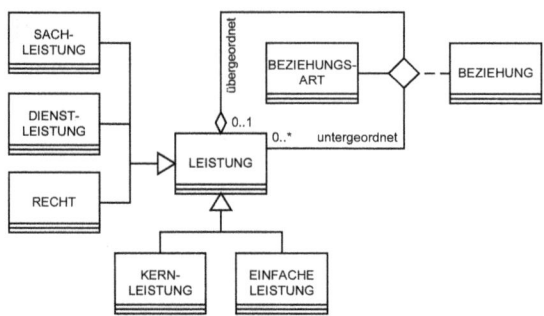

Abbildung 2: Molekularmodell – Meta-Modell

Die Teilkomponenten eines Angebotsbündels – Sachleistung, Dienstleistung und Recht – werden als Subklassen der Klasse Leistung modelliert. Die Beziehungen zwischen den einzelnen Leistungsobjekten erfasst die Aggregation Beziehung, wobei die Beziehungsart die Notwendigkeit der Angebotszugehörigkeit dokumentiert. Die Unterscheidung, ob es sich bei dem betrachteten Leistungsobjekt um eine Kern- oder eine einfache Leistung handelt, wird über die entsprechende Spezialisierung berücksichtigt.

2.2 Service Blueprinting

Eine für Dienstleistungen entwickelte Prozessdarstellungsmethode ist das ebenfalls von SHOSTACK ausgearbeitete Service Blueprinting, das Erbringungsprozesse in einem auf Dienstleistungsspezifika angepassten Flussdiagramm aufzeichnet [5]. Die Darstellung eines Dienstleistungserbringungsprozesses mittels der Service Blueprinting-Methode visualisiert Abbildung 3.

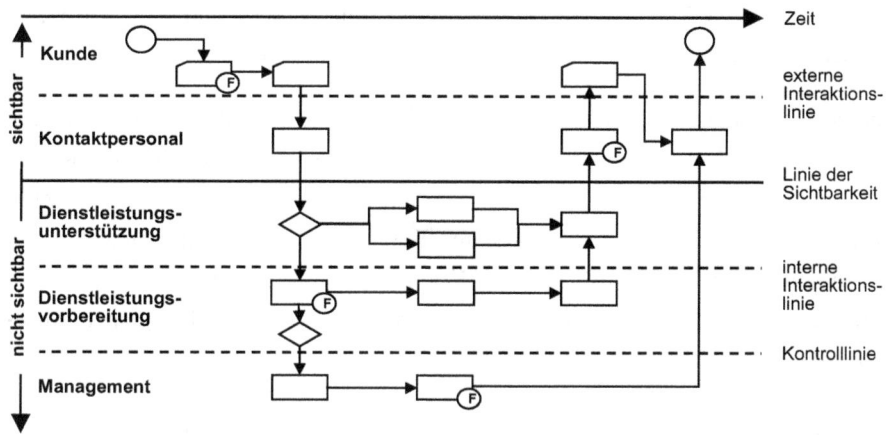

Abbildung 3: Service Blueprinting – Beispielmodell [6]

Ausgangs- und Endpunkt eines jeden Erbringungsprozesses bilden die entsprechenden Ereignisse (Kreis). Zwischen Start- und Endereignis werden die durchzuführenden Aktionen abgebildet (Rechteck). Die im Prozessablauf auftretenden Entscheidungspunkte (Raute) erlauben in Abhängigkeit der entsprechenden Ausprägung die Berücksichtigung differenzierter Teilprozesse. Zudem lassen sich mögliche Fehlerquellen (F) abbilden, die auf potenziell auftretende Probleme im Rahmen der Bearbeitung einer Aktivität hinweisen und deren Erfassung insbesondere bei einem direkten Anbieter-Nachfrager-Kontakt von Bedeutung ist. Wesentliche Besonderheiten stellen zum einen die Unterscheidung zwischen Aktivitäten, die vom Anbieter bearbeitet, und solchen, die vom Kunden ausgeführt werden, dar. Zum anderen kann die so genannte „Linie der Sichtbarkeit (Line of Visibility)" angeführt werden, die der expliziten Abgrenzung von Aktionen dient, die vom Kunden wahrgenommen werden.

In Abhängigkeit von dem Grad der Kundeneinbindung gibt es verschiedene Ansätze, die bis zu sechs Integrationsgrade unterscheiden. In der Regel finden die drei folgenden Integrationsgrade Anwendung [7]:

- Kundenaktivitäten: Die Kundenaktivitäten beschreiben die Prozessschritte, in denen eine aktive (Mit-)Arbeit des Kunden erforderlich ist.

- Onstage-Aktivitäten: Die Onstage-Aktivitäten werden zwar vom Kunden wahrgenommen, jedoch aktiv vom Anbieter durchgeführt.

- Backstage-Aktivitäten: Die Backstage-Aktivitäten bezeichnen die Prozessschritte, die aus Sicht des Kunden „im Hintergrund" verlaufen.

Bei der Dienstleistungsdarstellung in Abbildung 3 wird zum einen der obere, sichtbare Bereich durch die externe Interaktionslinie in die zwei Sichten Kunde (Kundenaktivitäten) und Kontaktpersonal (Onstage-Aktivitäten) eingeteilt. Zum anderen wird im unteren, nicht sichtbaren Bereich (Backstage-Aktivitäten) durch die interne Interaktionslinie und die Kontrolllinie zwischen den drei Sichten Dienstleistungsunterstützung, Dienstleistungsvorbereitung und Management differenziert.

Darüber hinaus finden neben dem Kundenintegrationsgrad (Ordinate) auch zeitliche Abhängigkeiten durch die horizontale Anordnung der einzelnen Schritte (Abszisse) Berücksichtigung. Dies wird in der Abbildung durch die horizontal verlaufende Zeitachse angedeutet.

Im Meta-Modell der Service Blueprinting-Methode wird in Abbildung 4 zunächst die allgemeine Klasse Aktion mit ihren Subklassen Aktion des Anbieters und Aktion des Kunden eingeführt. Der Prozessverlauf kann durch die Anordnung der einzelnen Aktionen konstruiert werden, wobei die möglicherweise auftretenden Entscheidungspunkte einzubeziehen sind. Ferner lassen sich den einzelnen Aktionen Start- beziehungsweise Endereignisse, potenzielle Fehlerquellen sowie die entsprechenden Wahrnehmungsebenen zuordnen.

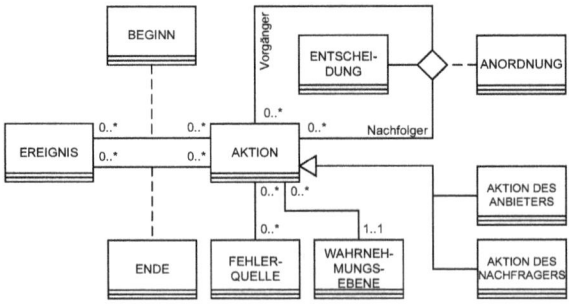

Abbildung 4: Service Blueprinting – Meta-Modell

In der besonderen Berücksichtigung der Aktivitäten im Kundenkontakt zeigt sich eine wichtige Grundlage des Service Blueprinting, nämlich dass Dienstleistungen aus Kundensicht betrachtet werden müssen. Durch die Prozessvisualisierung kann z. B. den Mitarbeitern veranschaulicht werden, welche Rolle sie im Rahmen der Gesamtdienstleistung spielen. Weiterhin können Schwachstellen bei der Dienstleistungserstellung erkannt und somit verhindert werden. Beispielsweise lassen sich Tätigkeiten, die nicht direkt im Zusammenwirken mit dem Kunden erbracht werden, aber dennoch im Sichtfeld des Kunden erfolgen, identifizieren und hinter die Line of Visibility verlegen. Dem Kunden wird damit das Gefühl genommen, nicht bedient zu werden, obwohl Mitarbeiter anwesend sind. Das Service Blueprinting bietet darüber hinaus die Möglichkeit, die Unternehmensprozesse so abzustimmen, dass die Leistung „just in time" beim Kunden erbracht wird. Nicht zuletzt können durch den Wegfall von Überkapazitäten und Wartezeiten Kosten gespart und die Kundenzufriedenheit gesteigert werden [6].

Obwohl das Service Blueprinting eine Beschreibung des Dienstleistungserbringungsprozesses und das Molekularmodell die Abbildung einer Leistungsstruktur erlauben, kann kritisch angemerkt werden, dass sie jeweils nur einen Teilaspekt der zu visualisierenden Dienstleistung aufgreifen. Während das Molekularmodell den Zusammenhang zwischen einzelnen (Teil-)Leistungen erfasst, nicht jedoch die Beschreibung einer einzelnen Leistung unterstützt, ist der Einsatz des Service Blueprinting lediglich zur Skizzierung eines Ablaufs auf einem hohen Abstraktionsniveau sinnvoll. Für die Darstellung von Detailprozessen sowie die Integration weiterer Aspekte, wie z. B. eingesetzte Software oder Verantwortlichkeiten, ist die Methode nicht zweckdienlich. Des Weiteren sieht SHOSTACK keine Verknüpfungspunkte zwischen den beiden Methoden vor, so dass Wechselwirkungen zwischen der Ergebnis- und Prozessdimension vernachlässigt werden. Ressourcenmodelle werden zur Gänze außer Acht gelassen.

Zur Behebung der genannten Defizite wird im Folgenden ein Rahmenkonzept inklusive der darin enthaltenen Methoden vorgestellt, das die Beschreibung von Dienstleistungen über die drei Dimensionen Ergebnis, Prozess und Potenzial gestattet.

3 Ganzheitliches Design von Dienstleistungen

3.1 Rahmenkonzept

Die systematische Entwicklung von Dienstleistungen setzt – wie bereits einleitend erwähnt – voraus, diese als Entwicklungsobjekte zu begreifen. Um die angemessene Abbildung der zu entwickelnden Dienstleistung zu gewährleisten, wird daher im Folgenden ein integriertes Set an Modellierungsmethoden vorgestellt, das die ganzheitliche Darstellung des immateriellen Betrachtungsgegenstands mit sämtlichen Eigenschaften zulässt. Darin sind zum einen bestehende Modellierungsmethoden integriert, die an dienstleistungsspezifische Gegebenheiten angepasst wurden. Zum anderen finden bisher nicht abgebildete Informationen durch die Einbettung gänzlich neuer Modelltypen Berücksichtigung (vgl. Abbildung 5).

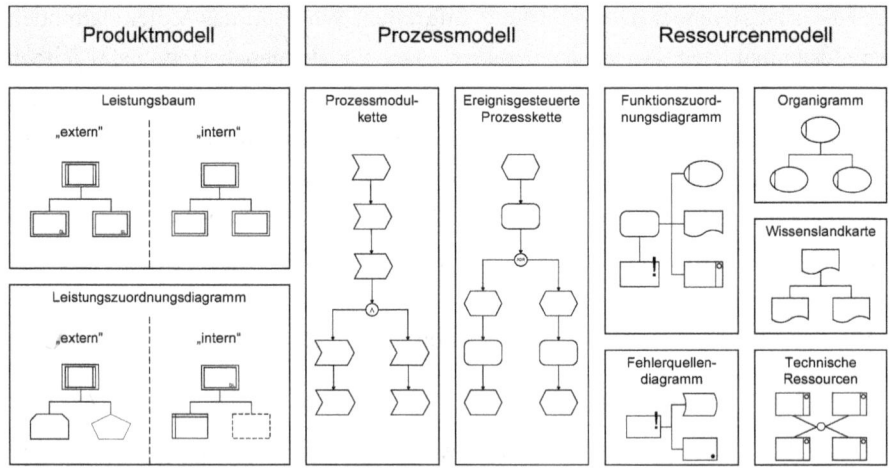

Abbildung 5: Integriertes Rahmenkonzept [8][9]

Im Gegensatz zu den in Abschnitt 2 aufgeführten Dienstleistungsbeschreibungsmethoden ermöglicht dieser ganzheitliche Ansatz die Darstellung der zu entwickelnden Dienstleistung über die drei Dimensionen Ergebnis, Prozess und Potenzial. Darüber hinaus erlaubt er auf Grund potenzieller Verknüpfungen zwischen einzelnen Objekt- und Modellinstanzen eine detaillierte Abbildung des interdependenten Wirkungsgefüges zwischen den Modellen, so dass die Auswirkungen auf alle Aspekte der Dienstleistung beim Eintreten einer Veränderung unmittelbar nachvollzogen werden können. Diesen Sachverhalt veranschaulicht die generelle Struktur des Modellierungsframeworks in Abbildung 6.

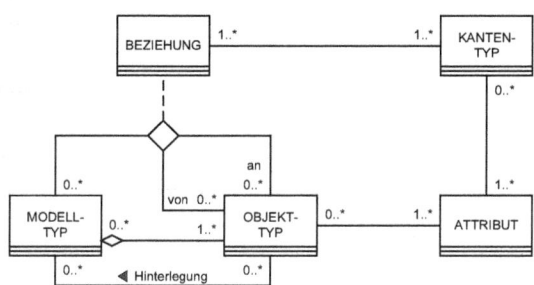

Abbildung 6: Modellstruktur – Meta-Modell

Den einzelnen Modelltypen (z. B. Prozessmodulkette) werden die verwendbaren Objekttypen (z. B. Prozessmodul) zugeordnet. Welche Objekte dabei miteinander in Beziehung gesetzt werden dürfen, ist jeweils in Abhängigkeit von dem betrachteten Modelltyp zu definieren. So können Organisationseinheiten in einem Organigramm miteinander verknüpft werden, im Rahmen eines Funktionszuordnungsdiagramms wäre dies jedoch nicht als sinnvoll zu erachten. Um unterschiedliche semantische Bedeutungen einer Verbindung zweier Objekttypen berücksichtigen zu können, lassen sich den Beziehungen beliebig viele Kantentypen zuweisen. Zur Verdeutlichung kann die Relation zwischen einer Organisationseinheit und einer Funktion angeführt werden, die Rollen wie „entscheidet über", „führt aus", „ist fachlich verantwortlich" etc. annehmen kann. In den Modellen wird dies grafisch durch unterschiedliche Darstellungsformen der Kanten visualisiert. Sowohl den Kanten- als auch den Objekttypen werden Attribute zugewiesen, die neben einer vollständigen Beschreibung vor allem Analyse- und Auswertungszwecken dienen, beispielsweise im Rahmen von Prozesssimulationen. Den integrativen Grundgedanken des Modellierungskonzepts spiegelt die Hinterlegungsassoziation zwischen Objekt- und Modelltyp wider. Diese determiniert, auf welche Modelltypen ein bestimmter Objekttyp verweisen darf.

Die einzelnen Modell- sowie die darin enthaltenen Produkt-, Prozess- und Ressourcenobjektinstanzen sind in einem Baukastensystem nach einem vorgegebenen Ordnungsraster speicherbar (vgl. Abbildung 7).

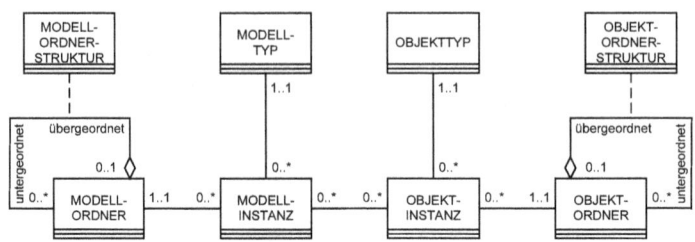

Abbildung 7: Modularität

Diese Bibliotheken stellen sicher, dass jedes Objekt genau einmal erfasst und danach im Rahmen von weiteren Modellinstanzen gezielt aufgefunden und wiederverwendet werden kann. Sie bilden somit die Grundlage für ein zeitnahes (Re-)Design von Dienstleistungen und führen zu einer Verkürzung von Entwicklungszeiten.

Im Folgenden werden für die Dienstleistungsdimensionen Ergebnis (Abschnitt 3.2), Prozess (Abschnitt 3.3) und Potenzial (Abschnitt 3.4) entsprechende Modelltypen beschrieben.

3.2 Produktmodelle

Ein Produktmodell kann allgemein definiert werden als „Teil eines Unternehmensdatenmodells, das als Träger der Produktinformationen alle charakteristischen Merkmale und Daten eines Produkts über dessen gesamten Lebenszyklus abbildet" [10]. Ein Produktmodell zur Darstellung eines Dienstleistungsergebnisses setzt sich typischerweise zusammen aus der Strukturdarstellung der Dienstleistungsprodukte sowie der Definition von Leistungsinhalten [11].

Dieser Einteilung folgend sieht das Framework den Einsatz der beiden Modelltypen Leistungsbaum und Leistungszuordnungsdiagramm vor. Ohne die jeweilige

Meta-Modellstruktur zu ändern, wird in beiden Fällen auf Ausprägungsebene zudem eine Differenzierung zwischen einer unternehmungsexternen und einer unternehmungsinternen Perspektive vorgeschlagen. Während die nach außen gerichtete Sichtweise das Leistungsangebot aus dem Blickwinkel des Vertriebs und des Marketings unter Einbezug des Kundeninteresses betrachtet, fokussiert die nach innen gerichtete Sichtweise vor allem auf organisatorische Aspekte.

Leistungsbaum

Mit dem Modelltyp Leistungsbaum wird generell das Ziel verfolgt, die unterschiedlichen Beziehungsformen, die zwischen Leistungen auftreten können, entsprechend zu visualisieren (vgl. Abbildung 8).

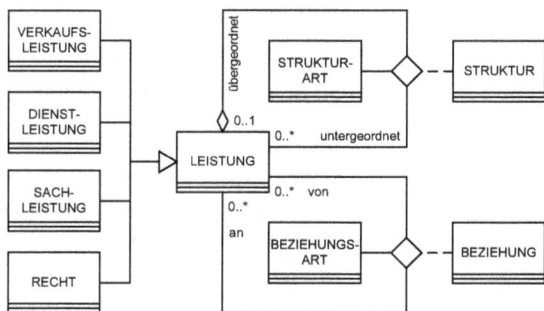

Abbildung 8: Leistungsbaum – Meta-Modell

Leistungen können in diesem Modelltyp auf zweierlei Weise miteinander verknüpft werden. Einerseits lassen sie sich zu einem übergeordneten Element aggregieren und somit in einen strukturellen Zusammenhang bringen. Andererseits können beliebige Abhängigkeiten nicht-hierarchischer Art berücksichtigt werden. Dabei besteht zudem die Möglichkeit, den Beziehungsarten jeweils mehrere Kantenrollen zuzuweisen. Hinsichtlich der Leistungsart kann zwischen so genannten Verkaufsleistungen, „reinen" Dienstleistungen, Sachleistungen sowie Rechten unterschieden werden. Zwei Beispiele für einen Leistungsbaum aus externer beziehungsweise interner Sicht zeigt Abbildung 9.

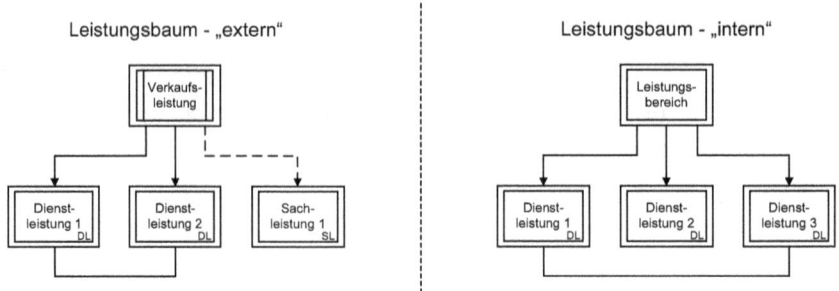

Abbildung 9: Leistungsbaum – Beispielmodelle

Im externen Leistungsbaum steht die Beschreibung so genannter Verkaufsleistungen im Vordergrund. Darunter werden alle Leistungen und Leistungsbündel zusammengefasst, die eine Unternehmung am Markt anbietet. Diese lassen sich sowohl aus Dienstleistungen, als auch aus den übrigen Leistungsarten beliebig kreieren, wodurch u. a. auch Leistungssysteme oder hybride Produkte abgebildet werden können [12][13]. Der Hauptvorteil dieser Darstellungsform liegt in der Möglichkeit, situations- und kundenspezifische Verkaufsleistungen aus unternehmungsintern standardisierten Leistungskomponenten erstellen zu können [14]. Auf welcher Beschreibungsebene (Leistungskomponenten, Elementarleistung, Teilleistung, Leistung, Leistungsbündel) die Zusammensetzung der Verkaufsleistung vorgenommen wird, schreibt der Modelltyp nicht vor. Durch die Form der hierarchischen Beziehungen kann bestimmt werden, ob ein Element einen festen (durchgezogene, gerichtete Kante) oder fakultativen Bestandteil (gestrichelte, gerichtete Kante) der Verkaufsleistung bildet. Abhängigkeiten zwischen einzelnen Komponenten werden durch ungerichtete Kanten ausgedrückt. Mit dem externen Leistungsbaum lassen sich sämtliche Aspekte des Molekularmodells vollständig beschreiben (vgl. Abschnitt 2.1).

Der interne Leistungsbaum wird zur Abbildung des Produktportfolios einer Unternehmung eingesetzt, und zeigt dieses in der Regel von der obersten Ebene (Gesamtorganisation) bis zur untersten (Leistungskomponente). Die einzelnen Objekte sind entweder über die Kantenbeziehung „besteht aus" (gerichtete Kante) oder „ist abhängig von" (ungerichtete Kante) verbunden. Den größten Nutzen liefert der Modelltyp interner Leistungsbaum beim Einsatz im Controlling, da die einzelnen Leistungen und damit die dahinter liegenden Attributwerte nach beliebigen

Gesichtspunkten (z. B. Produkt, Kunden, Sparten, Regionen) aggregiert werden können.

Leistungszuordnungsdiagramm

Im Gegensatz zum Leistungsbaum fokussiert das Leistungszuordnungsdiagramm nicht auf die Beziehungen zwischen Leistungen, sondern dokumentiert eine einzelne Leistung, indem sie diese mit den jeweils interessierenden Aspekten verbindet (vgl. Abbildung 10).

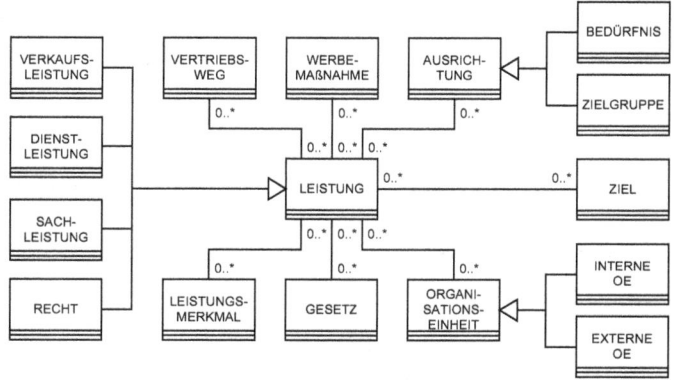

Abbildung 10: Leistungszuordnungsdiagramm – Meta-Modell

Das Leistungszuordnungsdiagramm erlaubt die Verknüpfung der verschiedenen Leistungsarten mit unterschiedlichen Objekttypen. Dazu zählen beispielsweise die Konstrukte Vertriebsweg, Werbemaßnahme und Ausrichtung (Bedürfnis oder Zielgruppe), die in erster Linie die Erläuterung von Verkaufsleistungen unterstützen. Demgegenüber repräsentieren Objekttypen wie Leistungsmerkmal, Gesetz oder Organisationseinheit Gesichtspunkte, die bezüglich einer (internen) Dienstleistung von Interesse sind. Das Element Ziel kann je nach Anwendung in beiden Zusammenhängen eingesetzt werden. Die Leistungsarten Sachleistung und Recht sind an dieser Stelle der Vollständigkeit halber aufgeführt. Eine Modellinstanziierung ist laut Meta-Modell damit zulässig, kann jedoch im Umfeld der Dienstleistungsmodellierung vernachlässigt werden. Zwei Beispiele für ein Leistungszuordnungsdiagramm zeigt Abbildung 11.

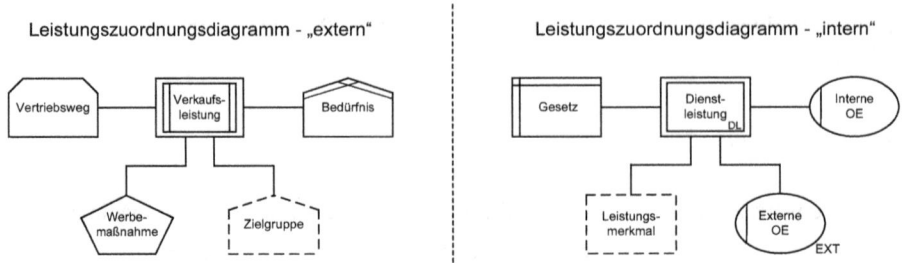

Abbildung 11: Leistungszuordnungsdiagramm – Beispielmodelle

Das externe Leistungszuordnungsdiagramm visualisiert in erster Linie die relevanten Aspekte einer Verkaufsleistung. Die Objekte Zielgruppe und Bedürfnis tragen der Notwendigkeit Rechnung, dass vor der Bildung einer Verkaufsleistung genau definiert werden muss, welches Kundensegment angesprochen beziehungsweise welches Bedürfnis befriedigt werden soll. Je nachdem, ob der Leistungsmix an einer bestimmten Kundengruppe oder einem bestimmten Bedürfnis ausgerichtet ist, kann das entsprechende Konstrukt gewählt werden. Da der Vertriebsweg die Ausgestaltung des gesamten Dienstleistungserbringungsprozesses und damit der einzelnen Prozessmodule stark beeinflusst, wird im externen Leistungszuordnungsdiagramm zu dessen Dokumentation ein eigener Objekttyp zur Verfügung gestellt. Mit dem Objekt Werbemaßnahme lässt sich im Modell die Art und Weise beschreiben, wie die dargestellte Verkaufsleistung beworben werden soll. Über eine Kombination von Objekttypen, den zugehörigen Attributen sowie einer potenziellen Prozesshinterlegung können somit die 7 P's des Dienstleistungsmarketings abgebildet werden [15][16].

Das interne Leistungszuordnungsdiagramm zielt auf die Beschreibung eines (Dienst-)Leistungsobjekts aus unternehmungsinterner Sicht ab. Charakteristische Merkmale und Daten einer Leistung lassen sich darin über Objektattribute festhalten. Alternativ dazu können Merkmale aber auch durch die Verwendung eines eigenen Konstrukts explizit hervorgehoben werden. Ferner lassen sich sowohl unternehmungsinterne als auch -externe, an der Leistungserstellung beteiligte Organisationseinheiten darstellen. In stark reglementierten Branchen, z. B. dem Finanzdienstleistungssektor, ist es wichtig, die das Produkt beeinflussenden Gesetze, Vorschriften oder Regelungen im Rahmen der Visualisierung einer Leistung zu dokumentieren. Auf diese Weise kann bei Gesetzesänderungen aus dem Produktmodell direkt abgelesen werden, welche Teile des Produktportfolios in welchem Ausmaß davon betroffen sind. Das Leistungsobjekt stellt zudem die Schnittstelle zu den Prozessmodellen dar, weil ihm die im Rahmen der Leistungserstellung zu durchlaufenden Prozesse hinterlegt sind.

3.3 Prozessmodelle

Unter einem Prozess beziehungsweise Geschäftsprozess kann allgemein eine zeitlich-logische Abfolge von Aktivitäten zum Zweck einer Leistungserstellung verstanden werden. Unter Einsatz von Ressourcen wird dabei ein Ergebnis erzeugt, das für einen unternehmungsinternen oder -externen Kunden einen Wert darstellt [17]. Bei der Betrachtung von Geschäftsprozessen werden Zustandsänderungen von Funktionen dargestellt und damit das dynamische Verhalten eines Systems abgebildet.

Für die adäquate Darstellung der Prozessdimension im Rahmen der Dienstleistungsmodellierung wird in diesem Abschnitt einerseits der Modelltyp der Prozessmodulkette zur Skizzierung eines Ablaufs auf hohem Abstraktionsniveau und andererseits der Modelltyp der Ereignisgesteuerten Prozesskette (EPK) zur detaillierten Beschreibung des Erbringungsvorgangs erläutert.

Prozessmodulkette

Mit dem Modelltyp der Prozessmodulkette wird die Zielsetzung verfolgt, den Erstellungsprozess einer Dienstleistung zu dekomponieren und anhand abstrakter Prozessmodule vergleichsweise einfach und übersichtlich zu beschreiben. Ein Prozessmodul bildet dabei eine abgeschlossene Einheit, die einen sinnvoll und eindeutig abgegrenzten Teil eines Geschäftsprozesses widerspiegelt. Im Kern handelt es sich bei diesem Modelltyp um eine Wertschöpfungskette, die um logische Verknüpfungsoperatoren sowie um dienstleistungsspezifische Besonderheiten erweitert wurde. Abbildung 12 visualisiert die Struktur der Prozessmodulkette.

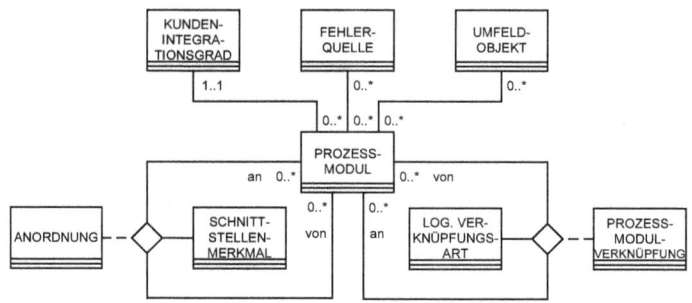

Abbildung 12: Prozessmodulkette – Meta-Modell

Im Mittelpunkt der Prozessmodulkette stehen die Prozessmodule, durch deren Aneinanderreihung (Objekttyp Anordnung) ein komplexer Geschäftsprozess generisch zusammengesetzt werden kann. Für eine lückenlose Prozessbeschreibung sorgt die Dokumentation und Gestaltung der zwischen den Bausteinen liegenden Schnittstellen. Um diese unabhängig von den jeweils angrenzenden Modulen zu halten, wird ein standardisiertes Beschreibungsschema zu Grunde gelegt (Objekttyp Schnittstellenmerkmal). Dieses umfasst zusätzlich zu den aus der Informationstechnologie bekannten Aspekten Daten und Technik eine Reihe weiterer Dimensionen. Hierzu zählen u. a. räumliche, zeitliche und rechtliche Gesichtspunkte. Als Beispiel seien Informationen genannt, die von einem Modul an einem bestimmten Wochentag an einem bestimmten Ort in einer bestimmten Form bereitgestellt, vom nachfolgenden Modul jedoch zu einem anderen Zeitpunkt an einem anderen Ort in einem anderen Format benötigt werden. Rechtliche Aspekte stehen vor allem dann im Mittelpunkt, wenn ein unternehmungsübergreifender Geschäftsprozess dargestellt wird, so dass verschiedene Unternehmungen für die Abarbeitung einzelner Prozessbausteine verantwortlich sind [18].

Um parallel verlaufende Prozessmodule beziehungsweise Prozessalternativen adäquat abbilden zu können, sieht die Prozessmodulkette die Verwendung von konjunktiven („und"), adjunktiven („oder") sowie disjunktiven („exklusives oder") Verknüpfungsoperatoren vor. Zudem lassen sich die aus der Prozessbeschreibungsmethode Service Blueprinting bekannten Elemente „Kundenintegrationsgrad" und „Fehlerquelle" einarbeiten (vgl. Abschnitt 2.2). Im Falle des Kundenintegrationsgrads werden die Prozessbausteine einer Ebene zugeordnet, die den Wahrnehmungsgrad der Tätigkeit aus Sicht des Kunden reflektiert [3]. Dabei ist insbesondere die „Line of visibility" hervorzuheben, die Aktivitäten nach dem Kriterium differenziert, ob diese in Anwesenheit des Kunden durchgeführt werden oder nicht. Das Aufzeigen von potenziellen Fehlerquellen spielt vor allem bei Dienstleistungen eine wichtige Rolle, die in intensiver Zusammenarbeit mit dem Kunden erbracht werden. Die Visualisierung relevanter Aspekte des Risikomanagements wird in Abschnitt 3.4 durch die Beschreibung des Modelltyps Fehlerquellendiagramm weiter thematisiert.

Des Weiteren können in der Prozessmodulkette auch signifikante Eigenschaften oder Veränderungen einzelner Bausteine durch die Ergänzung zusätzlicher Umfeldobjekte abgebildet werden. Um die Übersichtlichkeit des Modells zu wahren, sollten diese jedoch nur dann eingebunden werden, wenn sie für den Gesamtprozess von besonderer Bedeutung sind. Beispiele für Erweiterungen können die Modellierung eines Prozessverantwortlichen im Zusammenhang mit einer Outsourcing-Entscheidung oder eines Anwendungssystems im Falle einer Softwareeinführung an den betroffenen Prozessbaustein sein. Welche Konstrukte im Detail zur Verfügung stehen, wird in Abschnitt 3.4 im Rahmen des Modelltyps Funktionszuordnungsdiagramm näher erläutert. Ein Beispiel mit den entsprechenden Modellkonstrukten zeigt Abbildung 13.

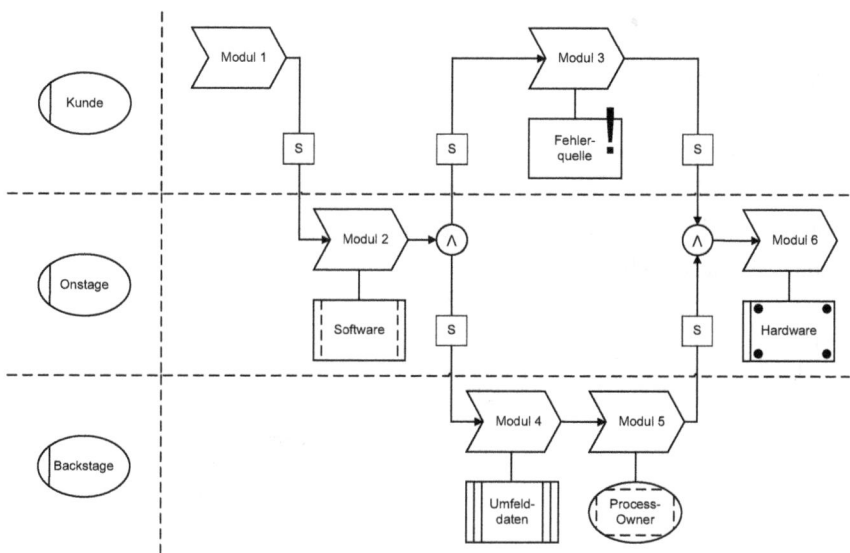

Abbildung 13: Prozessmodulkette – Beispielmodell

Um eine Wiederverwendbarkeit in unterschiedlichen Dienstleistungserbringungsprozessen zu gewährleisten, sind die Module in Form von allgemein gehaltenen, produktunabhängigen Standardprozessbausteinen zu definieren. Leistungsspezifische Abweichungen hinsichtlich des Erbringungsprozesses können durch die Kreation von Varianten abgebildet werden. Dadurch sowie auf Grund der flexiblen Anpassungsmöglichkeiten der hinterlegten Attribute und einer durchzuführenden Parametrisierung lassen sich Dienstleistungsprozesse für unterschiedliche Einsatzszenarien und leistungsspezifische Anforderungen individuell konfigurieren. Die Bausteine können in einem Prozess-Repository, das unterschiedliche Bibliotheksformen annehmen kann, gespeichert und verwaltet werden. Als Beispiel für ein solches Ordnungsraster sei der Modelltyp der Prozessauswahlmatrix genannt, in dem sich Prozessmodule und Varianten strukturiert ablegen lassen [19]. Damit wird ein Prozessmodulbaukasten implementiert, auf den bei der Entwicklung neuer Produkte (Service Engineering) oder bei der Durchführung eines Business Process Reengineering beziehungsweise eines Continuous Process Improvement zurückgegriffen werden kann.

Zur grafischen Beschreibung der den einzelnen Prozessbausteinen zu Grunde liegenden Detailabläufe lassen sich den Modulen jeweils Modelle vom Typ Ereignisgesteuerte Prozesskette hinterlegen.

Ereignisgesteuerte Prozesskette

Zur ausführlichen Modellierung von Dienstleistungsprozessen wird die im Rahmen der Architektur integrierter Informationssysteme (ARIS) entwickelte Methode der Ereignisgesteuerten Prozesskette eingesetzt [20], deren Aufbau in Abbildung 14 beschrieben ist.

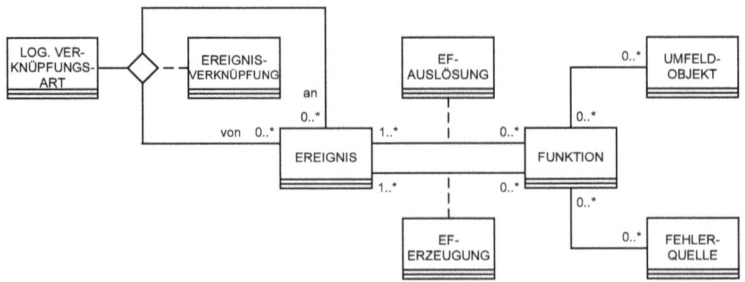

Abbildung 14: Ereignisgesteuerte Prozesskette – Meta-Modell [21]

Zentrales Merkmal der Ereignisgesteuerten Prozesskette bildet die Veranschaulichung der zu einem Prozess gehörenden Funktionen in deren zeitlich-logischer Abfolge. Eingetretene Zustände, die wiederum nachgelagerte Unternehmungsverrichtungen anstoßen können, sowie Bedingungskomponenten werden unter dem zeitpunktbezogenen Konstrukt „Ereignis" zusammengefasst. Damit die die Kontrollflusssteuerung beschreibenden Regeln und Bedingungen berücksichtigt werden können, sind – wie in der Prozessmodulkette – Verknüpfungsoperatoren einsetzbar. Umfeldobjekte und insbesondere potenzielle Fehlerquellen lassen sich ebenso analog zur Prozessmodulkette anbinden. Die Beschreibung der Umfeldobjektzuordnung zu einzelnen Funktionen erfolgt im Abschnitt 3.4 (Modelltyp Funktionszuordnungsdiagramm).

Im Gegensatz zur Prozessmodulkette, die zur Abbildung eines Ablaufs auf einem allgemeinen Niveau dient, erlaubt die Ereignisgesteuerte Prozesskette die Justierung der Komplexität des gesamten Erbringungsprozesses auf ein gewünschtes Maß. Dies wird durch die Möglichkeit realisiert, vertikale Hierarchisierungen und horizontale Unterteilungen vornehmen zu können, wie Abbildung 15 verdeutlicht.

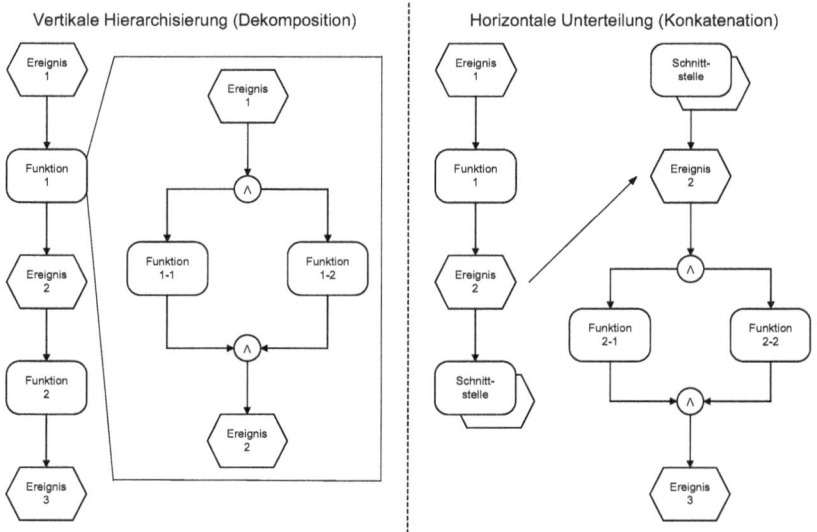

Abbildung 15: Ereignisgesteuerte Prozesskette – Dekomposition und Konkatenation [22]

Durch die vertikale Hierarchisierung können Dienstleistungsprozesse in Abhängigkeit vom gewünschten Abstraktionsniveau in verschiedenen Granularitätsgraden dargestellt werden. Die Kapselung eines Prozessausschnitts zu einer übergeordneten Funktion führt zu einem generalisierteren, die Aufsplittung einer Funktion in gekoppelte Teilaktivitäten zu einem detaillierteren Abbild des zu modellierenden Sachverhalts. Die horizontale Unterteilung erhöht die Übersichtlichkeit der Abbildung durch die Aufteilung eines komplexen Gesamtablaufs in kleinere Teilabschnitte, wobei die Abstraktionsstufe konstant bleibt. Die Verbindung wird dabei über Prozesswegweiser, visualisiert in Form von Schnittstellen, hergestellt [22].

Nach der Darstellung der dynamischen Sicht des Erbringungsprozesses widmet sich der nächste Abschnitt der Abbildung der dabei eingesetzten Ressourcen und somit der potenzialorientierten Dienstleistungsdimension.

3.4 Ressourcenmodelle

Ressourcenmodelle dienen der Beschreibung der von Dienstleistungsanbietern bereitzustellenden Produktionsfaktoren, die bei der Erstellung unter Einbezug von externen Faktoren kombiniert werden. Da die Aktivierung der Ressourcen von äußeren Einflüssen abhängig ist und sich von einer Unternehmung nur beschränkt steuern lässt, kommt Informationsmodellen dieser Dimension insbesondere im Rahmen des Managements fixer Gemeinkosten eine wichtige Bedeutung zu, die in der Regel die größte Kostenposition darstellen.

Unter dem Begriff Ressourcen werden alle Objekte subsumiert, die im Rahmen der Produktion von Dienstleistungen kombiniert und transformiert werden können. Hierzu zählen, neben den aus der Herstellung physischer Produkte bekannten Produktionsfaktoren Betriebsmittel, menschliche Arbeitsleistung und Werkstoffe, auch Informationen, Rechte und weitere Zusatzfaktoren [23][24].

Im Folgenden werden die Modelltypen Funktionszuordnungsdiagramm und Fehlerquellendiagramm näher vorgestellt sowie ein kurzer Überblick über weitere Modellierungsmethoden der Potenzialdimension gegeben.

Funktionszuordnungsdiagramm

Der Modelltyp Funktionszuordnungsdiagramm bildet das zentrale Bindeglied zwischen Prozess- und Ressourcenmodellen, da es die einzelnen Tätigkeiten des Prozesses mit den darin eingesetzten Inputfaktoren in Beziehung setzt. Darüber hinaus lassen sich Outputfaktoren und weitere interessierende Aspekte grafisch festhalten. Im Gegensatz zu der im Kontext der Prozessmodelle erläuterten Funktionsbetrachtung steht im Funktionszuordnungsdiagramm nicht der Zweck im Mittelpunkt, den eine Funktion innerhalb eines Prozesses erfüllt, sondern vielmehr die Beschreibung eines einzelnen betrieblichen Vorgangs. Abbildung 16 zeigt die mit einer Funktion verknüpfbaren Elemente.

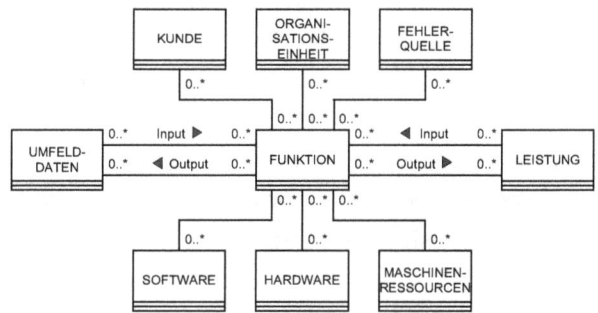

Abbildung 16: Funktionszuordnungsdiagramm – Meta-Modell

Im Zentrum des Funktionszuordnungsdiagramms steht die betrachtete Funktion. Die bei der Dienstleistungserbringung häufig stattfindende Interaktion zwischen dem Kunden und einer Organisationseinheit wird durch das Anmodellieren der entsprechenden Konstrukte berücksichtigt. Über die Zuweisung einer Kantenrolle lässt sich zudem die Form der Zusammenarbeit ausdrücken. Auf Seiten des Kunden handelt es sich hier um den Intensitätsgrad, bei dem zwischen den Stufen „Abnehmer", „Betrachtungsobjekt", „Informant", „Co-Designer" und „Partner" unterschieden werden kann [25]. Auf der anderen Seite kann der unternehmungsinternen Organisationseinheit die Bedeutung „ist fachlich verantwortlich", „führt aus", „entscheidet über", „stimmt zu", „wirkt beratend mit" oder „muss informiert werden" zuteil werden.

Das charakteristische Merkmal der Zusammenarbeit zwischen Dienstleistungsanbieter und -nachfrager bei der Erfüllung einzelner Tätigkeiten begründet auch die Einführung des Konstrukts „Fehlerquelle". Auf diese Weise lassen sich potenzielle Hindernisse grafisch hervorheben und durch präventive Maßnahmen auf ein Minimum reduzieren, was schließlich zu einer Verbesserung der Dienstleistungsqualität führt. Umfassende Informationen zum Umgang mit diesen Schwierigkeiten können durch eine Hinterlegung des Modelltyps Fehlerquellendiagramm festgehalten werden, das im nachfolgenden Abschnitt erläutert wird.

Neben den Objekttypen Kunde, Organisationseinheit und Fehlerquelle lassen sich noch eine Reihe weiterer Aspekte an einer Funktion abbilden. Hierzu zählen beispielsweise unterstützende Softwaresysteme sowie eingesetzte Hardware und Maschinenressourcen. Des Weiteren können zur Bearbeitung erforderliche Inputdaten beziehungsweise bei der Durchführung der Aktivität erzeugte Outputdaten über gerichtete Kanten angebunden werden. Ebenfalls über gerichtete Kanten lassen sich Input- und Outputleistungen darstellen. Dabei handelt es sich in der Regel jedoch nicht um fertige, absatzfähige Produkte, sondern vielmehr wird deren Bearbeitungsstatus wiedergegeben, jeweils vor und nach dem betrachteten Arbeitsschritt. Abbildung 17 visualisiert eine Instanz des Modelltyps Funktionszuordnungsdiagramm.

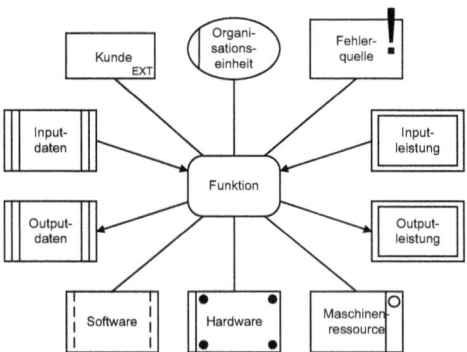

Abbildung 17: Funktionszuordnungsdiagramm – Beispielmodell

Die an dieser Stelle erwähnten Konstrukte bilden keine abschließende Liste. Je nach Bedarf können weitere Objekte unter Beachtung der in Abschnitt 2 dargelegten Modellstruktur hinzugefügt werden. Denkbar ist beispielsweise die Verwendung von Dokumenten, Dateien oder Wissenskategorien.

Fehlerquellendiagramm

Das Fehlerquellendiagramm fungiert als Beschreibungsmodell für die im Erbringungsprozess identifizierten Schwierigkeiten. Es liefert somit eine wichtige Informationsbasis für ein effektives Qualitätsmanagement. Es handelt sich bei diesem Modelltyp um eine dienstleistungsspezifische Adaption und Erweiterung des zur Abbildung von operationellen Risiken entwickelten Risiko-Detailanalysemodells [26]. Abbildung 18 gibt die Modellgrundform wieder.

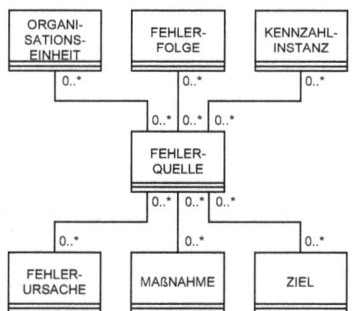

Abbildung 18: Fehlerquellendiagramm – Meta-Modell

An einer potenziellen Fehlerquelle lassen sich organisatorische Aspekte, wie z. B. ein Ansprechpartner, sowie die Folgen festhalten, die mit dem Eintreten eines Fehlers verbunden sind. Die Überwachung, Analyse und damit die Minimierung eines Fehlerpotenzials bedingt die Pflege entsprechender Kennzahlen, anhand derer Veränderungen explizit nachvollzogen werden können. Hierzu können Eintritts-, Kundenbedeutungs- oder auch Aufdeckungswahrscheinlichkeiten gehören [7]. Im Hinblick auf das Fehlermanagement lassen sich Fehlerursachen, zur Minimierung der Eintrittswahrscheinlichkeit (präventiv) zu ergreifende Maßnahmen sowie quantitative und qualitative Zielsetzungen dokumentieren. Ein Beispielmodell kann Abbildung 19 entnommen werden.

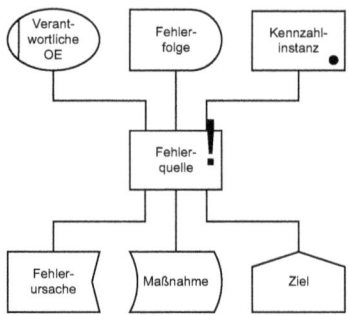

Abbildung 19: Fehlerquellendiagramm – Beispielmodell

Nach der Vorstellung der Modelltypen Funktionszuordnungs- und Fehlerquellendiagramm stehen im folgenden Abschnitt Ressourcenmodelle im engeren Sinn im Mittelpunkt der Betrachtung.

Weitere Ressourcenmodelle

Im Kontext des Funktionszuordnungsdiagramms wurde eine Reihe von Ressourcenobjekttypen vorgestellt. Zur Reduzierung der Komplexität lassen sich diese den äußeren Sichten des ARIS-Konzepts zuordnen. Dabei können konkrete Instanzen dieser Objekttypen jeweils in entsprechenden Modelltypen untereinander kombiniert werden. Diese Modelltypen werden unter dem Begriff Ressourcenmodelle zusammengefasst. Hierzu zählen beispielsweise das Organigramm (Organisationssicht) oder das Entity Relationship Modell (Datensicht), die in Abbildung 20 exemplarisch in das ARIS-Konzept eingebunden sind [21].

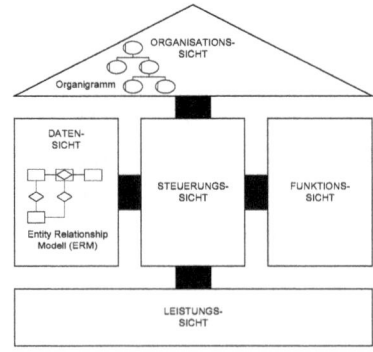

Abbildung 20: ARIS-Modellierungsframework

4 Fazit und Ausblick

Eine effiziente Dienstleistungsentwicklung erfordert eine ganzheitliche Beschreibungssprache und damit eine vollständige Abbildung des Betrachtungsgegenstands. Die Konzeption eines Modellierungsframeworks bildet demzufolge die Grundvoraussetzung im Hinblick auf ein effektives Service Engineering. Um die Akzeptanz des Konzepts in Unternehmungen zu erhöhen, muss darüber hinaus eine Softwareumgebung bereitgestellt werden, die den Vorgang des Dienstleistungsdesigns unterstützt.

Literaturverzeichnis

[1] Fähnrich, K.-P.; Meiren, T.; Barth, T.; Hertweck, A.; Baumeister, M.; Demuß, L.; Gaiser, B.; Zerr, K.: Service Engineering : Ergebnisse einer empirischen Studie zum Stand der Dienstleistungsentwicklung in Deutschland. Stuttgart 1999.

[2] Shostack, L.: Breaking Free from Product Marketing. In: Journal of Marketing, 41(1977)1, S. 73-80.

[3] Meyer, A.; Blümelhuber, C.: Dienstleistungs-Design : Zu Fragen des Designs von Leistungen, Leistungserstellungs-Konzepten und Dienstleistungs-Systemen. In: Meyer, A. (Hrsg.): Handbuch Dienstleistungs-Marketing, Bd. I. Stuttgart 1998, S. 911-940.

[4] Objekt Management Group (Hrsg.): UML-Spezifikation – Version 1.5, 2003, http://www.omg.org/cgi-bin/apps/doc?formal/03-03-01.pdf, online: 01.12.2003.

[5] Shostack, L.: How to Design a Service. In: Donelly, J. H.; George, W. R. (Hrsg.): Marketing of Services. Chicago 1981, S. 221-229.

[6] Schwarz, W.: Methodisches Konstruieren als Mittel zur systematischen Gestaltung von Dienstleistungen. Berlin 1997.

[7] Eversheim, W.; Kuster, J.; Liestmann, V.: Anwendungspotenziale ingenieurwissenschaftlicher Methoden für das Service Engineering. In: Bullinger, H.-J.; Scheer, A.-W. (Hrsg.): Service Engineering : Entwicklung und Gestaltung innovativer Dienstleistungen. Berlin et al. 2003, S. 417-441.

[8] Grieble, O.; Klein, R.; Scheer, A.-W.: Modellbasiertes Dienstleistungsmanagement. In: Scheer, A.-W. (Hrsg.): Veröffentlichungen des Instituts für Wirtschaftsinformatik. Nr. 171, Saarbrücken 2002.

[9] Scheer, A.-W.; Herrmann, K.; Klein, R.: Modellgestütztes Service Engineering : Entwicklung und Design neuer Dienstleistungen. In: Bruhn, M.; Stauss, B. (Hrsg.): Dienstleistungsinnovationen : Jahrbuch Dienstleistungsmanagement 2004. Wiesbaden 2004, in Vorbereitung.

[10] Genderka, M.: Objektorientierte Methode zur Entwicklung von Produktmodellen als Basis Integrierter Ingenieursysteme. Aachen 1995.

[11] Bullinger, H.-J.; Meiren, T.: Service Engineering : Entwicklung und Gestaltung von Dienstleistungen. In: Bruhn, M.; Meffert, H. (Hrsg.): Handbuch Dienstleistungsmanagement : Von der strategischen Konzeption zur praktischen Umsetzung. 2. Aufl., Wiesbaden 2001, S. 149-175.

[12] Belz, C.; Schuh, G.; Groos, S. A.; Reinecke, S.: Industrie als Dienstleister. St. Gallen 1997.

[13] Botta, C.; Steinbach, M.: Integrated View on Products and Services : Product-Service Systems. In: Scheer, A.-W. (Hrsg.): The Modern Information Technology in the Innovation Processes of the Industrial Enterprises. MITIP 2004, 5th international Conference Proceedings, German Research Center for Artificial Intelligence, September 4-6, 2003, Saarbruecken/Germany. Saarbruecken 2003, S. 37-42.

[14] Wind, Y.: The Challenge of „Customerization" in Financial Services. In: Communications of the ACM, 44(2001)6, S. 39-44.

[15] Magrath, A. J.: When Marketing Services, 4 P's are not Enough. In: Business Horizons, 29(1986)3, S. 44-50.

[16] Meffert, H.; Bruhn, M.: Dienstleistungsmarketing : Grundlagen – Konzepte – Methoden. 2. Aufl., Wiesbaden 1997.

[17] Scheer, A.-W: ARIS : Vom Geschäftsprozess zum Anwendungssystem. 4. Aufl., Berlin et al. 2002.

[18] Herrmann, K.; Klein, R.: Effizientes Schnittstellenmanagement : Erfolgsfaktor für die E-Collaboration. In: IM – Fachzeitschrift für Information, Management & Consulting, 17(2002)4, S. 39-45.

[19] Scheer, A.-W.; Grieble, O.; Klein, R.: Modellbasiertes Dienstleistungsmanagement. In: Bullinger, H.-J.; Scheer, A.-W. (Hrsg.): Service Engineering : Entwicklung und Gestaltung innovativer Dienstleistungen. Berlin et al. 2003, S. 19-49.

[20] Keller, G.; Nüttgens, M.; Scheer, A.-W.: Semantische Prozeßmodellierung auf der Grundlage „Ereignisgesteuerter Prozeßketten (EPK)". In: Scheer, A.-W. (Hrsg.): Veröffentlichungen des Instituts für Wirtschaftsinformatik. Nr. 89, Saarbrücken 1992.

[21] Scheer, A.-W.: ARIS: Modellierungsmethoden – Metamodelle – Anwendungen. 4. Aufl., Berlin et al. 2001.

[22] Rump, F. J.: Geschäftsprozeßmanagement auf der Basis ereignisgesteuerter Prozeßketten. Stuttgart 1999.

[23] Gutenberg, E.: Grundlagen der Betriebswirtschaftslehre, Bd. 1: Die Produktion. 24. Aufl., Berlin et al. 1983.

[24] Corsten, H.: Dienstleistungsmanagement. 4. Aufl., München 2001.

[25] Nägele, R.; Vossen, I.: Erfolgsfaktor kundenorientiertes Service Engineering : Fallstudienergebnisse zum Tertiarisierungsprozess und zur Integration des Kunden in die Dienstleistungsentwicklung. In: Bullinger, H.-J.; Scheer, A.-W. (Hrsg.): Ser-

vice Engineering : Entwicklung und Gestaltung innovativer Dienstleistungen. Berlin et al. 2003, S. 531-561.

[26] Brabänder, E.; Ochs, H.: Analyse und Gestaltung prozessorientierter Risikomanagementsysteme mit Ereignisgesteuerten Prozessketten. In: Nüttgens, M.; Rump, F. J. (Hrsg.): Geschäftsprozessmanagement mit Ereignisgesteuerten Prozessketten – EPK 2002. Proceedings des GI-Workshops und Arbeitskreistreffens, Trier 2002, S. 17-35.

Integriertes Kennzahlensystem für die Bewertung von Dienstleistungen

Inka C. Mörschel
Dietmar Kopperger

Institut für Arbeitswissenschaft und Technologiemanagement (IAT) der Universität Stuttgart
Fraunhofer-Institut für Arbeitswirtschaft und Organisation (IAO), Stuttgart

Inhalt

1 Einleitung

2 Grundlagen für die Bewertung von Dienstleistungen
    2.1 Dienstleistungsdefinition und ausgewählte Qualitätsansätze
    2.2 Bewertung von Dienstleistungen anhand eines Praxisbeispiels
    2.3 Methoden der Dienstleistungsentwicklung

3 Entwicklung eines integrierten Kennzahlensystems für die Bewertung von Dienstleistungen
    3.1 Kritische Erfolgsfaktoren im Rahmen der Dienstleistungsbewertung
    3.2 Kennzahlen als Werkzeuge zur Bewertung

4 CASET-Bewertungsansatz in der Finanzdienstleistungs-Branche
    4.1 Der CASET-Ansatz
    4.2 Umsetzung

5 Fazit und Ausblick

Literaturverzeichnis

1 Einleitung

Entwicklungen, wie der Wandel von Verkäufer- zu Käufermärkten, die permanent steigenden Kundenanforderungen und der Kostendruck, zwingen Unternehmen, ihre Produkte und Dienstleistungen auf höchstem Qualitätsniveau zu möglichst günstigen Preisen anzubieten. Dies gilt vor allem für Dienstleistungen und Produkte, die aktiv vermarktet werden und als Hauptleistungen bezeichnet werden. Aber auch bei Dienstleistungen, die als Zusatzleistungen zur Kundenbindung eingesetzt werden, muss der wirtschaftliche Nutzen transparent werden. Außerdem kann bei Dienstleistungen (als Hauptleistung) festgestellt werden, dass seltener ein Wechsel des Anbieters stattfindet, als dies bei materiellen Produkten vorkommt. Dies resultiert daraus, dass sich materielle Produkte hinsichtlich der Funktionalitäten immer mehr angleichen und kaum noch zu differenzieren sind; bei Dienstleistungen wird beispielsweise ein höherer Preis durch das in erfolgreich erbrachten Dienstleistungen aufgebaute Vertrauen gerechtfertigt.

Qualitative Dienstleistungen sollten also nicht aus Zufall entstehen. Auch sollte sich die Qualität nicht nur durch die Bewertung des Kunden nach der Erbringung auszeichnen. Vielmehr muss Dienstleistungsqualität durch das Unternehmen, das Dienstleistungen anbietet, geplant und vorgegeben werden. Das Niveau der Dienstleistungsqualität ist somit bereits in der Entwicklungsphase einer Dienstleistung festzulegen. Hieraus entsteht die Anforderung, den Entwicklungsprozess durch entsprechende Bewertungsverfahren und Kennzahlen zu unterstützen.

2 Grundlagen für die Bewertung von Dienstleistungen

Eine Bewertung von Dienstleistungen ist vor, während und nach ihrer Erbringung möglich. Im folgenden Abschnitt werden unterschiedliche theoretische und praktische Ansätze dieser drei Phasen aufgezeigt.

2.1 Dienstleistungsdefinition und ausgewählte Qualitätsansätze

Für den Begriff der Dienstleistung gibt es eine Vielzahl von Definitionen, die seit den 60er Jahren des letzten Jahrhunderts aufgestellt wurden. Im Rahmen der wissenschaftlichen Abgrenzung von Dienstleistungen werden drei Gruppen von Definitionsansätzen verwendet [1]: die enumerativen Definitionen (Bestimmung von Dienstleistungen durch Auflistung von Beispielen), die Negativ-Definitionen (Abgrenzung zu Sachgütern) [2][3] und die konstitutiven Definitionen (Abgrenzung über Eigenschaften, die die Spezifika von Dienstleistungen darstellen).

Für die folgenden Betrachtungen wird der konstitutive Dienstleistungsbegriff zu Grunde gelegt, da er das Wesen einer Dienstleistung anhand von Kriterien am konkretesten beschreibt. Zur Definition des Dienstleistungsbegriffs werden die drei Dimensionen „Potenzial", „Prozess" und „Ergebnis" verwendet [4]. Die Dimension „Potenzial" beinhaltet dabei die Fähigkeit und Bereitschaft, durch das Kombinieren interner, vom Anbieter zur Verfügung gestellter Potenzialfaktoren, eine Dienstleistung zu erstellen. Die Dimension „Prozess" erfasst Dienstleistungen als Prozesse, die das Potenzial auf den externen Faktor übertragen. Die Dimension „Ergebnis" stellt die Situation nach Beendigung des Dienstleistungsprozesses dar. Hierbei wird zwischen einem Endergebnis aus Prozesssicht und den eigentlichen Zielen sowie deren Auswirkungen unterschieden. Diese konstitutiven Kriterien einer Dienstleistung stellen an die Qualitätsmessung und das Qualitätsmanagement besondere Ansprüche.

In der Literatur lassen sich zahlreiche Ansätze zur Dienstleistungsqualität finden [5][6]. Das Ziel der meisten Ansätze besteht darin, den Zusammenhang zwischen der Qualitätsbeurteilung aus der Sicht der Nachfrager und der tatsächlich vom Anbieter angebotenen Leistung darzustellen. Hierbei lassen sich zwei Gruppen unterscheiden: ereignis- und merkmalorientierte Ansätze. Die ereignisorientierten Ansätze beschäftigen sich mit der Erfassung und anschließenden Auswertung insbesondere von kritischen Ereignissen im Sinne von besonders negativen oder positiven Vorfällen im Prozess der Dienstleistungserstellung. Bei den merkmalorientierten Ansätzen handelt es sich um so genannte multiattributive, kompositionelle Ansätze, d. h., dass der Nachfrager mehrere Merkmale (z. B. Zuverlässigkeit oder Höflichkeit) zunächst einzeln betrachtet und daraus dann ein Gesamturteil abgeleitet wird.

Aus Sicht des konstitutiven Dienstleistungsbegriffs sind insbesondere merkmalorientierte Qualitätsansätze relevant. Ein Beispiel ist hier das Drei-Phasen-Schema von DONABEDIAN [4]. DONABEDIAN hat mit seinem linearen Modell erkannt, dass sich die Qualität von Dienstleistungen nicht nur im Ergebnis widerspiegelt, sondern dass Dienstleistungen Prozesse sind und dass deren schrittweise Erbringung einer Qualitätsbeurteilung des Kunden unterliegt. Die Qualität von Dienstleistungen wird in diesem Modell in drei Phasen unterteilt:

- Potenzialqualität:
  Durch die zu Grunde liegenden Potenzialfaktoren lassen sich Dienstleistungen beschreiben und bewerten. Zu den Potenzialfaktoren gehören die Mitarbeiter und deren Qualifikation, die technische Ausstattung, der Zustand von Betriebsmitteln und Infrastrukturen oder das Know-how eines Unternehmens.

- Prozessqualität:
  Durch den Prozess werden die internen Faktoren des Dienstleisters mit dem externen Faktor, dem Kunden, verbunden. In Abhängigkeit des Interaktionsgrads des Kunden handelt es sich um mehr oder weniger standardisiert ablaufende Prozesse. Dies verdeutlicht den Einfluss des Kunden auf die Dienstleistungsqualität.

- Ergebnisqualität:
  Als Qualitätsdimension kann außerdem das Ergebnis einer Dienstleistung, also die Zustandsänderungen des externen Faktors und/oder seiner Objekte, herangezogen werden.

Kritisch zu betrachten ist, dass in dem Modell von DONABEDIAN weder der Kunde im Prozess noch die Wechselwirkung zwischen Kunde und Anbieter ausreichend berücksichtigt sind. Diese Aspekte werden in dem erweiterten Modell von MAYER und MATTMÜLLER [7] aufgegriffen.

Neben diesen Ansätzen, die die Qualität einer Dienstleistung entlang der Dimensionen „Potenzial", „Prozess" und „Ergebnis" beurteilen, existieren weitere Ansätze, die Dienstleistungen anhand mehrerer Dimensionen beurteilen. Der SERVQUAL Ansatz von PARASURAMAN, ZEITHAML und BERRY [8] zählt zu den bekanntesten. Es handelt sich dabei um ein Messverfahren, bei dem auf Basis eines multiattributiven, kompositionellen Ansatzes die folgenden fünf Dimensionen herangezogen werden, um die Dienstleistungsqualität zu messen:

- Tangibles:
  Annehmlichkeit des materiellen Umfelds, in dem die Dienstleistung erbracht wird (z. B. Einrichtung, Räumlichkeiten, technische Ausstattung, Erscheinungsbild des Personals).
- Reliability:
  Verlässlichkeit des Anbieters, d. h. die Fähigkeit, die zugesagte Leistung zuverlässig und exakt auszuführen.
- Responsiveness:
  Aufgeschlossenheit, d. h. die generelle Einsatzbereitschaft, den Kunden bei der Dienstleistungsinanspruchnahme zu unterstützen.
- Assurance:
  Sicherheit der Leistungsinanspruchnahme beziehungsweise Glaubwürdigkeit des Anbieters im Sinne von Kompetenz, Höflichkeit und Vertrauenswürdigkeit.
- Empathy:
  Einfühlungsvermögen des Dienstleisters und die Bereitschaft, auf individuelle Kundenwünsche einzugehen.

Die einzelnen Qualitätsdimensionen des SERVQUAL-Ansatzes lassen sich anhand von Indikatoren messen, die hinsichtlich ihrer Real- und Idealausprägung zu beurteilen sind. Die Dienstleistungsqualität ergibt sich also aus der Differenz zwischen den Kundenerwartungen und der Kundenwahrnehmung.

Die im SERVQUAL-Ansatz verwendeten fünf Dimensionen lassen sich den Dimensionen der Potenzial-, Prozess- und Ergebnisqualität nach DONABEDIAN zuordnen. Während „Reliability" mit der Ergebnisqualität korrespondiert und „Tangibles" und „Assurance" der Potenzialqualität zugeordnet werden können, existieren zwischen „Responsiveness" und „Empathy" Analogien zur Prozessqualität [9].

Abschließend wird für die weiteren Ausführungen die folgende Definition von Dienstleistungsqualität zu Grunde gelegt: Dienstleistungsqualität ist die „Fähigkeit eines Anbieters, die Beschaffenheit einer primären, intangiblen und der Kundenbeteiligung bedürfenden Leistung gemäß den Kundenerwartungen auf einem bestimmten Anforderungsniveau zu erstellen. Sie bestimmt sich aus der Summe der Eigenschaften beziehungsweise Merkmale von Dienstleistungen, bestimmten Anforderungen gerecht zu werden" [10].

2.2 Bewertung von Dienstleistungen anhand eines Praxisbeispiels

Die aufgezeigten theoretischen Ansätze wurden von dem Arbeitskreis „Leistungs- und Qualitätsbewertung von Dienstleistungen", der im Rahmen des BMBF-Projekts „Dienstleistungs-Standards für globale Märkte" (01HR9939-44) stattfand, aufgegriffen. Teilnehmer des Arbeitskreises waren u. a. Unternehmensvertreter, die sich mit dem Einkauf und in diesem Zusammenhang mit der Bewertung von Dienstleistungen sowohl vor als auch während und nach ihrer Erbringung auseinander setzen.

Vor dem Hintergrund der zunehmenden Bedeutung des elektronischen Handels sowie fehlender, allgemein gültiger Kriterien für die Auswahl investiver Dienstleistungen wird die Forderung nach einer Vorgehensweise mit standardisierten Bewertungskriterien deutlich, die insbesondere den technologischen Anforderungen des elektronischen Handels mit Dienstleistungen gerecht wird. Diese Forderung wurde mit der öffentlich verfügbaren Spezifikation PAS 1019 (PAS = Publicly Available Specification) „Strukturmodell und Kriterien für die Auswahl und Bewertung investiver Dienstleistungen" [11] angegangen. Ziel ist die Steigerung der Entscheidungssicherheit und Effizienz in der Beschaffung von Dienstleistungen sowie die Überführung einer Bewertungssystematik in den öffentlichen Prozess der Standardisierung.

Die PAS 1019 beschreibt eine für die im Beschaffungsprozess notwendige Bewertung von investiven Dienstleistungen in Business-to-Business-Märkten geeignete Vorgehensweise inklusive der dafür nötigen Bewertungskriterien. Unter investiven Dienstleistungen werden von HOMBURG Dienstleistungen zusammengefasst, die zur Förderung des Absatzes von Investitionsgütern dienen (so genannte industrielle Dienstleistungen) und solche, die von Dienstleistungsbetrieben erbracht werden (so genannte rein investive Dienstleistungen) [12]. Zweck der in der PAS beschriebenen Bewertungssystematik ist es, die Unsicherheit, die aus Sicht des Kunden vor der Beschaffungsentscheidung vorliegt, so weit wie möglich zu reduzieren. Des Weiteren soll sie eine Unterstützung dahingehend bieten, dass es auch nach dem Vertragsabschluss möglich ist, durch geeignete Merkmale die aktuelle Leistungsfähigkeit des Dienstleistungslieferanten im Sinne des Qualitätsmanagements schnell und einfach zu bewerten. Schließlich sollen die auf Basis der vorangestellten Bewertungssystematik gewonnenen Erkenntnisse zur langfristigen Beobachtung des Lieferanten sowie dessen gezielter Wieterentwicklung herangezogen werden. Abbildung 1 zeigt die Struktur der Bewertungssystematik, die im Anschluss erläutert wird.

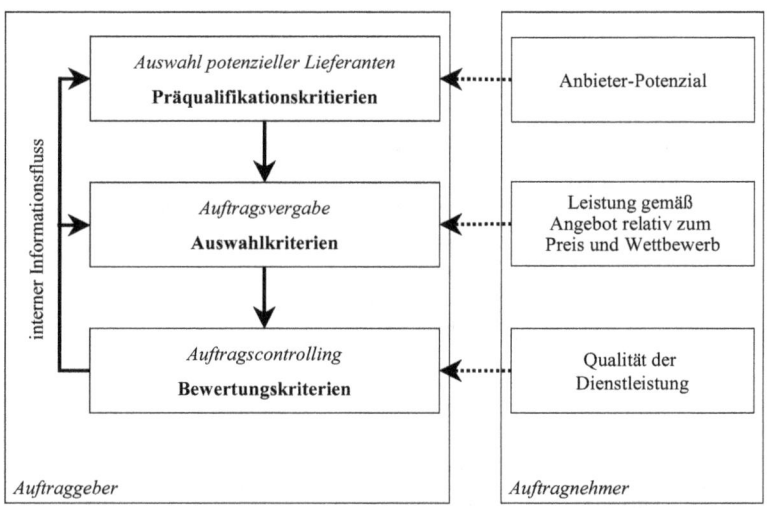

Abbildung 1: Strukturmodell und Informationsfluss der Bewertungssystematik

Inhalt der Präqualifikationsphase ist es, die Zahl der in Frage kommenden Anbieter für eine Dienstleistung auf die Auswahl potenzieller Lieferanten einzuschränken, um die vor der Beschaffungsentscheidung vorliegende Unsicherheit zu reduzieren. Dafür müssen geeignete Kriterien und die dazugehörigen Indikatoren identifiziert werden, die das Leistungspotenzial durch Punkte messbar und vergleichbar machen. In dem Schritt der Auftragsvergabe werden dann die in einem Angebot dargestellten Leistungen relativ zueinander überprüft und verglichen. Zusätzlich fließen Kennzahlen ein, die aus der relativen Beurteilung des Preis-Leistungs-Verhältnisses sowie dem Anbieterverhalten in der Angebotsverhandlung gebildet werden. Dabei wird schrittweise (wie durch ein Trichtermodell) die Anzahl der geeigneten Anbieter reduziert. Schließlich hat das Auftragscontrolling den Zweck, den Dienstleister bezüglich Erbringung, Bestätigung beziehungsweise Abnahme und Gewährleistung mit Hilfe geeigneter Bewertungsmerkmale hinsichtlich seiner Qualität zu beurteilen. Ergebnis einer einzelnen Phase ist eine Punktzahl pro Dienstleister beziehungsweise Anbieter.

Basis für die Festlegung von Bewertungskriterien war der SERVQUAL-Ansatz (vgl. Abschnitt 2.1). Innerhalb des Arbeitskreises wurden für die einzelnen Phasen die in Abbildung 2 dargestellten Bewertungsdimensionen festgelegt:

Phase	Bewertungsdimension
Präqualifikation	Technische Leistungsfähigkeit Wirtschaftliche Leistungsfähigkeit Bewertung aus der Lieferantendatenbank Zulassungen/Zertifikate Innovationsfähigkeit Kooperationspartner Örtliche Lage Referenzen/Erfahrung
Auswahlentscheidung	Preis und Preis-/Leistungsverhältnis Preisverhalten Verhandlungsverhalten
Auftragsdurchführung	Termintreue Zuverlässigkeit Flexibilität Kommunikation Erscheinungsbild Dokumentation

Abbildung 2: Dimensionen zur Bewertung in den unterschiedlichen Phasen

Diesen Bewertungskriterien muss ein Bewertungsverfahren zu Grunde gelegt werden, das es ermöglicht, die verbalen Ausprägungen zu quantifizieren. Das für einen bestimmten Zweck am besten geeignete Bewertungsverfahren wird durch

Kriterien identifiziert, wie den Zweck einer Lieferantenbewertung, den Informationsbedarf, den Datenbestand und den Grad der informationstechnologischen Unterstützung. Eine solche Gegenüberstellung stellt Abbildung 3 dar. Das Ergebnis eines Bewertungsverfahrens setzt sich aus Bewertungsregeln, entsprechenden Formeln und der Einordnung in Klassifizierungsgrenzen zusammen.

Bewertungsverfahren Beurteilungskriterien	Notensysteme	Punktungsmodelle		Quotientenverfahren	Kennzahlenverfahren	Profilanalyse
		Höchstpunktverfahren	Scoring-Modell			
Abbildung der Entscheidungssituation	-	+	+	-	+/-	+/-
Berücksichtigung qualitativer und quantitativer Kriterien	+	+	+	-	+	+
Automatisierbarkeit	+	+	+	+	+	-
Transparenz	+	+/-	+	+	+/-	+
Einfache Handhabbarkeit	+	+/-	+	+	+	+

Abbildung 3: Beurteilung der Bewertungsverfahren [11][13]

Dieses Beispiel für eine Bewertung von Dienstleistungen aus Sicht des Einkaufs hat gezeigt, wie sich theoretische Ansätze und Anforderungen aus der Praxis zu einem Standard vereinen lassen. Durch Anwendung und Anpassung dieser Bewertungssystematik durch ein Unternehmen kann dieses seine Entscheidungssicherheit steigern und die Effizienz in der Beschaffung von Dienstleistungen erhöhen.

2.3 Methoden der Dienstleistungsentwicklung

Die Qualität von Dienstleistungen lässt sich letztendlich erst nach der Erbringung bewerten. Aus Sicht des Dienstleisters kann aber schon in der Entwicklungsphase großer Einfluss auf die Qualität genommen werden. Grundlegend hierfür ist eine systematische Vorgehensweise, wie sie von DAUN und KLEIN in diesem Herausgeberband beschrieben wird.

Je nach Art der zu entwickelnden Dienstleistung können die unterschiedlichen Module des Vorgehensmodells eingesetzt werden. Dabei kommen eine Vielzahl von Methoden zum Einsatz, z. B.:

- Kreativitätstechniken,
- Methoden zur Anforderungserhebung,
- Analysemethoden,
- Qualitätsmanagementmethoden,
- prozessbezogene Ansätze (z. B. Service Blueprinting).

In Abbildung 4 ist eine Auswahl an Methoden den Phasen des Dienstleistungsentwicklungsprozesses zugeordnet.

Die Methoden unterstützen die Beteiligten in den einzelnen Phasen der Dienstleistungsentwicklung. Dabei kommen Methoden des Qualitätsmanagements Phasen übergreifend zum Einsatz. Diese Methoden können zur Ermittlung von Daten für eine Bewertung herangezogen werden.

Die Methoden der Dienstleistungsentwicklung bilden mit den in den vorangegangen Abschnitten vorgestellten allgemeinen Grundlagen der Dienstleistungsqualität und der -entwicklung die Basis für das im Folgenden hergeleitete Kennzahlensystem.

Phasen / Methoden	Phase 1: Definitionsphase	Phase 2: Anforderungsphase	Phase 3: DL-Konzeption	Phase 4: DL-Realisierung	Phase 5: Vorbereitung Markteinführung	Phase 6: Markteinführung	Phasenübergreifend
Kreativitätsmethoden	X						
SWOT-Analyse	X	X					
Marktanalyse	X	X					
Anforderungsanalyse		X					
Kundenbefragung		X			X	X	
Portfolioanalyse		X					
GAP-Analyse				X	X		
Qualitätsmanagementmethoden							X
Service-Blueprinting							X

Abbildung 4: Zuordnung ausgewählter Methoden zu den Phasen des Dienstleistungsentwicklungsprozesses

3 Entwicklung eines integrierten Kennzahlensystems für die Bewertung von Dienstleistungen

Im Rahmen dieses Kapitels wird zu der Entwicklung des Kennzahlensystems das Spannungsfeld zwischen Bewertungsdimensionen, kritischen Erfolgsfaktoren und Kennzahlenausprägungen betrachtet.

In einem ersten Schritt sind dazu aussagekräftige Bewertungsdimensionen zu identifizieren. Die Bewertung von Dienstleistungen kann nicht nur auf ein Kennzahlensystem im Sinne einer klassischen Prozesskostenrechnung abzielen, d. h. die Dimension „Kosten zur Ausführung der Dienstleistung" berücksichtigen, sondern muss vielmehr weitere Bewertungsmaßstäbe enthalten. Denn neben dem Ziel der Dienstleistungsentwicklung, möglichst geringe Prozesskosten bei der

Dienstleistungserbringung zu erzielen, spielt z. B. die Qualität eine mindestens ebenso wichtige Rolle. Außer den harten Faktoren sind die weichen Faktoren, die im Bereich der Nutzengewinnung liegen, mit zu berücksichtigen.

Unter Qualität ist hier die Erfüllung der Kundenanforderungen zu verstehen, welche je nach Dienstleistungskategorie differieren. Bei dem einen Produkt ist der Kunde bereit, einen höheren Preis zu zahlen, bei einem anderen Produkt möchte er weder Zeit noch Geld investieren. Daher muss schon während des Dienstleistungsdesigns ein Abgleich zwischen der notwendigen Qualität und den daraus resultierenden Prozesskosten erfolgen. Dieser Abgleich zwischen Nutzen und Kosten setzt daneben auf die über dem Prozess stehenden Grundsätze der Innovativitätsbedeutung und der Innovationsrate auf.

Ein weiterer Aspekt ist die Frage der Kennzahlenpräsentation durch ein Rechensystem mit Spitzenkennzahl oder ein Ordnungskennzahlensystem mit Darstellungsunterstützung.

Die Bewertungsdimensionen stellen sich als kritische Faktoren dar, die für den Erfolg von Dienstleistungen verantwortlich sein können. In den folgenden Abschnitten soll auf den Stand der „kritischen Erfolgsfaktoren" in der Literatur eingegangen werden und auf die Kennzahlen, die zu ihrer Quantifizierung dienen können.

3.1 Kritische Erfolgsfaktoren im Rahmen der Dienstleistungsbewertung

Die Bewertungsdimensionen lassen sich als „kritische Erfolgsfaktoren" (KEF) auffassen und sind mit entsprechenden Kennzahlen auszustatten. Neben dem Begriff „kritische Erfolgsfaktoren" oder „Critical Success Factors" (CSF) gibt es in der Literatur noch eine Reihe weiterer Bezeichnungen, z. B. Schlüsselfaktoren, strategische Variablen oder strategische Prinzipien [14]. Alle diese Definitionen kennzeichnen Faktoren, die einen entscheidenden Einfluss auf den Unternehmenserfolg besitzen. Die besondere Aufgabe besteht nun darin, aus den vielen Faktoren die relevanten Faktoren herauszufinden [15]. Hinzu kommt, dass diese Faktoren bezüglich ihrer Relevanz für nahezu jedes Unternehmen individuell sind [16]. Bei

Beachtung dieser Gesichtspunkte werden KEF für die weiteren Ausführungen wie folgt definiert: „Als kritische Erfolgsfaktoren bezeichnet man dabei im Allgemeinen solche Erfolgsfaktoren, die zwingend oder ganz dringend erfüllt sein müssen, um die gesetzten Unternehmensziele (die damit vor Bestimmung der Erfolgsfaktoren festgelegt sein müssen) erreichen zu können" [16].

Die wichtigsten Erfolgsfaktoren sind Zeit, Kosten und Qualität. Zwischen ihnen besteht eine Abhängigkeit. Das Optimum einer Kombination ist dabei prozess- und zeitspezifisch. Es gibt keinen Idealzustand, der per se Gültigkeit beanspruchen kann [17].

Die kritischen Erfolgsfaktoren können auch als Strukturierungsfaktoren für Kennzahlen dienen. Dabei stellen sie die groben Strukturblöcke, wie Zeit und Kosten dar, denen die Kennzahlen zugeordnet werden.

Die Historie der Kennzahlen und ihrer zugehörigen Bewertungsdimensionen beschäftigte sich vorrangig mit physischen Produkten. Dienstleistungen wurden erst im Laufe der letzten Jahre zum Betrachtungsgegenstand. Dabei ist der besondere Charakter von Dienstleistungen mit in die Überlegungen einzubeziehen, der sich in diesem Zusammenhang besonders durch eine immaterielle Komponente auszeichnet. Durch die unterschiedlichen Grundvoraussetzungen ergeben sich bei Dienstleistungen andere Kennzahlenzusammensetzungen, wenn die Kennzahlen bezüglich ihrer Wichtigkeit und Anwendbarkeit betrachtet werden.

Die grundsätzlichen Ordnungsgruppierungen, ausgerichtet an kritischen Erfolgsfaktoren, weisen keine fundamentalen Unterschiede zu denen physischer Produkte auf; diese sind jedoch im Detail vorhanden. Auf Basis der allgemeinen Betrachtung der KEF und der Bewertungsdimensionsmöglichkeiten wurden folgende Bewertungsdimensionen ermittelt:

- Qualität
- Kosten
- Zeit
- Organisation/Personal
- Strategie

- Unternehmenskultur
- Innovation:
  Marketing: Kunde ↔ Markt
  Menge/Volumen, Leistungsfähigkeit, Nachfrage
- Risiko → Investition, Finanzierung; Leistungsstand

Zur Bewertung einer Dienstleistung lässt sich deren Potenzial in einer ersten Näherung generell an einer Kennzahlenkombination auf Basis der KEF festmachen. Das Potenzial einer Dienstleistung ergibt sich aus den folgenden erwarteten Einzelgrößen:

- Kosten einer Dienstleistung/Gewinn beziehungsweise Umsatz einer Dienstleistung
- Markteintrittszeitpunkt
- Personalkapazität bis zum Markteintritt
- Zielerreichungsgrad
- Eignung der Kundenstruktur
- Marktpotenzial
- Neuartigkeit der Dienstleistung
- Stellung in der Unternehmensstrategie
- Marketingkonzept (Eindeutigkeit, Eingängigkeit der Botschaft etc.)

Für jeden Faktor können Punkte vergeben und auf Grund der Gesamtpunktzahl eine Entscheidung gefällt werden. Zur weiteren Unterstützung ergeben sich noch andere Kennzahlen, die nach einer Fokussierung auf eine Dienstleistungsgruppe mitbetrachtet werden sollten.

Die aufgeführten Bewertungsdimensionen lassen sich durch einzelne Kennzahlen darstellen, wobei zum einen die Dienstleistungsentwicklung und zum anderen die Dienstleistungserbringung im Fokus der Kennzahlen stehen.

3.2 Kennzahlen als Werkzeuge zur Bewertung

„Kennzahlen bezeichnen jene Zahlen, die quantitativ erfassbare Sachverhalte in konzentrierter Form wiedergeben" [18]. Uneinheitlichkeit herrscht in der betriebswirtschaftlichen Literatur über die Abgrenzung des Begriffs Kennzahl. Der kritische Punkt ist hierbei die Zurechnung absoluter Zahlen zum Kennzahlenbegriff.

Im Rahmen dieser Ausarbeitung sollen unter Kennzahlen Verhältniszahlen und absolute Zahlen verstanden werden, da auch sie hohe Informationswerte für eine Unternehmensleitung besitzen können (z. B. Umsatzzahlen) [19]. Eine Kennzahl lässt sich durch verschiedene Elemente darstellen. Die wichtigsten sind Informationscharakter, Quantifizierbarkeit und die spezifische Form der Information. Kennzahlen besitzen im betriebswirtschaftlichen Bereich verschiedene Funktionen, die ihren Einsatz für interne und externe Zwecke ermöglichen. Im Bereich der externen Analyse seien hier die Bilanzanalyse und der Betriebsvergleich erwähnt, bei der internen Analyse die Betriebsanalyse [18][20]. Klassifikationen von Kennzahlen sind nach verschiedenen Gesichtspunkten möglich: Informationsbasis, statische Form, Zielorientierung, Objektbereich und Handlungsbezug. Die Informationsbasis stellt dabei informative Speicher dar, die interne und externe Interessenten über verschiedene Sachverhalte informieren. Bei der statischen Form lassen sich absolute (Einzelkennzahlen, Summen und Differenzen) und relative Zahlen (Beziehungs-, Gliederungs- und Indexzahlen) unterscheiden. Hinsichtlich der Zielrichtung ist eine Einteilung in Erfolgs- und Liquiditätsteile möglich.

Beim Objektbereich steht der jeweilige Untersuchungsgegenstand im Mittelpunkt, da er von ihm abhängig ist. D. h. es werden je Untersuchungsgegenstand differenzierte Kennzahlen benötigt, z. B. für einen gesamtbetrieblichen Objektbereich Kennzahlen, die adäquate Informationen über diesen Bereich liefern. Steht der Handlungsbezug im Vordergrund, so erfolgt eine Unterscheidung in normative (beinhalten Handlungsaufforderungen) und deskriptive (nur Sachverhaltsbeschreibung) Größen. Kennzahlen besitzen viele Anwendungsmöglichkeiten, jedoch auch Grenzen. Ihre Aussagefähigkeit hängt von Genauigkeit, Zufälligkeit, Vollständigkeit, Eindeutigkeit, Interpretationsfähigkeit und Aktualität der zu Grunde liegenden Informationen ab [18][20].

Bei Kennzahlensystemen wird zwischen Rechen- und Ordnungssystemen unterschieden. Die dienstleistungsbezogenen Kennzahlen lassen sich den einzelnen Phasen des Dienstleistungsentwicklungsprozesses zuordnen. Insgesamt ergibt sich auf Basis der vorhandenen Kennzahlen eine sinnvolle Zusammenfassung in einem Ordnungssystem. Eine Zusammenfassung in einem Rechensystem ergibt sich aus den ermittelten Kennzahlen der Eingangshypothese nicht. Für die Darstellung der Aussagefähigkeit müssen daher weitere methodische Hilfsmittel verwendet werden, die im Rahmen des CASET-Bewertungsansatzes beschrieben werden.

4 CASET-Bewertungsansatz in der Finanzdienstleistungs-Branche

In diesem Abschnitt wird der Bewertungsansatz vorgestellt, wie er im Rahmen des CASET-Projekts entwickelt wurde. Ziel dieses Ansatzes ist es, ein Bewertungsinstrumentarium in Form eines Kennzahlensystems zur Verfügung zu stellen, das bereits bei der Entwicklung von Dienstleistungen eingesetzt werden kann. Durch Workshops und Einzelgespräche mit Projektpartnern aus der Finanzdienstleistungsbranche wurden die allgemeinen Bewertungsdimensionen angepasst und schließlich zu einem geeigneten Kennzahlensystem zusammengefasst.

4.1 Der CASET-Ansatz

Der CASET-Ansatz besteht aus den drei Komponenten Kennzahlensystem, Rollenmodell und BalancedScorecard-orientierte Darstellung. Die einzelnen Komponenten werden im Folgenden beschrieben.

Als Ausgangspunkt für den Bewertungsansatz in CASET dient ein Ordnungskennzahlensystem. Für die Ermittlung der Werte steht eine Methodenbibliothek mit den in Abschnitt zwei erwähnten Methoden zur Verfügung. Das Kennzahlensystem ist in die folgenden Bereiche untergliedert:

- Allgemeine Angaben,
- Wirtschaftlichkeit,
- Zeit,
- Absatz,
- Technik,
- Prozessabwicklung,
- Bilanz-/Meldewesen,
- Steuern,
- Rechtliche Aspekte,
- Risiko.

Um die Entwicklung einer innovativen Dienstleistung qualitätsgesichert durchzuführen, werden verschiedene Bearbeiter benötigt, die sich in unterschiedlichen Rollen zusammensetzen. Rollen können durch Kenntnisse, Fähigkeiten und Erfahrungen definiert werden. Die Rolleninhaber übernehmen im Prozess die jeweiligen Aufgaben, Aktivitäten und Verantwortungen. Die Rolleninhaber sind dabei einerseits für die Beschaffung von Informationen zuständig, benötigen aber auch aufbereitete Informationen zur Durchführung ihrer Tätigkeiten.

Dabei ergibt sich für die Projektleitung, das Projektcontrolling, die Führungsebene und die Qualitätssicherung eine Beteiligung in allen Entwicklungsphasen, während die Beteiligung der Analyse und Entwicklung hauptsächlich in den ersten vier Phasen, d. h. von der Definition bis einschließlich zur Realisierung, erfolgt.

Die BalancedScorecard-bezogene Darstellung hat hier das Ziel, „unabhängig" vom Dienstleistungsentwicklungsprozess einem Betrachter in Abhängigkeit von seiner Rolle einen schnellen, einfachen und gestaffelten Überblick über relevante Informationen zu geben. Es werden in Anlehnung an die BalancedScorecard-Methodik auf der obersten Stufe Ist-Werte den geplanten Werten gegenübergestellt und die Ist-Werte in jeder weiteren Stufe verfeinert. Damit ergibt sich nach eingehender Betrachtung der Merkmale der Methodik und des Anforderungsprofils folgender Aufbau der Scorecard (vierstufiger Aufbau in den verschiedenen Sichten, vergleiche Abbildung 5):

- Stufe 1:
  Übergeordnete Kennzahlen je Rolle, für Führungsebene projektübergreifende Zahlen
- Stufe 2:
  Ausgewählte Kennzahlen je Projekt und Rolle (inklusive Kennzahlen der Stufe 1)
- Stufe 3:
  Dimensionen und Kennzahlen der jeweiligen Phase (inklusive Kennzahlen der Stufen 1 und 2)
- Stufe 4:
  Gesamtes Ordnungskennzahlensystem

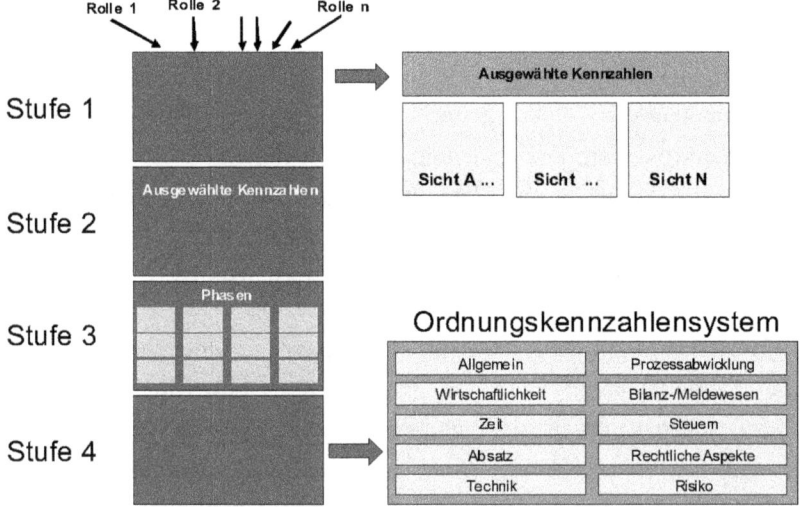

Abbildung 5: BalancedScorecard-orientierte Betrachtung

In der ersten Stufe der Darstellung erhält der jeweilige Rolleninhaber einen Überblick über den allgemeinen Stand des Projekts anhand einzelner Kennzahlen, die ihm bezogen auf seine Rolle die Informationen darlegen. Diese Rollenbezogenheit der dargestellten Informationen erfolgt auch in den weiteren Stufen. Die zweite Stufe beinhaltet ebenfalls ausgewählte Kennzahlen, jedoch in größerem Umfang und mit den Zielen einerseits mehr und detailliertere Informationen sowie andererseits ausgewählte projektspezifische Besonderheiten, wie z. B. die Kundenzufriedenheit hinsichtlich einer projektspezifischen Funktionalität, zur Verfügung zu stellen.

Die dritte Stufe beinhaltet eine phasenbezogene Darstellung, bei der die Kennzahlen der aktuellen Phase sowie die der Stufen eins und zwei bereitgestellt werden. In der vierten Stufe werden dann alle Kennzahlen des Ordnungskennzahlensystems gegliedert nach den Bereichen zur Verfügung gestellt.

Dieses Darstellungsprinzip und das zu Grunde liegende Kennzahlensystem wurden im Rahmen von CASET informationstechnisch umgesetzt. Diese Realisierung wird im folgenden Abschnitt kurz beschrieben.

4.2 Umsetzung

Der Bewertungsmethodenkasten wird informationstechnisch auf Basis von Einzelprojekten und als Multiprojektdarstellung, bezogen auf Projektklassen, dargestellt. In Verbindung mit der BalancedScorecard-orientierten Darstellung ergeben sich auf oberster Ebene Kennzahlen zur Multiprojektdarstellung. Dies sind die Anzahl innovativer Dienstleistungen, die Wachstumsrate im Verhältnis zum Vorjahr, die Anzahl der negativen Abweichungen, der Hauptbereich der negativen Abweichung, die Hauptphase und das davon betroffene Investitionsvolumen.

Die weiteren Darstellungen finden dienstleistungs- und prozessbezogen statt. Es erfolgt rollenbezogen zur Prozess- und Dienstleistungsbetrachtung eine Bereitstellung der Kennzahlen in einem separaten Fenster.

Das erarbeitete Kennzahlensystem besteht aus den folgenden Dimensionen und Kennzahlen.

- Dimension „Allgemein":
  Allgemeine Angaben
  Übergreifende Angaben
  Dienstleistungsangaben
  Detailangaben
  Einschätzung

Sonstiges
Grobbewertung

- Dimension „Wirtschaftlichkeit":
Investitionen
Aufwand
Gesamtaufwand
Quantifizierbarer Nutzen
Qualitativer Nutzen
Kosten

- Dimension „Zeit":
Meilensteine

- Dimension „Absatz":
Kunde
Markt allgemein
Marktfähigkeit

- Dimension „Technik":
Technische Realisierbarkeit

- Dimension „Prozessabwicklung":
Flexibilität
Kapazitäten Produkt
Kapazitäten Projekt – Personal
Kapazitäten Projekt – Ressourcen
Dienstleistungsentwicklung
Dienstleistungserbringung

- Dimension „Bilanz-/Meldewesen":
Bilanzbezogene Aspekte
Meldeerfordernisse

- Dimension „Steuern":
Steuerliche Aspekte auf der Kundenseite
Steuerliche Aspekte auf der Finanzdienstleistungsseite

- Dimension „Rechtliche Aspekte":
Rechtliche Grundlagen
Genehmigung
Vertrag

- Dimension „Risiko":
  Projektrisiken
  Marktrisiken
  Kreditrisiken
  Liquiditätsrisiken

Aus den in den vorhergehenden Abschnitten dargestellten Kennzahlenbereichen wurde eine Auflistung von Kennzahlen abgeleitet, die von den beteiligten Projektpartnern aus der Finanzdienstleistungsbranche hinsichtlich der Bedeutung der einzelnen Kennzahlen dokumentiert wurde.

Es zeigte sich, dass die Kennzahlenzusammensetzung des Ordnungskennzahlensystems alle benötigten Eventualitäten abdeckt. Durch die Menge der Informationen wird eine Darstellung benötigt, die die Transparenz erhöht. In der Balanced-Scorecard-orientierten Darstellung erfolgt dies.

5 Fazit und Ausblick

Die Hauptanforderung an die Bewertungssystematik bestand darin, ein integriertes Kennzahlensystem für die Bewertung von Dienstleistungen bereits während der Dienstleistungsentwicklung zu erarbeiten. Dieses Ordnungskennzahlensystem zeichnet sich einerseits durch seine Aussagefähigkeit aus. Damit ist jedoch andererseits eine Einbuße im Bereich der Darstellungsfähigkeit gegeben. Um diesen Nachteil ausgleichen zu können, wurden die beiden verschiedenen Methoden, BalancedScorecard-orientierte Darstellung und das Ordnungskennzahlensystem gewählt und zusammengeführt. Damit ist nun eine übersichtliche Darstellung mit einer hohen Aussagefähigkeit gekoppelt.

Die Kennzahlen berücksichtigen nicht alleine den finanztechnischen Aspekt, sondern wurden um wichtige Faktoren wie Qualität, Mitarbeiter, Zeit und Innovationsfähigkeit ergänzt.

Am Beispiel der Innovationsfähigkeit und damit der Prüfung des Innovationsgehalts einer Dienstleistung lässt sich zeigen, dass nicht nur die Prüfung, sondern vor allem auch ein Methodenpotenzial vorhanden ist, das zur Erhöhung des Innovationsanteils verwendet werden kann.

Kennzahlen geben dabei an, wenn ein Schwellenwert erreicht beziehungsweise überschritten wird, und begleiten die Maßnahmen zur Steigerung des Werts.

Damit dient dieses Ordnungskennzahlensystem als Informationssystem im Rahmen der CASET-Plattform.

Literaturverzeichnis

[1] Kleinaltenkamp, M.: Begriffsabgrenzungen und Erscheinungsformen von Dienstleistungen. In: Bruhn, M.; Meffert, H. (Hrsg.): Handbuch Dienstleistungsmanagement : von der strategischen Konzeption zur praktischen Umsetzung. Wiesbaden 2001, S. 27-50.

[2] Maleri, R.: Grundzüge der Dienstleistungsproduktion. Berlin 1973.

[3] Rasmussen, T.: Entwicklungslinien des Dienstleistungssektors : Internationaler Strukturvergleich und Perspektvien für die Bundesrepublik Deutschland. Göttingen 1977.

[4] Donabedian, A.: The Definition of Quality and Approaches to Its Assessment, Explorations. In: Quality, Assessment and Monitoring. Vol. 1, Michigan, Ann Arbor 1980.

[5] Corsten, H.: Dienstleistungsmanagement. 4. Aufl., München 1997.

[6] Stauss, B. Kundenzufriedenheit. In: Marketing – Zeitschrift für Forschung und Praxis (ZFP), 21(1999)1, S. 5-24.

[7] Meyer, A.; Mattmüller, R.: Qualität von Dienstleistungen : Entwurf eines praxisorientierten Qualitätsmodells. In: Marketing – Zeitschrift für Forschung und Praxis (ZFP), 9(1987)3, S. 187-195.

[8] Parasuraman, A., Zeithaml, V.A., Berry, K.L.: SERVQUAL : A Multiple-Item Scale for Measuring Consumer Perceptions of Quality. In: Journal of Retailing, 64(1988), S. 12-40.

[9] Parasuraman, A., Zeithaml, V.A., Berry, K.L.: A Conceptual Model of Service Quality and Its Implications for Future Research. In: Journal of Marketing, 49(1985), S. 41-50.

[10] Bruhn, M.: Qualitätsmanagement für Dienstleistungen : Grundlagen – Konzepte – Methoden. 2. Aufl., Berlin 2003.

[11] DIN Deutsches Institut für Normung e. V. (Hrsg.): Gudergan, G.; Mörschel, I.C.: Strukturmodell und Kriterien für die Auswahl und Bewertung investiver Dienstleistungen, PAS 1019. Berlin 2002.

[12] Homburg, C.; Garbe, B.: Industrielle Dienstleistungen, Bestandsaufnahme und Entwicklungsrichtungen. In: Zeitschrift für Betriebswirtschaft, (1996)3, S. 253-282.

[13] Köglmayr, H.-G.: Lieferantenbewertung : ein zentrales Werkzeug des Beschaffungsmanagements. In: IHK Darmstadt (Hrsg.): Festschrift 25 Jahre BME-Darmstadt. Darmstadt 2000, S. 38-41.

[14] Peters, T.J.; Waterman jr., R.H.: Auf der Suche nach Spitzenleistungen : Was man von den bestgeführten US-Unternehmen lernen kann. Landsberg/Lech 1984.

[15] Thürbach, R.-P.: Mittelständisches Überlegenheitspotential sichern und ausbauen. In: Zahn, E. (Hrsg.): Auf der Suche nach Erfolgspotentialen : Strategische Optionen in turbulenter Zeit. Stuttgart 1991, S. 95-111.

[16] Rockart, J.F.: The Changing Role of the Information Systems Executive : A Critical Success Factors Perspective. In: Sloan Management Review, 23(1982), S. 3-13.

[17] Bullinger, H.-J.: Marktgerechte Produktentwicklung. In: Bullinger, H.-J. (Hrsg.): Dokumenten-Management : Workflow Automation und Information Retrieval. IAO-Forum, 28. April 1993, Stuttgart. Berlin u. a. 1993.

[18] Reichmann, T.: Kennzahlen. In: Horváth, P.; Reichmann, T. (Hrsg.): Vahlens Großes Controllinglexikon. München 1993, S. 343-344.

[19] Groll, K.-H.: Erfolgssicherung durch Kennzahlensysteme. 4. Aufl. Freiburg im Breisgau 1991.

[20] Reichmann, T.: Controlling mit Kennzahlen und Managementberichten: Grundlagen einer systemgestützten Controlling-Konzeption. 3. Aufl. München 1993.

Softwaregestütztes Controlling der Dienstleistungsentwicklung

Katja Herrmann
Ralf Klein

Institut für Wirtschaftsinformatik (IWi) im Deutschen Forschungszentrum für Künstliche Intelligenz (DFKI), Saarbrücken

Inhalt

1 Einleitung

2 Herausforderungen an das Dienstleistungsentwicklungscontrolling

3 Informationsmodelle als Basis des Dienstleistungsentwicklungscontrollings

4 Vorgehen im Rahmen des Dienstleistungsentwicklungscontrollings

5 Komponenten des Dienstleistungsentwicklungscontrollings
    5.1 Dienstleistungsentwicklungsassessment
    5.2 Controlling des Dienstleistungsprogramms
    5.3 Entwicklungsprojektcontrolling

6 Fazit und Ausblick

Literaturverzeichnis

1 Einleitung

Die Intensität ihrer Innovationsaktivitäten stellt für Dienstleistungsunternehmen einen wichtigen Faktor zur Erhaltung und Verbesserung ihrer Wettbewerbsposition im nationalen wie internationalen Kontext dar. Allerdings führt die unzureichende Steuerung der Innovationsaktivitäten häufig zu einer hohen Komplexität im Bereich der Planung und Verwaltung des Dienstleistungsangebots. Um spezifischen Kundenwünschen nachzukommen, nehmen viele Dienstleister immer neue Leistungen in ihr Portfolio auf. Gerade in der Finanzdienstleistungsbranche führt die angestrebte Individualisierung von Finanzdienstleistungen zu einer „Zersplitterung" der eingesetzten Ressourcen und damit zu Kostenineffizienzen [1].

Für den Erfolg am Markt ist nicht alleine das Hervorbringen und Realisieren neuer Ideen ausreichend, vielmehr müssen sich diese auch in positiven Erfolgswirkungen niederschlagen [2]. Um die Integration neuer Leistungen in das bestehende Leistungsportfolio sicherzustellen und einen unkontrollierten Ausbau des Leistungsangebots zu vermeiden, ist die Entwicklung des Dienstleistungsangebots daher strategisch auszurichten. Dies bedeutet, dass Ideen für neue Dienstleistungen nicht nur aus Sicht des Markts, sondern auch aus Sicht der Unternehmensziele zu bewerten sind. In der Literatur werden Bewertungsaspekte der Dienstleistungsentwicklung bislang vor allem unter rein qualitätsorientierten Gesichtspunkten [3] oder unter rein kostenorientierten Gesichtspunkten [4][5] betrachtet.

Der vorliegende Beitrag stellt einen integrativen Ansatz vor, der die Wechselwirkungen zwischen Kosten- und Qualitätsentscheidungen bei der Gestaltung von Dienstleistungen berücksichtigt. Dazu werden zunächst die besonderen Anforderungen an das Controlling der Dienstleistungsentwicklung beschrieben. Als Hilfsmittel zur Komplexitätsreduktion baut das entwickelte Konzept auf dem aus der Wirtschaftsinformatik stammenden Ansatz der Informationsmodellierung auf. Aus inhaltlicher Sicht werden drei Komponenten des Dienstleistungsentwicklungscontrollings vorgestellt, die insbesondere darauf abzielen, die strategische Ausrichtung mit den operativen Entwicklungsaktivitäten zu verbinden und somit ein nachhaltiges Innovationsmanagement im Dienstleistungsbereich sicherzustellen. Der Beitrag schließt mit einem Ausblick auf weitere relevante Forschungsfragen zu der vorliegenden Themenstellung.

2 Herausforderungen an das Dienstleistungsentwicklungscontrolling

Die besonderen Herausforderungen beim Controlling von Dienstleistungsentwicklungsprojekten resultieren aus den charakteristischen Merkmalen von Entwicklungsprojekten einerseits und von Dienstleistungen andererseits [6][7][8][9]. Diese werden im Folgenden unter dem Unsicherheitsproblem, dem Komplexitätsproblem und dem Transparenzproblem zusammen gefasst.

Unsicherheitsproblem

Ein bestimmendes Merkmal von Entwicklungsvorhaben ist die *Unsicherheit* hinsichtlich des Entwicklungsobjekts sowie hinsichtlich der Auswirkungen von Gestaltungsentscheidungen. Die Unsicherheit über den Entwicklungsgegenstand resultiert daraus, dass es sich aus der subjektiven Sicht des entwickelnden Unternehmens immer um eine Neuheit handelt. Dieser Aspekt wird bei Dienstleistungen zusätzlich dadurch verstärkt, dass die Kernleistung, die von den Kunden in Anspruch genommen wird, im Gegensatz zu Sachleistungen schwer fassbar ist [10]. Ebenso unsicher ist, ob durch die getroffenen Gestaltungsentscheidungen die mit dem Entwicklungsvorhaben verfolgten operativen und strategischen Ziele erreicht werden. Die Unsicherheit hinsichtlich des zu erwartenden Ergebnisses ist vor allem auf die nicht vorhersehbaren Veränderungen äußerer Rahmenbedingungen zurückzuführen [8]. Im Finanzdienstleistungsbereich sind dies beispielsweise das Verhalten der Konkurrenten, die Entwicklung des Zinsniveaus, die Spar- beziehungsweise Risikofreudigkeit der Anleger oder auch Gesetzesänderungen. Die Aufgabe des Controllings besteht darin, den Entscheidungsträgern sämtliche aus Unternehmens- und Marktsicht relevanten Informationen bereit zu stellen, um die Entscheidungsunsicherheit so weit wie möglich zu reduzieren.

Komplexitätsproblem

Verstärkt wird die Entscheidungsunsicherheit in Dienstleistungsentwicklungsprojekten durch das *Komplexitätsproblem*. Komplexität definiert sich allgemein über die Elemente eines Systems, die Beziehungen zwischen diesen sowie die Dynamik der Systemelemente und ihrer Beziehungen [11]. Bezogen auf die Dienstleistungsentwicklung lässt sich Komplexität damit aus drei Perspektiven betrachten.

Zum einen stellen Dienstleistungen an sich einen heterogenen Betrachtungsgegenstand dar. Weitgehend durchgesetzt hat sich die Beschreibung von Dienstleistungen anhand der Ergebnis-, Prozess- und Potenzialdimension [12]. Zum anderen stehen Dienstleistungen in einem Unternehmen nicht isoliert nebeneinander, sondern es bestehen zahlreiche Verflechtungen auf Ergebnis-, Prozess- und Potenzialebene. Schließlich lässt sich in dem Bemühen, den Kunden auf ihre Wünsche zugeschnittene Leistungen anzubieten, bei Unternehmen verschiedener Branchen eine Zunahme der angebotenen Dienstleistungsvarianten beobachten. Diese drei Perspektiven der Komplexität werden im Folgenden als immanente Objektkomplexität von Dienstleistungen, Interdependenzkomplexität und Variationskomplexität bezeichnet [13][14].

Immanente Objektkomplexität: In der klassischen Literatur zum Innovationsmanagement wird eine Unterscheidung des Innovationsobjekts in Prozess- und Produktinnovationen vorgenommen [15]. Prozessinnovationen dienen überwiegend der internen Rationalisierung von Abläufen und haben damit vor allem eine Erhöhung der Prozesseffizienz unter Zeit- und Kostengesichtspunkten zum Ziel. Produktinnovationen sind dagegen auf den Markt gerichtet und dienen dem Aufbau „akquisitorischer Potenziale" gegenüber den Kunden [16].

In Dienstleistungsunternehmen kann dieser klaren Trennung nicht gefolgt werden. Dies liegt darin begründet, dass bei Dienstleistungen der Prozess zum Teil selbst Bestandteil der von den Kunden in Anspruch genommenen Leistung ist. Im Gegensatz zum Sachgüterbereich laufen die zu gestaltenden Prozesse im Back Office- beziehungsweise Front Office-Bereich ab und sind somit für die Kunden teilweise sichtbar beziehungsweise sogar auf die Interaktion mit den Kunden angewiesen. Nicht nur die Ergebnisdimension der Dienstleistung, sondern auch die Prozess- und Potenzialdimension sind daher unter Berücksichtigung der Kundenwünsche zu gestalten. Die Entwicklung einer neuen Dienstleistung erfordert somit eine integrierte Produkt-, Prozess- und Ressourcengestaltung. Für das Entwicklungscontrolling bedeutet dies, dass Gestaltungsentscheidungen sowohl unter Effizienz- als auch unter Effektivitätsgesichtspunkten getroffen werden müssen. Die ganzheitliche Betrachtung der Ergebnis-, Prozess- und Potenzialdimension bildet die Voraussetzung für eine zuverlässige Kalkulation der Dienstleistungserbringung [17].

Interdependenzkomplexität: Da die zur Leistungserstellung eingesetzten Ressourcen in Dienstleistungsunternehmen in der Regel an der Durchführung von Funktionen mehrerer Geschäftsprozesse beteiligt sind, kann die Entwicklung einer neuen Dienstleistung weitreichende Konsequenzen nach sich ziehen. Zum einen führen Änderungen eines Prozesses zu Wechselwirkungen mit anderen Leistungsangeboten, zu denen aus Sicht der Entscheidungsträger häufig nur versteckte Verbundbeziehungen bestehen. Beispielsweise hat die Einführung einer Sparkarte an Stelle eines herkömmlichen Sparbuchs Auswirkungen auf die Back Office-Prozesse im Bereich der Sparbuchverwaltung und kann dort zu Kosteneinsparungen führen. Zum anderen kann die Einführung eines neuen Leistungsangebots aber auch Auswirkungen auf die IT-Infrastruktur eines Unternehmens haben beziehungsweise aufbauorganisatorische oder kulturelle Anpassungsmaßnahmen erforderlich machen.

Prozessänderungen, die sich aus einem neuen Dienstleistungsangebot ergeben, können somit Auswirkungen auf andere Dienstleistungserbringungsprozesse, auf andere interne Geschäftsprozesse und im Falle bestehender Kooperationsbeziehungen oder ausgelagerter Unternehmensbereiche sogar auf unternehmensübergreifende Geschäftsprozesse nach sich ziehen. Solche Interdependenzen gilt es im Rahmen eines IT-gestützten Dienstleistungsentwicklungscontrollings aufzudecken und wertmäßig zu erfassen. Je nachdem, wie weitreichend das Ausmaß der vorgenommenen Änderungen ist, können dabei verschiedene Arten von Entwicklungsprojekten unterschieden werden. Zudem sind je nach Umfang der Auswirkungen Entscheidungsträger verschiedener Unternehmensbereiche zu involvieren [9].

Variationskomplexität: Die Notwendigkeit, das eigene Leistungsportfolio an den Kundenwünschen zu orientieren und sich von den Wettbewerbern zu differenzieren, führt nicht nur in der Sachgüterindustrie, sondern auch in vielen Dienstleistungsunternehmen zu einer hohen Zahl an angebotenen Leistungsvarianten. Ein solcher Ausbau des Variantenangebots erhöht zwar nachweislich die Kundenbindung, bringt aber auch einen höheren Verwaltungsaufwand und damit steigende Kosten mit sich. Um den Anforderungen der Unternehmensumwelt gerecht zu werden und gleichzeitig eine effiziente Dienstleistungserbringung und -entwicklung sicher zu stellen, gilt es der extern induzierten Komplexität eine möglichst optimale Komplexität des internen Lösungssystems gegenüber zu stellen [14].

Um die erforderliche Individualisierung des Leistungsangebots zum Zweck der Kundenbindung mit den nötigen Kostenrestriktionen zu verbinden, bietet sich eine Modularisierung des Leistungsportfolios an [18][19][20]. Praktische Ansätze dazu finden sich in der Modularisierung von IT-Dienstleistungen, wie sie beispielsweise der Computerhersteller Dell anbietet [21]. Die Modularisierung des Leistungsangebots stellt zugleich eine Vereinfachung aus Kostenträgersicht dar, da die Betrachtung von der Ebene der nur schwer fassbaren Gesamtleistung auf die Ebene standardisierter Leistungsbausteine verlagert wird [22].

Transparenzproblem

Eine Ursache für die beschriebene Entscheidungs- und Komplexitätsproblematik bildet das *Problem mangelnder Transparenz* bei Programmentscheidungen, bei der Gestaltung von Einzelleistungen sowie bei der Entscheidung für oder gegen ein Entwicklungsprojekt. Zur Transparenzschaffung sind zum einen strukturell-statische Informationen über die in einem Dienstleistungsprogramm befindlichen Leistungen erforderlich. Diese müssen nach verschiedenen Sichten, wie Produktbereichen oder Kundensegmenten, auswertbar sein und insbesondere Aufschluss über die Verwendung gleicher Standardleistungsbausteine in verschiedenen Dienstleistungen geben. Die Transparenz über die zur Entscheidungsfindung erforderlichen Informationen erlaubt die Vermeidung „unnötiger" Varianten und trägt somit zur Reduzierung von Beschlusskosten bei [14].

Zum anderen werden dynamische Informationen benötigt, welche die Veränderung von Leistungen im Zeitablauf und deren Abhängigkeit von äußeren Rahmenbedingungen historisch nachvollziehbar machen [23]. Zur Lösung des Transparenzproblems werden dem IT-gestützten Controlling Informationsmodelle, wie sie aus der Wirtschaftsinformatik bekannt sind, zu Grunde gelegt.

3 Informationsmodelle als Basis des Dienstleistungsentwicklungscontrollings

Ausgehend von den beschriebenen Herausforderungen kommen dem Controlling der Dienstleistungsentwicklung drei zentrale Aufgaben zu. In der neueren Literatur werden dem Controlling ein koordinationsorientierter, ein kontrollorientierter und ein informations(versorgungs)orientierter Aspekt zugesprochen [7][24]. Die *Koordinationsfunktion* des Controllings besteht darin, sämtliche anfallenden operativen Tätigkeiten im Hinblick auf Zeit und Ressourcen aufeinander abzustimmen (*horizontale Koordination*) und zugleich deren Ausrichtung auf die Projektziele sowie die übergeordneten Unternehmensziele sicherzustellen (*vertikale Koordination*). Unter die Koordinationsfunktion lässt sich die *Integrationsfunktion* subsumieren, die darin besteht, die Auswirkungen der im Rahmen der Projektaktivitäten getroffenen Entscheidungen auf andere Prozesse wertmäßig abzuschätzen.

Die *Kontrollfunktion* des Controllings bezieht sich auf die Überwachung der Leistungs-, Zeit- und Ressourcenziele in der operativen Projektabwicklung, auf das Monitoring einzelner Dienstleistungen während der Marktphase sowie auf die Einhaltung der Unternehmensziele durch das gesamte Dienstleistungsprogramm. Sobald Abweichungen festgestellt werden, obliegt es dem Controlling, kurzfristige beziehungsweise langfristige Anpassungsmaßnahmen zur Sicherstellung der Zielerreichung auszulösen [25].

Schließlich kommt dem Controlling eine *Informationsversorgungsfunktion* zu, in deren Rahmen die Bereitstellung der zur Entscheidungsfindung erforderlichen operativen und strategischen Informationen erfolgt. Diese umfassen einerseits externe Informationen über das Verhalten der Wettbewerber, die Entwicklung neuer Technologien, das Inkrafttreten neuer Gesetze, neue Trends und Modeerscheinungen etc., die im Rahmen eines Umweltmonitoring gesammelt und aufbereitet werden [23]. Hinsichtlich ihrer Ursachen können Entwicklungsprojekte für neue Dienstleistungen als grundsätzlich marktgetrieben (Trends, Verhalten der Wettbewerber), technologiegetrieben, soziogetrieben (neue Gesetze) oder mitarbeiter- beziehungsweise organisationsgetrieben (Orientierung am Dienstleistungslebenszyklus) klassifiziert werden. Ein informationsversorgungsorientiertes Controlling muss somit auch der Forderung nach einer adäquaten Aufbereitung und Bereitstellung interner Informationen nachkommen [26].

Wie bereits ausgeführt, bestimmt sich Komplexität über den im Unternehmen verfolgten Lösungsweg. Die Wirtschaftsinformatik greift zur Komplexitätsreduktion auf den Einsatz von Informationsmodellen zurück. Unter einem Informationsmodell versteht man ein „abstrahierendes System eines betrieblichen Objektsystems [...] für Zwecke der Informationssystem- und Organisationsgestaltung" [27]. Der Einsatzzweck von Informationsmodellen lässt sich im Einzelnen in eine Erklärungs- und eine Gestaltungsfunktion unterscheiden. Der Erklärungsansatz verfolgt die Zielsetzung, das Verständnis des Modellnutzers für die Struktur beziehungsweise das Verhalten des abgebildeten Objekts durch dessen abstrahierte Darstellung zu erhöhen. Der Gestaltungsansatz fokussiert darüber hinaus auf die Verwendung von Modellen zur Entwicklung von Lösungsideen und schreibt diesen daher einen konstruktiven Charakter zu. Besonders hervorzuheben ist in diesem Zusammenhang die Möglichkeit der einfachen Umgestaltung des Modells im Gegensatz zum Realobjekt. Informationsmodelle bilden damit ein Mittel zur Organisationsgestaltung [27].

Auf Grund der genannten Vorteile bilden Informationsmodelle die Grundlage des Dienstleistungsentwicklungscontrollings. Sie erlauben die Reduktion der Komplexität des Betrachtungsgegenstands, die Reduzierung der Entscheidungsunsicherheit durch den Rückgriff auf Erfahrungswissen und dienen zugleich der besseren Kommunizierbarkeit der zu entwickelnden Dienstleistung zwischen den verschiedenen am Entwicklungsprozess beteiligten Personen. Welche Informationsmodelle im Einzelnen für die Beschreibung von Dienstleistungen geeignet sind, zeigt der Beitrag von HERRMANN und KLEIN zur Visualisierung von Dienstleistungen in diesem Buch.

Neben den beschriebenen inhaltlichen Voraussetzungen kommt es für ein erfolgreiches Dienstleistungsentwicklungscontrolling außerdem darauf an, dass die Abstimmung operativer Entscheidungen mit den strategischen Zielsetzungen erfolgt und die Integration in das Gesamtcontrolling des Unternehmens sichergestellt ist [1][28]. Dies ist insbesondere für die einfache Datengewinnung und das Arbeiten mit einem einheitlichen Datenbestand im softwaregestützten Controlling wichtig.

Vor der Darstellung der inhaltlich-statischen Komponenten des Dienstleistungsentwicklungscontrollings wird zunächst die Vorgehensweise im Sinne der dynamischen Sicht vorgestellt.

4 Vorgehen im Rahmen des Dienstleistungsentwicklungscontrollings

Das Vorgehen zur Durchführung des Dienstleistungsentwicklungscontrollings lässt sich in vier Schritte untergliedern [29]:

- Modellierung und Modularisierung des Dienstleistungsprogramms,
- Bewertung der Dienstleistungsbausteine,
- operative Planung, Kontrolle und Steuerung der Dienstleistungsentwicklung,
- kontinuierliche Pflege und Anpassung des Dienstleistungsentwicklungscontrollings.

Diese Vorgehensweise nimmt eine Trennung vor in den einmaligen Aufbau des Dienstleistungsentwicklungsprogramms einerseits sowie dessen Pflege und die kontinuierliche Durchführung der Controlling-Aktivitäten andererseits [30].

Modellierung und Modularisierung des Dienstleistungsprogramms

Um den Anforderungen des Controllings nachzukommen, erfolgt die Abbildung der Leistungsbausteine im Rahmen einer Leistungsbibliothek auf Produkt- und Prozessebene. Nachfrageseitig unterliegt das Leistungsprogramm der Forderung nach einem möglichst umfassenden Problemlösungsangebot, angebotsseitig besteht die Notwendigkeit einer möglichst kostengünstigen Leistungserstellung [31]. Die Gestaltung des Dienstleistungsprogramms bewegt sich damit im Spannungsfeld zwischen Kundenorientierung und Effizienz. Dementsprechend wird bei der Betrachtung des Dienstleistungsportfolios zwischen einer externen und einer internen Sicht unterschieden [32].

In vielen Versicherungsunternehmen werden Produktmodelle zur Darstellung der angebotenen Leistungen genutzt. Um der hohen Bedeutung von Varianten gerecht zu werden, bietet sich aus interner Sicht eine dreistufige Darstellung auf den Ebenen Dienstleistung, Leistungsmerkmal und Merkmalsausprägung an. Damit lassen sich sämtliche verwendbaren Leistungsbausteine eines Unternehmens abbilden. Den Merkmalsausprägungen sind zusätzlich die auf Grund von Kundenmerkmalen zulässigen Kombinationsmöglichkeiten zu hinterlegen [33]. In der externen Sicht werden ausgehend von den Standardleistungsbausteinen die gegenüber den

Kunden angebotenen Leistungen konfiguriert. Die Gegenüberstellung von interner und externer Sicht zeigt Abbildung 1.

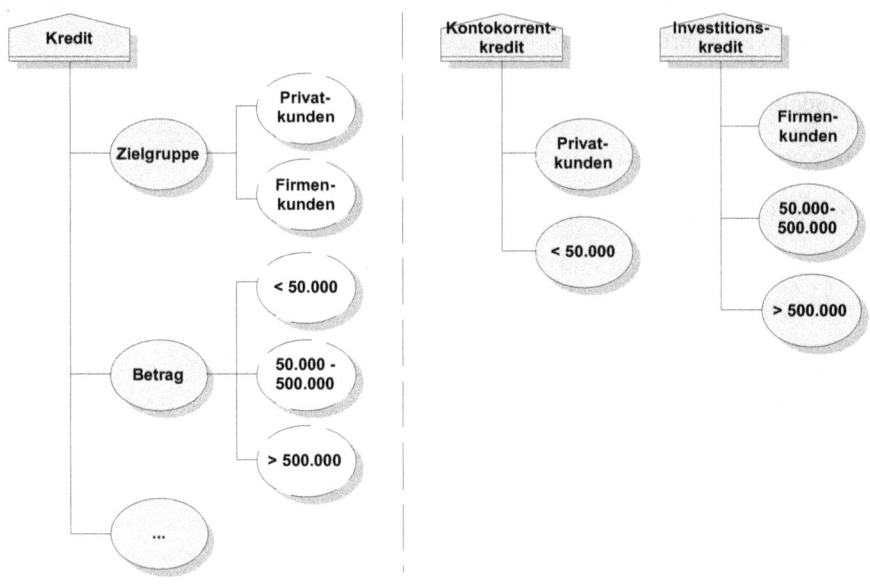

Abbildung 1: Produktbausteine aus interner Sicht (links) und externer Sicht (rechts)

Auf der Grundlage der Leistungsabbildung aus externer Sicht können anschließend Profitabilitätsauswertungen durchgeführt werden, die sich bis auf die Ebene der Merkmalsausprägungen zurückführen lassen. Umgekehrt lassen sich ausgehend von bestimmten Merkmalskombinationen finanzielle Kenngrößen bis auf die Ebene der Dienstleistungen beziehungsweise Dienstleistungsbündel nach oben aggregieren. Auf diese Weise können wichtige Informationen für die ertragsorientierte Steuerung des Leistungsprogramms gewonnen werden, die über die üblichen Auswertungssichten nach Produktgruppen oder Kundensegmenten hinausgehen [33].

Da ein Großteil der Kosten eines Bankprodukts bei der Abwicklung der Prozesse entsteht, die zur Sicherstellung der Leistungsmerkmale gegenüber den Kunden ablaufen, werden die Prozesse in eigenen Prozessmodellen abgebildet. Zu Zwecken der Standardisierung und Effizienzsteigerung wird eine Aufsplittung in Module vorgenommen. Prozessmodule bilden standardisierte Teilprozesse ab, die zum Teil in unterschiedlichen Varianten in mehreren Dienstleistungen des Unternehmens eingesetzt werden. Jedes Prozessmodul wird in der modellhaften Abbildung durch die Hinterlegung einer Ereignisgesteuerten Prozesskette [34] weiter verfeinert.

Die Bildung der Prozessmodule erfolgt in drei Schritten. Zunächst sind innerhalb eines Geschäftsbereichs für die verschiedenen Dienstleistungen sämtliche Aktivitäten aufzunehmen und anhand einheitlicher Konventionen zu beschreiben. Sinnvoll für die Beschreibung einer Aktivität ist die Kombination aus einer festgelegten Auswahl an Objekten und Verben, wie beispielsweise „Kundenantrag bearbeiten". Die einzelnen Aktivitäten werden anschließend nach inhaltlichen Kriterien zu Leistungsblöcken klassifiziert. Die Leistungsblöcke werden schließlich verglichen und gleichartige Leistungsblöcke in Prozessmodulen zusammengefasst [35]. Abweichungen von den Standardprozessmodulen können zusätzlich in Form von Modulvarianten dokumentiert werden.

Ein sinnvolles Kriterium zur Abgrenzung der Module aus Sicht des Controllings ist die Unterscheidung nach der Integration des externen Faktors. Während Module ohne Kundenbeteiligung häufig Back Office-Prozesse darstellen, die repetitiver Natur und daher für eine Erfassung der Kosten nach der Prozesskostenrechnung gut geeignet sind, unterliegen Module mit Kundenbeteiligung Einflüssen, die je nach Art der Interaktion kostenmindernd, kostenneutral oder kostenerhöhend sein können. Die entsprechende Kennzeichnung der Module als autonom oder integrativ erlaubt dem Dienstleistungsentwickler eine zumindest qualitative Einschätzung des Genauigkeitsgrads der hinterlegten Kosten [22].

Um den Zusammenhang zwischen den angebotenen Dienstleistungen und den zu ihrer Erbringung erforderlichen Prozessen aufrecht zu erhalten, erfolgt die Zuordnung der einzelnen Dienstleistungen zu den Prozessmodulen über eine Prozessauswahlmatrix (vgl. Abbildung 2). Die Prozessmodule stellen dabei in Abhängigkeit von der jeweiligen Dienstleistung Varianten des in der linken Spalte angegebenen Mastermoduls dar.

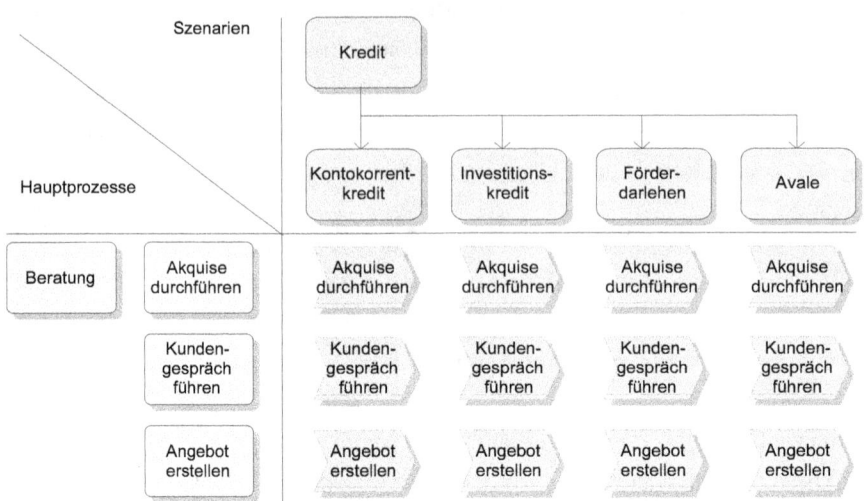

Abbildung 2: Prozessauswahlmatrix

Bewertung der Dienstleistungsbausteine

Die Aufgabe der Leistungsbewertung besteht darin, im Anschluss an den Aufbau der Leistungsbibliothek den identifizierten Dienstleistungen beziehungsweise den Prozessmodulen Erlöse und Kosten beizumessen. Während die Erfassung der Erlöse lediglich auf der Ebene der angebotenen Dienstleistungen beziehungsweise der Dienstleistungsbündel erfolgt, fallen die Kosten zusätzlich auf der Ebene der Prozessmodule beziehungsweise den diesen zu Grunde liegenden Funktionen an. Da Prozesse insbesondere in Banken sehr stark standardisiert sind und zudem die an der Funktionsausführung beteiligten Ressourcen jeweils mehreren Funktionen dienen, ist hier ein geeignetes Einsatzfeld für die Prozesskostenrechnung gegeben.

Operative Planung, Steuerung und Kontrolle der Dienstleistungsentwicklung

Die konzipierte Leistungsbibliothek bildet die Grundlage für die strategische Steuerung des Dienstleistungsprogramms sowie für die Neuentwicklung beziehungsweise Verbesserung von Dienstleistungen durch Kombination der vorhandenen Leistungsbausteine. Die geschaffene Transparenz bezüglich des Leistungsprogramms kann darüber hinaus auch die kundenspezifische Konfiguration individueller Dienstleistungen unterstützen, beispielsweise im Rahmen der Kreditvergabe. Die Analyse und Weiterentwicklung des Leistungsprogramms im Rahmen einzelner Dienstleistungsentwicklungsprojekte und die damit verbundene Ausgestaltung des Entwicklungsprojektcontrollings wird in Abschnitt 5.3 beschrieben.

Kontinuierliche Pflege und Anpassung des Dienstleistungsentwicklungscontrollings

Das Controlling kann selbst wieder als Prozess verstanden werden, der unter Effizienz- und Effektivitätskriterien durchzuführen ist. Zum Aufbau eines langfristig erfolgreichen Dienstleistungsentwicklungscontrollings gehört die kontinuierliche Überwachung des Controllingprozesses hinsichtlich seiner Adäquatheit und seine Anpassung an veränderte Rahmenbedingungen [23]. Ein so verstandenes systematisches Dienstleistungsentwicklungsmanagement stellt für Dienstleistungsanbieter ein wichtiges Differenzierungskriterium gegenüber den Wettbewerbern dar [36].

5 Komponenten des Dienstleistungsentwicklungscontrollings

Aus inhaltlich-statischer Sicht umfasst das Dienstleistungsentwicklungscontrolling drei Komponenten, die in Abbildung 3 dargestellt sind.

Dienstleistungsentwicklungsassessment: Zur Gewährleistung der langfristigen Wettbewerbsfähigkeit gilt es, die generelle Innovationsfähigkeit und -bereitschaft des Unternehmens und seiner Mitarbeiter kontinuierlich zu überwachen und auszubauen. Das Dienstleistungsentwicklungssystem ist hierzu in regelmäßigen Abständen hinsichtlich seines Entwicklungsstands zu bewerten.

Controlling des Dienstleistungsprogramms: Die Grundlage einer erfolgreichen Dienstleistungsentwicklung bildet die Gestaltung des Dienstleistungsportfolios unter strategischen Gesichtspunkten. Das strategische Controlling umfasst zugleich die kontinuierliche Überwachung der am Markt angebotenen Dienstleistungen hinsichtlich ihres Beitrags zu den Unternehmenszielen sowie das Monitoring von möglichen Auslösern neuer Entwicklungsprojekte.

Entwicklungsprojektcontrolling: Die erfolgreiche Durchführung der Entwicklungsprojekte erfordert die Kontrolle der Wirtschaftlichkeit, die Einhaltung zeitlicher Vorgaben sowie die Umsetzung der Leistungsziele durch die Projektverantwortlichen. Da der Erfolg eines Entwicklungsprojekts maßgeblich von der konsequenten Ausrichtung an den Kundenwünschen abhängt, kommt es besonders in den frühen Phasen der Entwicklung, wie der Definitionsphase und der Grobkonzeption, auf die Umsetzung der Kundenwünsche in operationalisierbare Dienstleistungsmerkmale an.

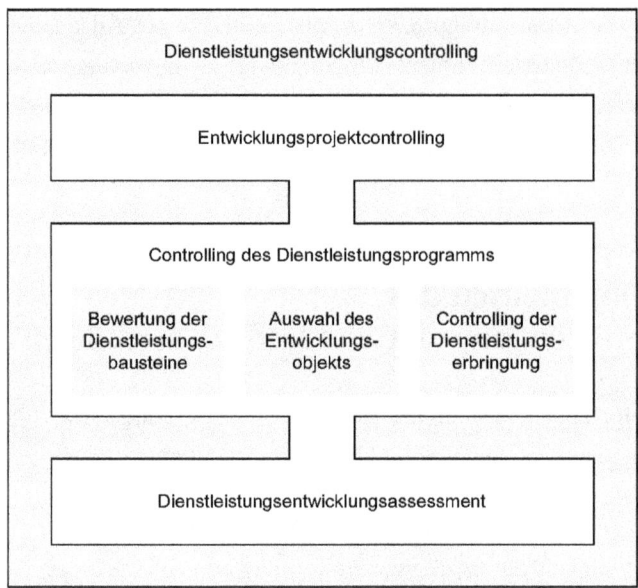

Abbildung 3: Komponenten des Dienstleistungsentwicklungscontrollings

Die drei Komponenten des Dienstleistungsentwicklungscontrollings werden in den folgenden Abschnitten näher erläutert.

5.1 Dienstleistungsentwicklungsassessment

Die Institutionalisierung der Dienstleistungsentwicklung als zentrale Funktion im Unternehmen basiert nicht nur auf der ablauforganisatorischen und methodischen

Gestaltung des eigentlichen Entwicklungsprozesses, sondern erfordert zugleich die grundsätzliche Ausrichtung der Unternehmensleitung und der Mitarbeiter auf ein kontinuierliches Innovationsmanagement. Wie systematisch und nachhaltig dieses im Unternehmen umgesetzt ist, kann das einzelne Unternehmen im Rahmen eines Assessment für sich erheben.

Mit dem European Foundation for Quality Management (EFQM) Excellence Modell hat in Europa ein Bewertungskonzept Verbreitung gefunden, das Unternehmen Anhaltspunkte für die Erfassung der eigenen Unternehmensqualität beziehungsweise Leistungsfähigkeit im Rahmen einer Selbstbewertung liefert. Der Philosophie des Total Quality Management entsprechend, basiert das EFQM Excellence Modell auf der gesamtheitlichen Betrachtung von Menschen, Prozessen und Ergebnissen. Das Modell umfasst insgesamt neun Bewertungskriterien, die in den beiden Hauptbestandteilen des Modells zusammen gefasst werden, den Befähigerkriterien und den Ergebniskriterien (vgl. Abbildung 4).

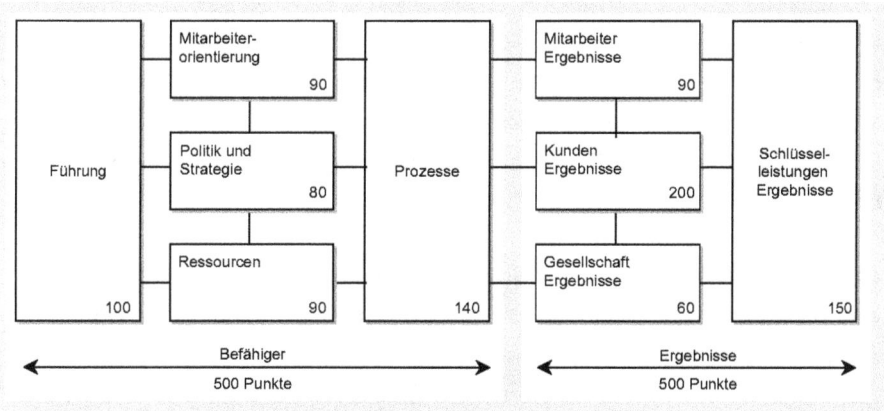

Abbildung 4: Das EFQM Excellence Modell [37]

Jedem Bewertungskriterium sind vier bis sechs Unterkriterien zugeordnet. Die Ergebniskriterien messen, inwieweit die angestrebten Zielsetzungen des Unternehmens in den Bereichen Mitarbeiter, Kunden, Gesellschaft und Schlüsselleistungen erreicht werden. Die Befähigerkriterien geben Auskunft darüber, wie systematisch und angemessen die Organisation in den Bereichen Führung bis Prozesse handelt. Mit den Ergebniskriterien wird somit festgehalten, *was* das Unternehmen erreicht hat beziehungsweise erreichen will, mit den Befähigerkriterien wird erfasst, *wie* diese Ziele erreicht werden sollen [37]. Wie die Balanced Scorecard stellt das EFQM Excellence Modell damit die Verbindung zwischen zukunftsorientierten Treibergrößen und vergangenheitsorientierten Kenngrößen her.

Ein zentraler Unterschied, der das EFQM Excellence Modell von bekannten Kennzahlensystemen unterscheidet, ist die Zusammensetzung der Ergebnisgrößen aus quantitativen und qualitativen Kriterien. Mit den *Schlüsselleistungen* bilden die klassischen finanziellen Kenngrößen die übergeordnete Zielsetzung. Zugleich umfassen die Schlüsselleistungen aber auch nicht-finanzielle Ergebnisse im Sinne von Leistungskenngrößen, wie z. B. die Durchlaufzeit der wichtigsten wertschöpfenden Prozesse des Unternehmens. Die *Kundenergebnisse* dienen der Erfassung der Kundenzufriedenheit beziehungsweise der Kundenbindung und stellen den wichtigsten Einflussfaktor für die Erreichung der Finanzziele dar. Im Rahmen der Kundenergebnisse findet auch die Erfassung prozessbezogener Leistungskenngrößen statt, wie beispielsweise Fehlerraten, die sich unmittelbar auf die Kundenzufriedenheit auswirken. Vor allem in Dienstleistungsunternehmen kommt den *Mitarbeiterergebnissen* eine hohe Bedeutung zu, da sich die Zufriedenheit der Mitarbeiter an den Kundenkontaktpunkten unmittelbar auf die Kundenzufriedenheit auswirkt. Die *Gesellschaftsergebnisse* beschreiben schließlich die Wahrnehmung des Unternehmens durch die bestehenden und potenziellen Kunden und die breite Öffentlichkeit [28].

Mit Hilfe der Ergebniskriterien erfolgt die Bewertung der Leistungen des Unternehmens anhand der beschriebenen vier Sichten. Damit erfolgt hier indirekt die Messung derjenigen Geschäftsprozesse des Unternehmens, die unmittelbar zur Wertschöpfung beitragen, also die Dienstleistungserbringungsprozesse gegenüber den Kunden. Demgegenüber bezieht sich das im Mittelpunkt des EFQM Excellence Modells stehende Kriterium der Prozessbewertung auf die sekundären, nur unmittelbar wertschöpfenden Prozesse. Zu diesen gehören der Dienstleistungsentwicklungsprozess wie auch das Vorgehen zur kontinuierlichen Verbesserung der bestehenden Prozesse [28]. Da der Dienstleistungsentwicklungsprozess an Rahmenbedingungen geknüpft ist, die sich im Laufe der Zeit verändern, muss dieser in regelmäßigen Abständen überprüft und in seiner Struktur angepasst werden.

Bezogen auf die Dienstleistungsentwicklung entspricht die beschriebene Unterscheidung der Trennung in den Dienstleistungsentwicklungsprozess (Befähiger) und den Dienstleistungserbringungsprozess (Ergebnis). Das EFQM Excellence Modell bietet somit Bewertungskriterien sowohl für den Prozess der Dienstleistungsentwicklung als auch für die im Rahmen eines Entwicklungsprojekts zu gestaltenden Erbringungsprozesse an. Dieser Unterscheidung wird in den nachfolgenden Ausführungen gefolgt.

Unternehmen, die das EFQM Excellence Modell zur Bewertung ihrer Dienstleistungsentwicklung einsetzen, können sich anschließend um eine der Auszeichnungen der EFQM bewerben. Dabei werden drei „Levels of Excellence" unterschieden, nach denen die Auszeichnungen vergeben werden [38]:

- „*Committed to excellence*" ist eine Auszeichnung für Unternehmen, die in einem ersten Schritt konkrete Verbesserungsprojekte identifiziert haben und diese im zweiten Schritt auch umsetzen.

- Die Auszeichnung „*Recognised for excellence*" wird an Unternehmen vergeben, die bereits erste Erfolge bei der Einführung von Excellence nachweisen können und mehr als 400 Punkte bei der Bewertung nach dem vollständigen EFQM Excellence Modell erzielen.

- Der „*European Quality Award*" ist die höchste Auszeichnung und bescheinigt Unternehmen, dass sie Weltklassestandard erreicht haben.

Zur Messung des Reifegrads von Entwicklungsprozessen sind in verschiedenen Branchen Reifegradmodelle entwickelt worden. Eines der bekanntesten ist das Capability Maturity Model (CMM) des Pittsburgh Software Engineering Institute, mit dem der Reifegrad der Softwareentwicklung ermittelt werden kann. Die Reifegrade des CMM unterscheiden sich anhand der Art der verwendeten Bewertungskriterien und der daraus resultierenden Auskunftsfähigkeit bezüglich des Stands der Prozessbearbeitung [39]. Speziell zur Messung des Stands der Dienstleistungsentwicklung im Allgemeinen und des Entwicklungsprozesses im Besonderen wurden das ServAs-Reifegradmodell [40][41] sowie das Service Management Maturity Model (SMMM) [42] entwickelt.

5.2 Controlling des Dienstleistungsprogramms

Im Rahmen des *strategischen Controllings* erfolgt die Festlegung der Dienstleistungsstrategie im Hinblick auf die Struktur des Dienstleistungsprogramms, seine geographische Ausrichtung und die abzudeckenden Kundensegmente [43]. Die Gestaltung des Dienstleistungsprogramms stellt das zentrale Instrument zur Schaffung von Wettbewerbsvorteilen dar. Die im bereits angesprochenen Spannungsfeld zwischen Effizienz und Effektivität bestehenden Gestaltungsoptionen werden vom Marketing in die Ausweitung, Einengung sowie Strukturveränderung des Leistungsprogramms unterschieden. Sie betreffen entweder die Breite oder die Tiefe des Programms. Während sich die Programmbreite auf die Auswahl an Leistungen für unterschiedliche Anwendungsprobleme bezieht, bestimmt sich die Programmtiefe über die Anzahl der Leistungsvarianten zur Lösung eines identischen Anwendungsproblems [31]. Ein umfassendes Leistungsangebot bietet den Kunden Cross Selling-Potenziale und dient zugleich der Erhöhung der Kundenbindung. Aus interner Sicht („resource-based view") erhöht es außerdem die Widerstandsfähigkeit des Unternehmens gegen Nachfrageschwankungen. Andererseits zieht ein heterogenes Leistungsangebot häufig Substitutionseffekte nach sich, die dem Unternehmen kein zusätzliches Wachstum bringen, und beinhaltet somit auch das Anbieten unrentabler Leistungen [43].

Abbildung 5 zeigt einen Ausschnitt aus dem Leistungsprogramm einer Geschäftsbank in Form eines Leistungsbaums. Den Einzelleistungen können die aus Controllingsicht relevanten Merkmale hinterlegt werden, wie Zielgruppe, Marktvolumen, Kosten oder Abhängigkeiten. Anhand der Merkmalsausprägungen lassen sich anschließend Auswertungen des Leistungsprogramms durchführen. Dazu sind die einzelnen Dienstleistungsbausteine wertmäßig zu beschreiben. Durch Aggregation der Kosten der einzelnen Prozessmodule ergeben sich die Kosten der Erbringungsprozesse. Diese können mit sonstigen, produktbezogenen Kosten zusammengefasst und den für die einzelnen Dienstleistungen anfallenden Erlösen gegenübergestellt werden. Werden einzelne Leistungsbausteine im Leistungsprogramm ausgetauscht, lassen sich so außerdem in einer zeitraumbezogenen Betrachtungsweise die Auswirkungen anhand der finanziellen Größen nachvollziehen.

Das Ziel der Visualisierung des Dienstleistungsprogramms besteht darin, dem Unternehmen einen strukturierten Überblick über die Gesamtheit der von ihm angebotenen Leistungen zu geben. Als Beispiel für eine Auswertungsmöglichkeit zeigt Abbildung 5 einen Leistungsbaum mit Leistungen einer Geschäftsbank, die gegenüber Privatkunden angeboten werden. Leistungen, die nur Firmenkunden zur Verfügung stehen, sind schraffiert dargestellt. Der Vorteil der modellhaften Leistungsabbildung besteht insbesondere in der Strukturierung des Leistungsangebots. Beispielsweise können die in der Leistungsbibliothek erfassten Leistungen einer ABC-Analyse unterzogen werden, in deren Rahmen die Erfolgwirksamkeit einzelner Leistungen ermittelt wird. Die Ergebnisse der ABC-Analyse geben dem Entwickler anschließend Aufschluss über mögliche Strukturveränderungen des Leistungsprogramms [1].

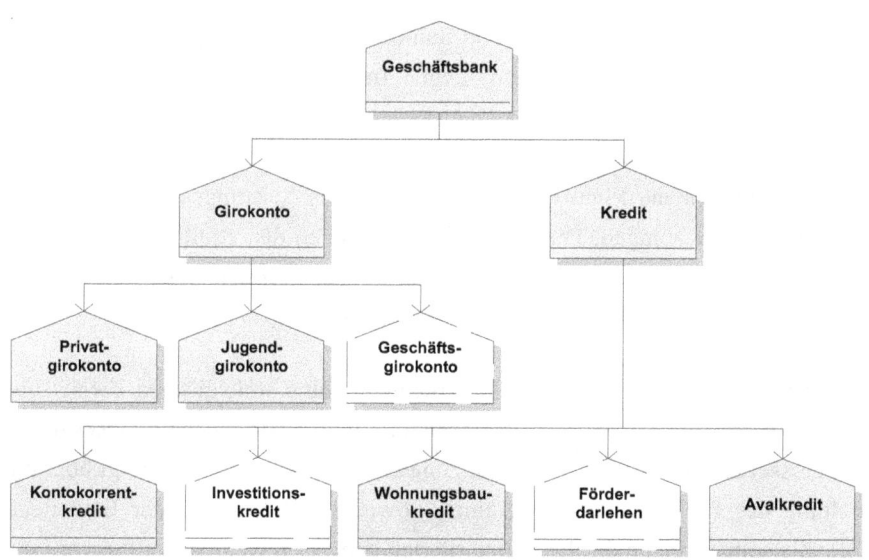

Abbildung 5: Ausschnitt eines Leistungsprogramms aus Geschäftskundensicht

Zur Ableitung von Anpassungsmaßnahmen sind die im Rahmen des strategischen Controllings festgelegten Service-Ziele heranzuziehen und in Kennzahlen herunterzubrechen. Als Bewertungsdimensionen für die Zielgrößen dienen dabei die EFQM-Ergebniskriterien. Welche Zielabweichungen letztendlich im Rahmen eines Entwicklungsprojekts anzugehen sind, kann anhand von Selektionskriterien wie der Relevanz für das Unternehmen, dem Potenzial einer möglichen Optimierung und den Restriktionen bezüglich der Maßnahmenumsetzung ermittelt werden [44].

Auf der Grundlage einer datenbankbasierten Abbildung des Leistungsprogramms kann das Controlling somit die folgenden Aufgaben erfüllen:

- Abbildung der Kosten- und Erlösstrukturen der angebotenen Leistungen,
- Auswertung des Leistungsprogramms anhand verschiedener Sichten, wie Geschäftsbereiche oder Kostenstellen,
- Erfassung der kosten- und erlösmäßigen Auswirkungen von Änderungen an einzelnen Leistungen.

Die Modellierung, Modularisierung und Standardisierung des Dienstleistungsprogramms kann im Rahmen eines einmaligen Inventarisierungsprojekts erfolgen. Die kontinuierliche Anpassung des Dienstleistungsportfolios an die Marktgegebenheiten wird anschließend im Rahmen einzelner Entwicklungsprojekte fortgesetzt. Dort erfolgen die Planung und Gestaltung des Leistungsangebots auf der Ebene der Einzelleistungen. Die Verbindung zwischen den strategischen Zielsetzungen und der operativen Projektabwicklung lässt sich mittels des EFQM Excellence Modells veranschaulichen (vgl. Abbildung 6).

Über die Ergebniskriterien legt das Unternehmen seine strategischen Zielsetzungen in den Bereichen Mitarbeiterzufriedenheit, Kundenzufriedenheit, Gesellschaft und Schlüsselleistungen fest. Die Umsetzung dieser Zielsetzungen erfolgt über die Gestaltung des Dienstleistungsprogramms sowie die Erbringung der Einzelleistungen, die selbst anhand der Ergebniskriterien gemessen werden. Einfluss auf die Dienstleistungserbringungsprozesse nehmen die Prozesse des Dienstleistungssystems und insbesondere die Dienstleistungsentwicklungsprozesse, die sich in den Befähigerkriterien wieder finden. Zwischen den Befähigerkriterien und den Ergebniskriterien besteht damit ein Regelkreis, der über die Dienstleistungserbringungsprozesse geschlossen wird. Die Ergebniskriterien messen den Erfüllungsgrad der Zielsetzungen hinsichtlich der Dienstleistungserbringungsprozesse anhand von Kennzahlen. Diese liefern Aussagen darüber, ob korrigierende Maßnahmen im Rahmen der Dienstleistungsentwicklung zur Sicherstellung der Zielerreichung zu ergreifen sind. Welche Einflüsse die Maßnahmen auf die Ergebniskriterien ausüben, lässt sich dabei meistens nur zeitversetzt erkennen. Beispielsweise muss eine Dienstleistung erst eine Zeitlang am Markt sein, bevor Kundenbefragungen eine Aussage darüber zulassen, ob die Dienstleistung zu einem signifikanten Imagewandel des Unternehmens geführt hat [28].

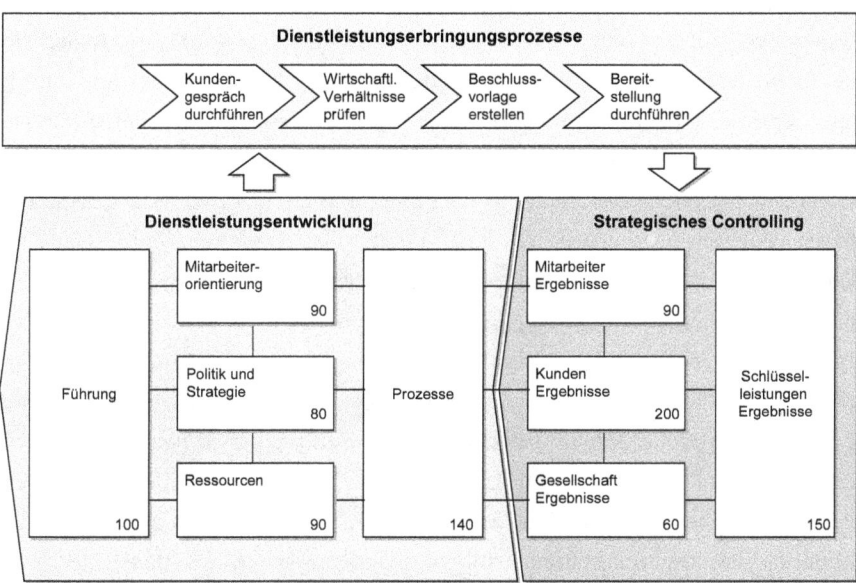

Abbildung 6: Zusammenhang zwischen strategischem und operativem Controlling [28]

Das Controlling der Gestaltung der Einzelleistungen auf der Basis der programmpolitischen Entscheidungen wird im folgenden Abschnitt erläutert.

5.3 Entwicklungsprojektcontrolling

Da Entwicklungsvorhaben für neue Dienstleistungen zeitlich befristet sind und beschränkten finanziellen und personellen Ressourcen unterliegen [45], weisen sie üblicherweise Projektcharakter auf. Dem Entwicklungsprojektcontrolling kommt die Aufgabe zu, die Erreichung der Projektziele unter Effizienz- und Effektivitätsgesichtspunkten sicherzustellen. Zur Überwachung der Wirtschaftlichkeit der durchgeführten Projekte steht das klassische Controlling-Instrumentarium zur Termin- und Kostenkontrolle zur Verfügung. Schwieriger gestaltet sich dagegen das Leistungscontrolling, d. h. die Überwachung der im Rahmen des Projekts definierten Leistungsmerkmale der zu entwickelnden Dienstleistung.

Dienstleistungsgestalterische Entscheidungen setzen Wissen über die positiven und negativen Effekte einer Entscheidung voraus. Erfolgswirkungen können sich dabei entweder nur auf die betroffene Dienstleistung beziehen oder auf Interdependenzen mit anderen Dienstleistungen beziehungsweise Geschäftsprozessen beruhen. Dementsprechend lassen sich direkte und indirekte Erfolgswirkungen unterscheiden. Daneben ist die Unterscheidung von quantitativen und qualitativen Erfolgswirkungen notwendig. Direkte, quantitative Wirkungen umfassen u. a. Kosten- und Erlöseffekte, wie den produktbezogenen Konditionsbeitrag, Provisionen, Gebühren, produktbezogene Betriebskosten sowie Entwicklungs-, Einführungs- und organisatorische Umstellungskosten. Indirekte, quantitative Erfolgswirkungen ergeben sich entweder aus absatzwirtschaftlichen Verbundeffekten, wie Substitutions- oder Synergieeffekten („cross selling") zwischen verschiedenen Dienstleistungen, oder aus produktionswirtschaftlichen Verbundeffekten, wenn gleiche Ressourcen zur Erstellung verschiedener Bankleistungen genutzt werden. Schließlich betreffen qualitative Erfolgswirkungen Aspekte wie den Einfluss auf das Image des Unternehmens [43].

Je nach Phase des Dienstleistungsentwicklungsprozesses kommt den verschiedenen Typen von Erfolgswirkungen unterschiedliche Bedeutung zu. In den frühen Phasen des Entwicklungsprozesses werden in erster Linie Informationen über die grundsätzlichen Erfolgsaussichten einer Idee benötigt. Geeignete Kriterien für eine solche Grobabschätzung sind beispielsweise die Übereinstimmung der Dienstleistungsidee mit der strategischen Ausrichtung des Unternehmens, die Einhaltung gesetzlicher Vorschriften oder die technische Umsetzbarkeit. Diese Kriterien lassen sich den Befähiger-Kriterien des EFQM Excellence Modells zuordnen. Mit Hilfe des Einsatzes von Scoring-Verfahren können die erwarteten Ausprägungen der Kriterien auf Grund von Erfahrungswerten geschätzt und zu einem Gesamtpunktwert aggregiert werden [8].

Mit zunehmendem Fortschreiten des Dienstleistungsentwicklungsprozesses liegen zwar genauere Informationen zur Kosten- und Erlösschätzung vor, gleichzeitig steigen aber auch die Anforderungen an das Controlling. Die zentrale Anforderung an das Dienstleistungsentwicklungscontrolling im Rahmen der Effektivitätssicherung besteht insbesondere darin, die Realisierung der Leistungsziele bei gleichzeitiger Berücksichtigung bestehender Kostenrestriktionen zu unterstützen. Auf strategischer Ebene lassen sich zur Klassifizierung der Leistungsziele die vier Ergebnisdimensionen des EFQM Excellence Modells, d. h. Schlüsselleistungen-, Mitarbeiter-, Kunden- und Gesellschaftsergebnisse, heranziehen. Die im Rahmen des EFQM Excellence Modells vorgeschlagene Gewichtung, die den Kundenergebnissen zweihundert von fünfhundert Punkten innerhalb der Ergebniskriterien zuweist, zeigt vor allem die hohe Bedeutung der Kundenwünsche. Eine nicht zu unterschätzende Bedeutung kommt außerdem den Gesellschaftsergebnissen zu. Auf Grund der Immaterialität von Bankprodukten spielen im Finanzdienstleistungsbereich insbesondere die Demonstration von Kompetenz und der Aufbau von Vertrauen in den Dienstleistungsanbieter eine wichtige Rolle.

Aus operativer Sicht sind die zu entwickelnden Dienstleistungen anhand von Zeit-, Kosten- und Qualitätskriterien zu gestalten. Der Faktor Zeit lässt sich auf Grund der teilweisen Integration der Kunden in den Erbringungsprozess sowohl als Effizienz- als auch Effektivitätskriterium betrachten. Ähnliches gilt für den Faktor Kosten, wenn man davon ausgeht, dass sich unternehmensinterne Kosteneinsparungen in Form von niedrigeren Preisen auf die Kunden übertragen lassen. Bei der Qualität ist zu berücksichtigen, dass hier sowohl subjektive Einschätzungen aus Kunden- beziehungsweise Mitarbeitersicht als auch objektive Vorgaben von Unternehmensseite in die Betrachtung einzubeziehen sind. Mit Hilfe der Zeit-, Kosten- und Qualitätskriterien lassen sich vor allem die Schlüsselleistungen und Kundenergebnisse des EFQM Excellence Modells genauer spezifizieren, so dass auf diese Weise die Durchgängigkeit von den strategischen zu den operativen Zielen gegeben ist. Zusätzlich sind auch auf operativer Ebene Mitarbeiter- und Gesellschaftsergebnisse zu verfolgen.

Um die an den Entwicklungsgegenstand bestehenden Anforderungen einer laufenden Überwachung und Steuerung im Rahmen der Entwicklung zugänglich zu machen, gilt es diese Anforderungen zu operationalisieren. Das bedeutet aus Sicht des Entwicklers vor allem, dass die Anforderungen in die Sprache der Informationsmodellierung zu „übersetzen" sind. Mit dem Fokus auf der vom Kunden wahrgenommenen Dienstleistungsqualität wurden im Bereich des Qualitätsmanagements verschiedene Ansätze entwickelt. Während DONABEDIAN, dem 3-Dimensionen-Modell folgend, zwischen Ergebnis-, Prozess- und Potenzialqualität unterscheidet [46], nehmen PARASURAMAN und ZEITHAML eine Unterteilung in fünf Qualitätsdimensionen vor, anhand derer sich die Kundenerwartungen klassifizieren lassen. Diese umfassen Materielles („tangibles"), Zuverlässigkeit („reliability"), Entgegenkommen („responsiveness"), Souveränität („assurance") und Einfühlung („empathy") [47].

Beide Ansätze geben dem Dienstleistungsingenieur jedoch keinen Anhaltspunkt dafür, wie sich die Umsetzung der Anforderungen auf die Dienstleistungsmodelle und damit auf deren spätere Realisierung auswirkt. Dienstleistungen wurden bereits als Prozesse definiert, wobei ein Prozess beziehungsweise eine Funktion dadurch charakterisiert ist, dass Input-Leistungen in Output-Leistungen transformiert werden. Jeder Prozess beziehungsweise jede Funktion muss mindestens eine Leistung erbringen, um betriebswirtschaftlich sinnvoll zu sein [17]. Dienstleistungen lassen sich somit durch allgemeine Prozessarchitekturen beschreiben. Die Eignung solcher Architekturen zur Beschreibung von Dienstleistungen und zur Einordnung der an sie bestehenden Anforderungen zeigt sich daran, dass sich die Dienstleistungsdimensionen Ergebnis, Prozess und Potenzial in der Architektur integrierter Informationssysteme (ARIS) wieder finden lassen [48].

Die ARIS-Sichtenbetrachtung stellt die Verbindung zu dem Modulbaukasten her, da zu jeder Sicht umfassende Modelle zu den verschiedenen Leistungsangeboten vorliegen. Auf diese können die Dienstleistungsentwickler im Rahmen eines Entwicklungsprojekts zurückgreifen, um ihre Gestaltungsentscheidungen auf die bereits bestehenden Leistungsbausteine und Ressourcen zu stützen und somit Redundanzen zu vermeiden. Ziel sollte es sein, dass die Entwickler nicht nur an der Effizienz beziehungsweise Effektivität der zu entwickelnden Dienstleistung, sondern auch an den verursachten beziehungsweise eingesparten Komplexitätskosten hinsichtlich des Dienstleistungsprogramms gemessen werden [14].

Anforderungen an die neue Dienstleistung sind häufig mehrdimensional, d. h. sie wirken sich auf mehrere Sichten aus. Den Ausgangspunkt der Betrachtung bildet dabei jeweils die Leistungssicht, da sie unmittelbar die Bedürfnisse der Kunden widerspiegelt. Von der Leistungssicht ergeben sich insbesondere Anforderungen an die Funktionssicht, also an die zur Erbringung der Leistungsmerkmale erforderlichen Teilprozesse, wobei diese wiederum Anforderungen an die Daten- und Organisationssicht nach sich ziehen können [49]. Auch innerhalb der einzelnen Sichten können mehrdimensionale Anforderungen bestehen. Abbildung 7 zeigt anhand des Beispiels einer Sparkarte die Umsetzung der Kundenanforderungen in die einzelnen Sichten.

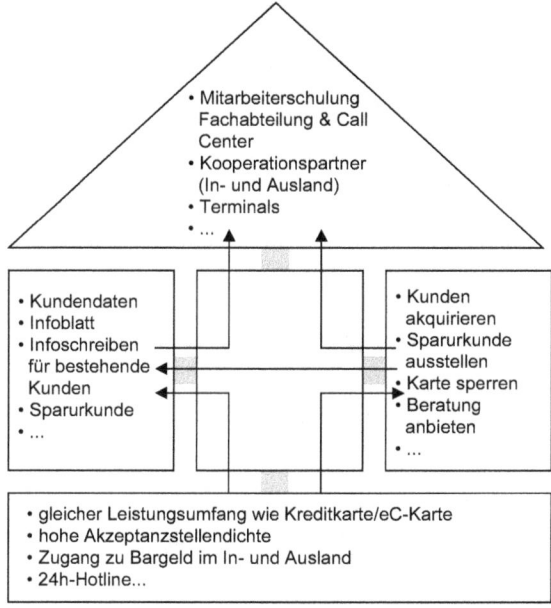

Abbildung 7: Umsetzung von Kundenanforderungen in modellbasierte Gestaltungsentscheidungen nach ARIS

Den identifizierten Gestaltungsentscheidungen sind anschließend die anfallenden Kosten beizumessen. Für eine umfassende Bewertung der Dienstleistung ist dabei der gesamte Dienstleistungs-Life Cycle zu betrachten. Damit sind neben den erwarteten Kosten der späteren Dienstleistungserbringung auch die Kosten für die Umsetzungsmaßnahmen in die Kalkulation einzubeziehen. Auf Grund des hohen Standardisierungsgrads der Dienstleistungsprozesse gerade im Finanzdienstleistungsbereich kann zur Ermittlung der voraussichtlichen Erbringungskosten die Methode der Prozesskostenrechnung eingesetzt werden [50]. Zur Berechnung der Personalkosten pro Funktion genügt jeweils die Multiplikation der Standardbearbeitungszeit mit dem anteiligen Stunden- oder Tagessatz eines Mitarbeiters. Die übrigen Kosten wie Hardware oder Materialverbrauch werden den einzelnen Funktionen je nach Inanspruchnahme anteilig zugerechnet [43]. Auf diese Weise lassen sich die Kosten verschiedener Gestaltungsalternativen systematisch erfassen und einander gegenüberstellen. Beispielsweise lassen sich so auch Outsourcingentscheidungen mit einer internen Leistungserstellung vergleichen.

Neben den Anforderungen, die sich unmittelbar auf die besagte Dienstleistung beziehen, werden sich auch Auswirkungen auf verwandte Dienstleistungen und interne beziehungsweise externe Geschäftsprozesse ergeben. Diese ziehen wiederum Kosten nach sich beziehungsweise bergen Einsparpotenzial durch die Nutzung bereits bestehender Ressourcen. Bei der Erfassung der Interdependenzen kann erneut das EFQM Excellence Modell Hilfestellung leisten. Dieses bietet eine Darstellungssystematik an, die für jeden identifizierten Prozess die Interdependenzen mit anderen Prozessen, Ansatzpunkten oder Bewertungskriterien aufzeigt. Dazu stellt das EFQM Excellence Modell Vorgaben bereit, die unternehmensindividuell angepasst werden können [28].

Wie bereits in Kapitel 5.2 angesprochen, werden die Erlöse nur auf der Ebene der Gesamtleistung erfasst. Damit wird die besonders im Dienstleistungsbereich bestehende Problematik umgangen, einzelnen Merkmalen einen Kundennutzen zuzuordnen. Zur Abschätzung der Erlöse sind nichtsdestotrotz Kunden in die Dienstleistungsentwicklung einzubeziehen, damit diese ihre Präferenzen bezüglich einzelner Merkmalskombinationen äußern. Die Kosten der verschiedenen Gestaltungsvarianten sind dann den geschätzten Erlösen gegenüberzustellen. Allerdings muss an dieser Stelle darauf hingewiesen werden, dass eine zentrale Schwierigkeit gerade in der Zuordnung der Teilprozesse zu einzelnen Leistungsmerkmalen besteht [5]. Die korrekte Erfassung von Kosten- und Erlöskennzahlen hängt daher in starkem Maße von dem Erfahrungswissen der Entwickler ab.

6 Fazit und Ausblick

Der vorliegende Beitrag hat mit dem Dienstleistungsentwicklungsassessment, dem Controlling des Dienstleistungsprogramms und dem Entwicklungsprojektcontrolling die zentralen Komponenten für eine Steuerung der Dienstleistungsentwicklung unter Bewertungsaspekten vorgestellt. Der Einsatz von Informationsmodellen bildet dabei die Grundlage der informationstechnischen Unterstützung des Dienstleistungsentwicklungscontrollings. Sie sind Bestandteil des in einer zentralen Datenbank gespeicherten Erfahrungswissens aus vorhergehenden Dienstleistungsentwicklungsprojekten und erlauben insbesondere die Offenlegung von Ähnlichkeitsbeziehungen zwischen den einzelnen Leistungen eines Dienstleistungsportfolios. Die Visualisierung sämtlicher Dienstleistungsmodule beziehungsweise Leistungsmerkmale unterstützt die Komplexitätsbeherrschung und trägt damit zu einem effizienteren Dienstleistungsmanagement bei. Die Verwendung von auf der Grundlage des EFQM Excellence Modells definierten Kennzahlen schließt den Regelkreis zwischen der strategischen Zieldefinition und der operativen, zielgerichteten Steuerung der Entwicklungsprojekte und erlaubt zugleich die Integration des Dienstleistungsentwicklungscontrollings in das bestehende Controlling-Instrumentarium.

Der vorgestellte Ansatz lässt sich hinsichtlich verschiedener praxisrelevanter Fragestellungen weiterentwickeln. Beispielsweise ließe sich der Ansatz auf die spezifischen Fragestellungen des Controllings interner Dienstleister übertragen. Interne Dienstleister sehen sich grundsätzlich denselben Problemen gegenüber wie eigenständige Unternehmen. Auf kostenrechnerischer Seite gilt für sie, dass sie kostendeckend arbeiten und zugleich nachweisen müssen, dass sie ihre Leistungen kostengünstiger erbringen als ein vergleichbarer Anbieter auf dem Markt. Eine weitere Fragestellung bestünde beispielsweise darin, inwieweit sich im Rahmen eines Änderungscontrollings durch die Implementierung möglichst automatisierter Anpassungsprozesse – insbesondere bezogen auf erforderliche Anpassungen der Modelldatenbank – die ständige Aktualität und Verfügbarkeit steuerungsrelevanter Informationen sicherstellen lässt.

Literaturverzeichnis

[1] Schuh, G.; Speth, C.; Schwenk, U.: Controlling industrieller Dienstleistungen. http://www.unisg.ch/org/item/isweb.nsf/SysWebRessources/Controlling-ID/$FILE/Controlling-ID.pdf, online: 10.12.2003.

[2] Scheer, A.-W.; Adam, O.; Hofer, A.; Zangl, F.: Nach Cost Cutting – Aufbruch durch Innovation. In: Information Management & Consulting, 18(2003), Sonderausgabe zur 24. Saarbrücker Arbeitstagung, S. 6-13.

[3] Bruhn, M.; Stauss, B. (Hrsg.): Dienstleistungsqualität. 3. Aufl., Wiesbaden 2004.

[4] Berkau, C.; Hauck, T.: Bewertung von Finanzdienstleistungen. In: Scheer, A.-W. (Hrsg.): Rechnungswesen und EDV. Kundenorientierung in Industrie, Dienstleistung und Verwaltung, 17. Saarbrücker Arbeitstagung 1996. Heidelberg 1996.

[5] Schwengels, C.: Kostenorientierte Entwicklung von Dienstleistungen. In: Bullinger, H.-J.; Scheer, A.-W. (Hrsg.): Service Engineering : Entwicklung und Gestaltung innovativer Dienstleistungen. Berlin et al. 2003, S. 507-529.

[6] Pleschak, F.; Sabisch, H.: Innovationsmanagement. Stuttgart 1996.

[7] Schröder, H.-H.: Konzepte und Instrumente eines Innovations-Controllings. In: Die Betriebswirtschaft, 56(1996)4, S. 489-507.

[8] Vahs, D.; Burmester, R.: Innovationsmanagement : Von der Produktidee zur erfolgreichen Vermarktung. 2. Aufl., Stuttgart 2002.

[9] Habermann, F.: Management von Geschäftsprozesswissen : IT-basierte Systeme und Architektur. Wiesbaden 2001.

[10] Bruhn, M.: Qualitätsmanagement für Dienstleistungen : Grundlagen, Konzepte, Methoden. 4. Aufl., Berlin et al. 2003.

[11] Böcker, J.: Marketing für Leistungssysteme. Wiesbaden 1995.

[12] Hilke, W.: Grundprobleme und Entwicklungstendenzen des Dienstleistungs-Marketing. In: Hilke, W. (Hrsg.): Dienstleistungs-Marketing. Wiesbaden 1989, S. 5-44.

[13] Rathnow, P. J.: Integriertes Variantenmanagement. Göttingen 1993.

[14] Wildemann, H.: Komplexitätsmanagement : Vertrieb, Produkte, Beschaffung, F&E, Produktion und Administration. München 2000.

[15] Hauschildt, J.: Innovationsmanagement. 2. Aufl., München 1997.

[16] Benkenstein, M.: Besonderheiten des Innovationsmanagements in Dienstleistungsunternehmungen. In: Bruhn, M.; Meffert, H. (Hrsg.): Handbuch Dienstleistungsmanagement : Von der praktischen Umsetzung zur Konzeption. 2. Aufl., Wiesbaden 2001.

[17] Scheer, A.-W: ARIS : Vom Geschäftsprozess zum Anwendungssystem. 4. Aufl., Berlin et al. 2002.

[18] Hermsen, M.: Ein Modell zur kundenindividuellen Konfiguration produktnaher Dienstleistungen. Ein Ansatz auf Basis modularer Dienstleistungsobjekte. Bochum 2000.

[19] Speth, C.: Gestaltung industrieller Dienstleistungen im Spannungsfeld zwischen Kundennähe und Effizienz. St. Gallen 2001.

[20] Böhmann, T., Krcmar, H.: Modulare Servicearchitekturen. In: Bullinger, H.-J.; Scheer, A.-W. (Hrsg.): Service Engineering : Entwicklung und Gestaltung innovativer Dienstleistungen. Berlin et al. 2003, S. 391-416.

[21] Hackmann, J.: Dell industrialisiert Services. In: Computerwoche online, http://www.computerwoche.de/index.cfm?pageid=256&artid=55556&type=detail&kw=dell%20services, online: 16.12.2003.

[22] Reckenfelderbäumer, M.: Marktorientiertes Kosten-Management von Dienstleistungs-Unternehmen. In: Meyer, A. (Hrsg.): Handbuch Dienstleistungs-Marketing, Bd. 1. Stuttgart 1998, S. 394-418.

[23] Allweyer, T.: Adaptive Geschäftsprozesse : Rahmenkonzept und Informationssysteme. Wiesbaden 1998.

[24] Reichmann, T.: Controlling mit Kennzahlen und Managementberichten, 6. Aufl., München 2003.

[25] Schulte, C.: Lexikon des Controlling. München, Wien 1996.

[26] Horváth, P.: Controlling. 9. Aufl., München 2003.

[27] Rosemann, M.: Komplexitätsmanagement in Prozessmodellen : Methodenspezifische Gestaltungsempfehlungen für die Informationsmodellierung. Wiesbaden 1996.

[28] Frühwald, C.; Schmidt, A.: Kennzahlengestütztes Geschäftsprozessmanagement im Rahmen von Business Excellence Modellen. In: IM – Fachzeitschrift für Information, Management und Consulting, Sonderausgabe, November 1997, S. 3-89.

[29] Scheer, A.-W.: Modellunterstützung für das kostenorientierte Geschäftsprozeßmanagement. In: Berkau, C.; Hirschmann, P. (Hrsg.): Kostenorientiertes Geschäftsprozeßmanagement : Methoden, Werkzeuge, Erfahrungen. München 1996, S. 3-25.

[30] Berkau, C.: Effizientes Geschäftsprozeß-Controlling mit modellbasierter Prozesskostenrechnung. In: Berkau, C.; Hirschmann, P. (Hrsg.): Kostenorientiertes Geschäftsprozeßmanagement : Methoden, Werkzeuge, Erfahrungen. München 1996, S. 181-201.

[31] Kleinaltenkamp, M.; Ginter, T.: Dienstleistungsprogrammpolitische Entscheidungen. In: Meyer, A. (Hrsg.): Handbuch Dienstleistungs-Marketing, Bd. 1. Stuttgart 1998, S. 751-765.

[32] Grieble, O.; Klein, R.; Scheer, A.-W.: Modellbasiertes Dienstleistungsmanagement. In: Scheer, A.-W. (Hrsg.): Veröffentlichungen des Instituts für Wirtschaftsinformatik. Nr. 171, Saarbrücken 2002.

[33] Leist, S.; Winter, R.: Nutzung generischer Produktmodelle im Finanzdienstleistungsbereich am Beispiel des Ergebniscontrolling. In: Wirtschaftsinformatik, 40(1998)4, S. 281-289.

[34] Keller, G.; Nüttgens, M.; Scheer, A.-W.: Semantische Prozeßmodellierung auf der Grundlage „Ereignisgesteuerter Prozeßketten (EPK)". In: Scheer, A.-W. (Hrsg.):

Veröffentlichungen des Instituts für Wirtschaftsinformatik. Nr. 89, Saarbrücken 1992.

[35] Klein, C.; Zürn, A.: Einsatz von Prozessmodulen im Service Engineering : Praxisbeispiel und Problemfelder. In: Bullinger, H.-J.; Scheer, A.-W. (Hrsg.): Service Engineering : Entwicklung und Gestaltung innovativer Dienstleistungen. Berlin et al. 2003, S. 721-739.

[36] Meffert, H.; Bruhn, M.: Dienstleistungsmarketing : Grundlagen – Konzepte – Methoden. 4. Aufl., Wiesbaden 2003.

[37] Kirstein, H.: http://www.deming.de/efqm/efqm_auswahl.html, online: 31.03.2003.

[38] o. V.: EFQM Levels of Excellence. http://www.deutsche-efqm.de, online: 31.03.2003.

[39] Paulk, M. et al. (Hrsg.): The Capability Maturity Model : Guidelines for Improving the Software Process. Reading 1995.

[40] Stein, S.; Meiren, T.: Assessment-Verfahren zur Entwicklung von Dienstleistungen. In: IM – Fachzeitschrift für Information, Management und Consulting, Sonderausgabe Service Engineering, August 1998, S. 40-45.

[41] Luczak, H.; Hoeth, U.: Dienstleistungs-Assessment mit ServAs. In: Hansen, W.; Kamiske, G.F.: Qualitätsmanagement im Dienstleistungsbereich : Assessment – Sicherung – Entwicklung. Düsseldorf 2002, S. 109-130.

[42] Demuß, L.: Ein Reifemodell für die Bewertung und Entwicklung von Dienstleistungsorganisationen : Das Service Management Maturity Model (SMMM). Karlsruhe 2003.

[43] Schierenbeck, H.: Ertragsorientiertes Bankmanagement : Controlling in Kreditinstituten. 4. Aufl., Wiesbaden 1994.

[44] Beinhauer, M.; Schellhaas, K.-U.: Prozeßorientiertes Kostenmanagement im Bankenbereich. In: Berkau, C.; Hirschmann, P. (Hrsg.): Kostenorientiertes Geschäftsprozeßmanagement : Methoden, Werkzeuge, Erfahrungen. München 1996, S. 313-341.

[45] DIN Deutsches Institut für Normung e. V. (Hrsg.): DIN 69901. Projektwirtschaft, Projektmanagement; Begriffe. Berlin 1987.

[46] Donabedian, A.: The Definition of Quality and Approaches to Its Assessment, Explorations. In: Quality, Assessment and Monitoring. Vol. 1, Michigan, Ann Arbor 1980.

[47] Parasuraman, A., Zeithaml, V.A., Berry, K.L.: SERVQUAL : A Multiple-Item Scale for Measuring Consumer Perceptions of Quality. In: Journal of Retailing, 64(1988), S. 12 - 40.

[48] Scheer, A.-W.: ARIS : Modellierungsmethoden, Metamodelle, Anwendungen. 4. Aufl., Berlin et al. 2001.

[49] Schwarz, W.: Methodisches Konstruieren als Mittel zur systematischen Gestaltung von Dienstleistungen. Berlin 1997.

[50] Cassack, I.: Prozessorientiertes Kostenmanagement im Service Engineering. http://dl2100.de, online: 25.01.2004.

Konzeption eines Service Engineering Tool

Katja Herrmann
Ralf Klein

Institut für Wirtschaftsinformatik (IWi) im Deutschen Forschungszentrum für Künstliche Intelligenz (DFKI), Saarbrücken

Inhalt

1 Einleitung

2 IT-gestützte Entwicklung von Dienstleistungen
       2.1 Computer Integrated Manufacturing für Sachleistungen
       2.2 Industrialisierung von Dienstleistungen
       2.3 Computer Integrated Manufacturing für Dienstleistungen

3 Rahmenkonzept für das IT-gestützte Service Engineering

4 Fachkonzeptionelle Spezifikation des Service Engineering Tool
       4.1 Strategisches Anwendungskonzept
       4.2 Funktionssicht des Fachkonzepts
       4.3 Datensicht des Fachkonzepts
       4.4 Steuerungssicht des Fachkonzepts

5 Zusammenfassung

Literaturverzeichnis

1 Einleitung

Ein Schwerpunkt der Service Engineering-Forschung befasst sich mit der informationstechnischen Unterstützung des Dienstleistungsentwicklungsprozesses. Ziel dabei ist es, ein Werkzeug bereitzustellen, das den gesamten Dienstleistungsentwicklungsprozess über alle Phasen hinweg, d. h. von der Ideenfindung bis zur Markteinführung, abdeckt [1]. Die derzeit verwendeten Werkzeuge unterstützen jeweils nur einen separaten Ausschnitt des Service Engineering-Prozesses. Damit sind als wesentliche Kritikpunkte die unzureichende Integration und die daraus resultierenden Medienbrüche sowie die mangelnde methodische Unterstützung des Entwicklungsprozesses verbunden.

Darüber hinaus fehlt es an einem Rahmenkonzept für das IT-gestützte Dienstleistungsmanagement sowie für die systematische Entwicklung eines entsprechenden Werkzeugs. Eine Schwachstelle liegt insbesondere in der fehlenden Durchgängigkeit von der semi-formalen Modellierung der Service Engineering-Prozesse bis hin zu ihrer informationstechnischen Unterstützung.

Der vorliegende Beitrag beschreibt die wesentlichen Voraussetzungen für eine durchgängige Begleitung des Service Engineering-Prozesses unter Einsatz einer Softwareplattform. Dazu wird zunächst der Gedanke des Computer Integrated Manufacturing (CIM) dargestellt, der auf die ganzheitliche informationstechnische Unterstützung von Abläufen in Industrieunternehmen abzielt. Auf Basis der Abgrenzung von physischen Produkten und Dienstleistungen wird anschließend ein CIM-Rahmenkonzept für die Anwendung in Dienstleistungsunternehmen abgeleitet.

Den Aspekt der Dienstleistungsentwicklung fokussierend wird im dritten Abschnitt ein Rahmenkonzept für die schrittweise Konzeption und Anpassung eines Service Engineering Tool vorgestellt, das auf einer generalisierenden Prozessbetrachtung aufbaut. Eine detaillierte, fachkonzeptionelle Beschreibung des Werkzeugs aus Funktions-, Daten- und Steuerungssicht erfolgt schließlich im Rahmen des vierten Abschnitts.

2 IT-gestützte Entwicklung von Dienstleistungen

2.1 Computer Integrated Manufacturing für Sachleistungen

Industrieunternehmen haben über Jahrzehnte ihre Produktions- und Entwicklungsabläufe rationalisiert und damit ein hohes Maß an Effizienz erreicht. Einen wesentlichen Beitrag dazu leistete der Einsatz von Informationssystemen. Während es sich dabei zunächst um Insellösungen zur Unterstützung eines bestimmten Sachverhalts, wie z. B. die Fertigungssteuerung, handelte, hat mit dem Aufkommen des CIM-Gedankens die ganzheitliche Betrachtung von Logistik- und Entwicklungsprozessen in Verbindung mit einer integrierten informationstechnischen Unterstützung Einzug in Fertigungsunternehmen gehalten [2][3]. Das 1973 von HARRINGTON erstmals vorgestellte Konzept fokussiert auf den gesamten Lebenszyklus einer Sachleistung und löst die auf Grund der engen ablauforganisatorischen Verzahnung nicht zweckdienliche Trennung in einzelne Funktionsbereiche auf [4]. CIM umfasst somit „die integrierte Informationsverarbeitung für betriebswirtschaftliche und technische Aufgaben eines Industriebetriebes" [5]. Abbildung 1 zeigt ein in Wissenschaft und Praxis gleichermaßen anerkanntes Rahmenkonzept, das den durch CIM betrachteten Funktionsumfang verdeutlicht.

Der linke Ast des Y-CIM-Modells beschreibt die primär betriebswirtschaftlich-planerisch orientierte Produktionsplanung und -steuerung (PPS) und damit den Funktionsumfang der dort eingesetzten Informationssysteme. Diese unterstützen als übergeordnete Instrumente die organisatorische Planung, Steuerung und Überwachung der Produktionsabläufe auf der Grundlage von Mengen-, Termin- und Kapazitätsgesichtspunkten [6]. Dabei lassen sich der Produktionsplanung die Hauptfunktionen Kundenauftragsbearbeitung, Kalkulation, Planung des Primärbedarfs, Materialwirtschaft, Kapazitätsterminierung, Kapazitätsabgleich sowie Auftragsfreigabe zuordnen. Die Produktionssteuerung umfasst die Aufgaben Fertigungssteuerung, Betriebsdatenerfassung, Kontrolle und Datenanalyse sowie Versandsteuerung. Die Produktionslogistik beinhaltet somit sämtliche durch den Auftragsfluss gesteuerten Tätigkeiten, angefangen bei der Auftragsannahme über die Bedarfsplanung (Beschaffungslogistik) bis hin zum Versand (Vertriebslogistik) der bestellten Sachleistung [7].

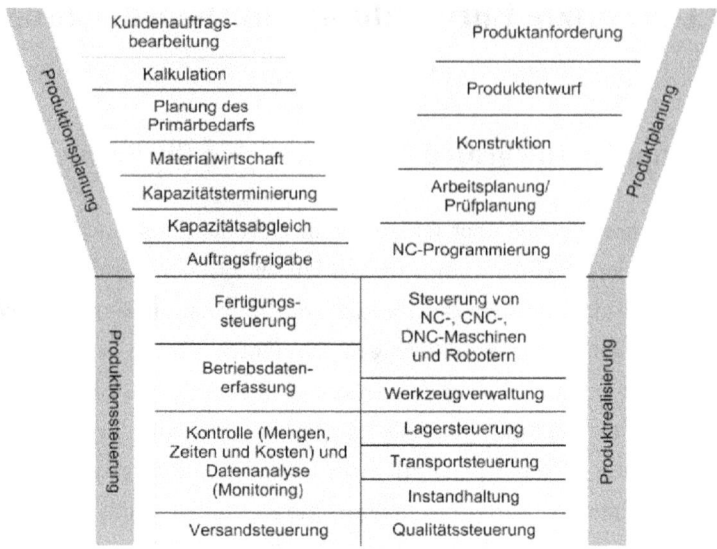

Abbildung 1: Y-CIM-Modell für Sachleistungen [7]

Der obere Teil des rechten Asts des Y-CIM-Modells stellt den Entwicklungsprozess einer Sachleistung dar. Der Leistungsgestaltungsprozess setzt sich aus der Anforderungsanalyse, dem Produktentwurf, der Konstruktion, der Arbeits- beziehungsweise Prüfplanung sowie der NC-Programmierung zusammen. Der untere Teil bildet die für die Leistungserstellung benötigten Ressourcen ab und differenziert die Tätigkeitsbereiche Steuerung von NC-, CNC-, DNC-Maschinen und Robotern, Werkzeugverwaltung, Lagersteuerung, Transportsteuerung, Instandhaltung und Qualitätssteuerung. Die Unterstützung der eher technisch orientierten Funktionsbereiche erfolgt in der Industrie durch CAx-Systeme, wobei eine der wichtigsten Forderungen zur Gewährleistung durchgängiger Prozesse im Zugriff auf eine zentrale Datenbasis durch sämtliche Systeme besteht. Dies wird durch Electronic Data Management (EDM)-Systeme realisiert, die den Zugang zu sämtlichen technischen Informationsobjekten eines Unternehmens, wie Stücklisten, technische Zeichnungen und Arbeitspläne, aus CAx- und PPS-Anwendungen heraus ermöglichen [8].

Bevor die Übertragbarkeit des Y-CIM-Modells auf den Dienstleistungssektor untersucht wird, wird im Folgenden eine begriffliche Abgrenzung zwischen den beiden Untersuchungsobjekten Sach- und Dienstleistung vorgenommen.

2.2 Industrialisierung von Dienstleistungen

Die Forderung nach einer „Industrialisierung der Dienstleistungen" erfasst die bestehenden Defizite im Bereich des Dienstleistungsmanagements, indem die Übertragbarkeit traditioneller Methoden zur Beherrschung von Fertigungsprozessen auf Dienstleistungen untersucht wird, um somit eine bessere Planbarkeit sowie eine zeit- und kostenmäßige Steuerung der Prozesse zu erreichen [9]. Eine zielführende Transformation von Methoden setzt jedoch zunächst eine Erläuterung der Termini Sach- und Dienstleistung sowie deren Abgrenzung voraus.

Eine Leistung kann generell als das Ergebnis eines (Geschäfts-)Prozesses bezeichnet werden. Der Leistungsbegriff ist allerdings heterogen. Er kann auf unterschiedlichen Detaillierungsebenen verwendet werden und umfasst, in Abhängigkeit von der physischen Beschaffenheit, Sach- und Dienstleistungen (vgl. Abbildung 2) [7]. Letztere bilden dabei wiederum einen heterogenen Betrachtungsgegenstand. Während interne Dienstleistungen vor allem die Aktivitäten der indirekten Leistungsbereiche wie Forschung und Entwicklung oder Verwaltung abdecken, sind externe Dienstleistungen für den Absatz am Markt bestimmt. Externe Dienstleistungen lassen sich des Weiteren in primäre, also selbstständig absetzbare Dienstleistungen wie Bank- und Versicherungsprodukte sowie sekundäre Dienstleistungen im Sinne von produktbegleitenden Dienstleistungen unterteilen [10][11].

Sachleistungen setzen sich zusammen aus Rohstoffen, Produktions- beziehungsweise Betriebsmitteln und Verbrauchsgütern [12]. Der Begriff der materiellen Sachleistung ist somit relativ einfach einzugrenzen. Dazu zählen z. B. Materialien und gefertigte Vor- und Endprodukte. Bei der industriellen Fertigung werden Produktionsfaktoren kombiniert. Nach der betriebswirtschaftlichen Produktionstheorie von GUTENBERG sind dies die Elementarfaktoren Betriebsmittel, menschliche Arbeitsleistung und Werkstoffeinsatz sowie der dispositive Faktor [13]. Eine Sachleistung im ursprünglichen Sinn zeichnet sich dadurch aus, dass sie dem (End-)Kunden stets in Form einer Ware beziehungsweise eines materiell existierenden Guts angeboten wird. Der Leistungsempfänger kann das materielle Produkt vor dem Kauf „ansehen und anfassen". Es lässt sich jedoch feststellen, dass kaum ein Sachgut erzeugt wird, in dessen Produktion nicht eine Fülle von immateriellen Gütern eingeht. Dazu zählen Arbeitsleistungen, Informationen, (Nutzungs-) Rechte verschiedener Art sowie Dienstleistungen [14].

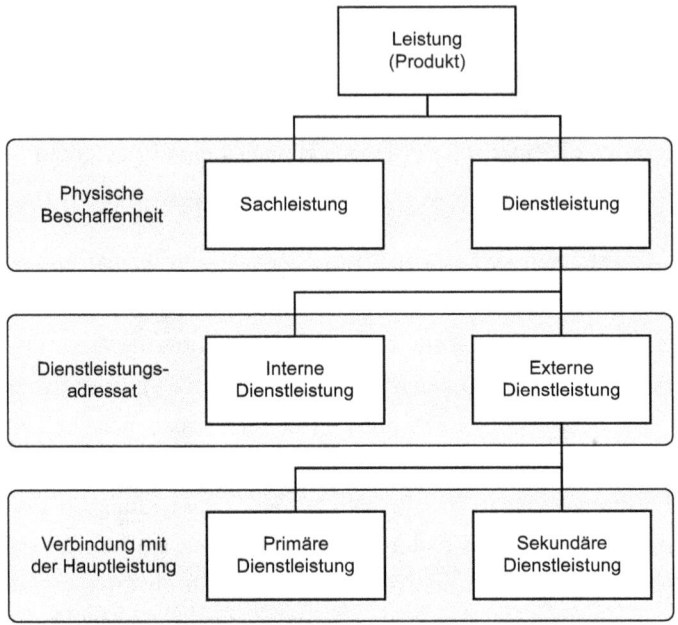

Abbildung 2: Klassifikation von Dienstleistungen

Demgegenüber wird bei der Definition des Dienstleistungsbegriffs auf das Vorhandensein von so genannten konstitutiven Merkmalen zurückgegriffen, die als spezifische Kriterien von Dienstleistungen angesehen werden [15][16]. Unter einem konstitutiven Merkmal ist eine prägende Eigenschaft zu verstehen, die grundlegend den Wesenskern einer Dienstleistung beschreibt [17]. Dazu zählen beispielsweise die Immaterialität und die Integration von externen Faktoren in den Leistungserstellungsprozess. Hinsichtlich des Kriteriums der Immaterialität kann jedoch in umgekehrter Analogie zu den Sachleistungen festgestellt werden, dass Dienstleistungsresultate häufig eine gewisse Stofflichkeit aufweisen [18]. Einen Ansatz zur Überwindung der Dichotomie zwischen Sach- und Dienstleistungen zeigt Abbildung 3.

Auf der Grundlage verschiedener Überlegungen erstellen ENGELHARDT, KLEINALTENKAMP und RECKENFELDERBÄUMER eine allgemeine Leistungstypologie auf der Basis einer „Immaterialitätsachse" und einer „Integrativitätsachse" [15]. In dieser Leistungstypologie lassen sich sämtliche Leistungen positionieren (vgl. Abbildung 4).

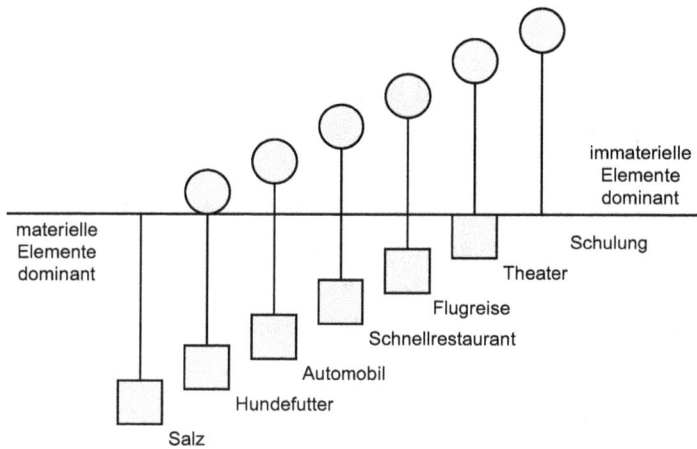

Abbildung 3: Der Materialitätsgrad einer Leistung als Kontinuum [19]

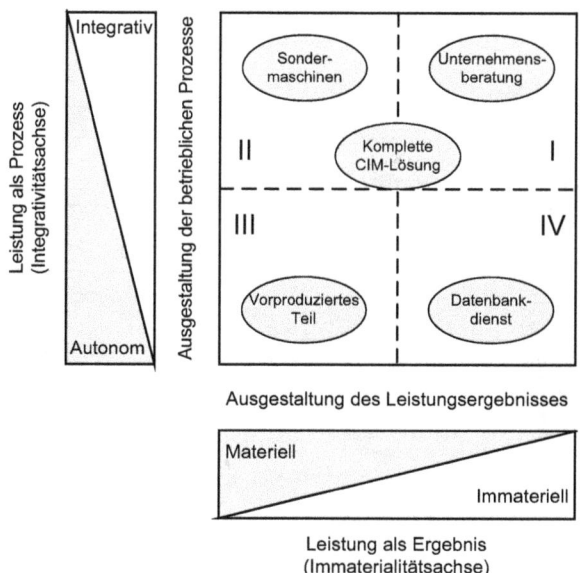

Abbildung 4: Leistungstypologie nach ENGELHARDT, KLEINALTENKAMP und RECKENFELDERBÄUMER [15]

Aufbauend auf der Abgrenzung von Sach- und Dienstleistungen wird im folgenden Abschnitt die Übertragung des Y-CIM-Modells auf Dienstleistungen unter Berücksichtigung konstitutiver Merkmale untersucht.

2.3 Computer Integrated Manufacturing für Dienstleistungen

Hinsichtlich der DV-Unterstützung von Prozessen unterscheidet die Fertigungsindustrie zwischen auftragsbezogenen, organisatorischen sowie produktbezogenen, fertigungstechnischen Prozessen (vgl. Abschnitt 2.1). Dieser Differenzierung kommt im Dienstleistungsmanagement die gedankliche Trennung in den Dienstleistungserbringungsprozess und den Dienstleistungsentwicklungsprozess gleich. Aus dieser Überlegung heraus kann das in Abbildung 5 visualisierte Y-CIM-Modell für Dienstleistungen abgeleitet werden, das eine Weiterentwicklung der von KRÄMER und ZIMMERMANN entwickelten Konzeption darstellt [20].

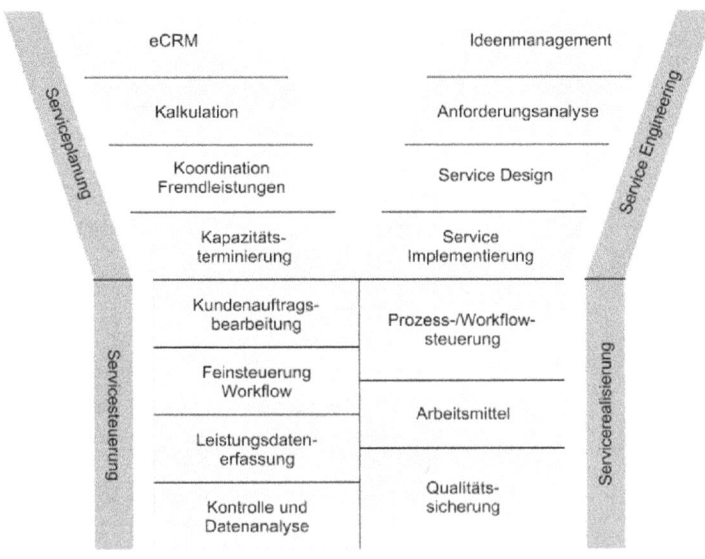

Abbildung 5: Y-CIM-Modell für Dienstleistungen

Die Unschärfe in der Abgrenzung zwischen Sach- und Dienstleistungen überträgt sich gleichermaßen auf die Anwendung des Y-CIM-Modells. Generell kann festgehalten werden, dass sich mit zunehmendem Immaterialitätsgrad der betrachteten Leistung die Zweckdienlichkeit des Einsatzes des in Abbildung 5 gezeigten Modells gegenüber dem Y-CIM-Modell für Sachleistungen erhöht. Gleiches gilt für den Interaktionsgrad mit externen Faktoren.

Ein Unterschied zwischen den beiden Modellausprägungen liegt im Produktionsplanungsprozess. Während in der Fertigungsindustrie die Produktionsplanung vor allem auf Basis vorliegender Kundenaufträge durchgeführt wird, ist dies bei Dienstleistungen auf Grund der Nichtlagerbarkeit sowie der Simultanität von Leistungserstellung und -abgabe nur bedingt möglich. Vielmehr resultiert die Quantifizierung der bereitzustellenden Potenzialfaktoren aus Schätzungen, die entweder aus Erfahrungen oder aus Prognosen abgeleitet werden. Dies gilt sowohl für unternehmenseigene als auch für fremd bezogene Ressourcen. Die Produktionsplanung wird folglich bei Dienstleistungen, die keine materiellen Bestandteile besitzen, unabhängig von vorliegenden Kundenaufträgen gestaltet.

Eintreffende Kundenaufträge beeinflussen somit auf Grund des Integrationszwangs von externen Faktoren in den Erstellungsprozess ausschließlich die Produktionssteuerung. Unter Berücksichtigung der Kundeneinbeziehung lässt sich prinzipiell in diesem Bereich eine hohe Analogie zwischen der Systemstruktur eines DV-unterstützten Dienstleistungsprozesses und der Struktur eines Fertigungsprozesses in einem Industriebetrieb feststellen. In Dienstleistungsunternehmen ist die „Produktion" größtenteils durch elektronische Informationssysteme geprägt. Die verwendeten Computersysteme entsprechen damit den in der Industrie eingesetzten Maschinen zur Unterstützung von Funktionsausführungen. Die zu bearbeitenden Datenobjekte werden in Datenbanken („Data Warehouses") verwaltet, die nicht zuletzt durch die Namensgebung mit den Lagersystemen in der Produktion verglichen werden können. Die Verbindung zwischen den Datenobjekten und den Bearbeitungsfunktionen in Form von Softwaremodulen wird in der Dienstleistungsfabrik durch ein Workflow-System als Pendant zum Transportsystem hergestellt. Auch die transparente Steuerung der einzelnen Prozessausführungen wird durch ein Monitoring- und Analysesystem erreicht [2][10].

Die Übertragung industrieller Konzepte und Methoden zur transparenten Steuerung von Abläufen auf den Dienstleistungssektor erfordert die Systematisierung der Dienstleistungsstruktur einerseits sowie die Dokumentation der zur Erzeugung der Leistungskomponenten benötigten Prozesse andererseits. Ebenso ist es notwendig, die bereits angesprochene Einbeziehung von externen Faktoren in den Leistungserstellungsprozess zu organisieren. Die bislang nur zögerliche Umsetzung der systematischen und IT-gestützten Entwicklung von Dienstleistungen lässt sich nicht zuletzt auf die allgemeine Beschreibungsproblematik hinsichtlich der Ergebnis-, Prozess- und Potenzialdimension von Dienstleistungen zurückführen [18]. Die Erarbeitung einer entsprechenden Methodik bildet die grundlegende Voraussetzung dafür, Dienstleistungen als Entwicklungsobjekte begreifbar zu machen [15]. Einen Ansatz hierfür stellt der Beitrag „Methodenbasierte Visualisierung von Dienstleistungen" von HERRMANN und KLEIN in diesem Buch vor.

Die informationstechnische Unterstützung des durch den rechten Ast des Y-CIM-Modells für Dienstleistungen beschriebenen Dienstleistungsentwicklungsprozesses blieb bisher sowohl in der Wissenschaft als auch in der Praxis weitgehend unberücksichtigt. Zwar gibt es für einzelne Funktionsbereiche entsprechende Software, eine integrierte Gesamtlösung existiert jedoch nicht. Ein weiterer Grund dafür liegt in der fehlenden Strukturierung des Service Engineering-Prozesses, die erst in den letzten Jahren langsam vorgenommen wird.

Im Folgenden werden ein Rahmenkonzept für das IT-gestützte Service Engineering und die fachkonzeptionelle Spezifikation des im Rahmen des Projekts CASET entwickelten Service Engineering Tool vorgestellt.

3 Rahmenkonzept für das IT-gestützte Service Engineering

Die Etablierung eines durchgängigen Managements der Dienstleistungsentwicklung, das sowohl die Gestaltung der Prozesse als auch ihre informationstechnische Unterstützung und kontinuierliche adaptive Verbesserung einbezieht, erfordert ein strukturiertes, methoden- und toolgestütztes Vorgehen. Das von SCHEER entwickelte ARIS-House of Business Engineering (HoBE) stellt ein Rahmenkonzept für das Geschäftsprozessmanagement bereit, das die vier Ebenen Prozessgestaltung, Prozessplanung und -steuerung, Vorgangssteuerung und Anwendungsintegration unterscheidet. Dieses lässt sich sowohl für das Management von Fertigungs- als auch von Dienstleistungsprozessen heranziehen [10]. Auf Grund des prozessorientierten Charakters von Dienstleistungen lässt sich das Konzept zudem sowohl auf den Service Engineering-Prozess als auch auf die zu entwickelnden Dienstleistungserbringungsprozesse anwenden (vgl. Abbildung 6).

Zur Bewältigung der Prozesskomplexität im Service Engineering trägt die Segmentierung des Entwicklungsprozesses in einzelne Phasen bei. Zu diesem Zweck wurden für das Service Engineering verschiedene Vorgehensmodelle unterschiedlicher Struktur und Granularität entwickelt, die in dem Beitrag von DAUN und KLEIN in diesem Buch vorgestellt werden. Um als Grundlage für eine DV-technische Unterstützung wirken zu können, muss ein Vorgehensmodell so weit spezifiziert sein, dass es als Referenzmodell für eine Integrationsplattform dienen kann. Referenzmodelle sind dadurch gekennzeichnet, dass sie für eine Reihe von Anwendungsfällen Gültigkeit besitzen, aber auch unverändert anwendbar sind [21]. Ein solches Vorgehensreferenzmodell bildet zugleich die Dokumentation der Service Engineering-Software.

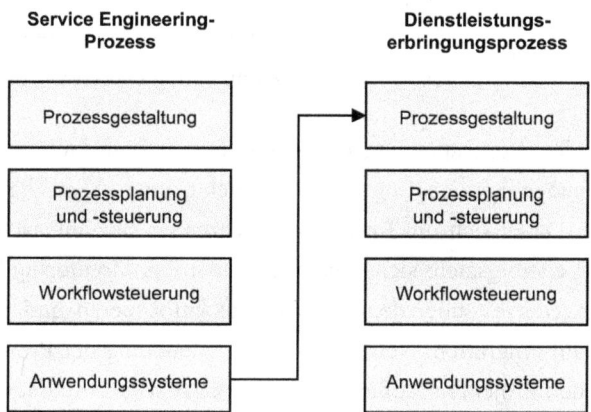

Abbildung 6: Service Engineering-Rahmenkonzept

Auf der Ebene der *Prozessgestaltung* werden auf der Grundlage eines ausgewählten Referenzmodells ein beziehungsweise mehrere für ein Unternehmen typische

Service Engineering-Prozesse festgelegt. Zur Gestaltung der Prozesse im Rahmen eines Benchmarkings können Best Practice-Beispiele herangezogen werden. Während die Prozessgestaltung die Vorgaben für den grundsätzlichen Funktionsumfang der Software liefert und in der Regel in größeren Zeitabständen durchgeführt wird, beinhaltet die Ebene der *Prozessplanung und -steuerung* die operative Abwicklung der Service Engineering-Projekte. Insbesondere unter dem Aspekt der Kosten- und Zeitabschätzung ist die projektspezifische Konfiguration des Entwicklungsprozesses vor dem Beginn der eigentlichen Projektdurchführung in Abhängigkeit von verschiedenen Faktoren sinnvoll [22]. Diese Faktoren umfassen unternehmensinterne Sach- und Formalziele, „harte" Rahmenbedingungen sowie externe Einflussfaktoren. Sachziele beziehen sich auf das Ergebnis eines Entwicklungsprozesses, wie die Steigerung des Umsatzes um einen bestimmten Prozentsatz, während Formalziele die Prozessdurchführung (Zeit, Kosten, Qualität) betreffen. Unter Rahmenbedingungen werden dagegen u. a. Restriktionen materieller, technischer und gesetzlicher Art verstanden. Externe Einflussfaktoren stellen „weiche" Anforderungen, wie beispielsweise Kundenerwartungen, dar [23].

Durch den modulartigen Aufbau der Service Engineering-Prozessmodelle wird die Wiederverwendung der Prozessmodule in verschiedenen Projekttypen möglich. Die Prozessmodule können zusammen mit dem zugehörigen Prozesswissen in einer Projektdatenbank strukturiert abgelegt werden. Neben den Projektaktivitäten können in den Modulen die benötigten beziehungsweise erzeugten Daten, organisatorische Zuständigkeiten sowie relevante Kennzahlen erfasst werden [24].

Auf der Ebene der Prozessplanung und -steuerung erfolgt daneben die Überwachung der laufenden Service Engineering-Projekte unter Kapazitäts-, Zeit- und Kostenaspekten. Da es sich um Entwicklungsvorhaben handelt, ist außerdem die Einhaltung der Leistungsziele sicherzustellen. Über das Monitoring kann sich der Projektmanager jederzeit über den Projektstatus informieren und regulierend in den Projektverlauf eingreifen. Neben der ad hoc-Steuerung der Projekte muss das Feedback über den Projektverlauf auch für die langfristige Anpassung der Service Engineering-Prozesse beziehungsweise -Prozessmodule im Sinne einer kontinuierlichen Prozessverbesserung genutzt werden, sodass der Regelkreis zur Ebene der Prozessgestaltung geschlossen wird.

Auf der Ebene der *Workflowsteuerung* werden aus den Service Engineering-Prozessmodellen der Ebene der Prozessgestaltung konkrete Prozessabläufe instanziiert. Das Workflowsystem stellt die logische Verbindung zwischen den an der Prozessausführung beteiligten Anwendungssystemen her. Dabei muss zwischen gut strukturierten Workflows, beispielsweise im Rahmen administrativer Tätigkeiten, sowie ad hoc-Workflows, die beispielsweise bei unstrukturierten Prozessen im Rahmen von Projektaktivitäten auftreten, unterschieden werden [25]. Ein Werkzeug zur Unterstützung des Service Engineering-Prozesses stellt eine Kombination aus einer ad hoc-Workflowunterstützung und Groupware-Funktionalitäten dar. Die Plattform kann somit den Gesamtablauf steuern und ruft gleichzeitig die zur Durchführung der einzelnen Aktivitäten erforderlichen Anwendungssysteme auf [26].

Mit Hilfe des Einsatzes von Modellierungssoftware auf der Ebene der *Anwendungssysteme* erfolgt beispielsweise die Gestaltung und Planung neuer Dienstleistungen. Dieser Zusammenhang bildet die Schnittstelle zwischen dem Service Engineering-Prozess und den entwickelten Dienstleistungserbringungsprozessen.

Das beschriebene Rahmenkonzept lässt sich somit analog auf den Dienstleistungserbringungsprozess übertragen. Während Ablaufpläne im Dienstleistungsbereich gegenüber industriellen Fertigungsprozessen lange Zeit unbekannt waren [9], liegen mittlerweile in vielen Dienstleistungsunternehmen, wie beispielsweise Kreditinstituten, gut dokumentierte Prozessbeschreibungen vor. Diese gilt es im Rahmen der Prozessgestaltung zu entwickeln beziehungsweise anzupassen. Auch hier erlaubt die Definition standardisierter Prozessmodule die Wiederverwendung in verschiedenen Dienstleistungen. Durch den Rückgriff auf die in einer Moduldatenbank gespeicherten Leistungsbausteine kann die Effizienz der Dienstleistungsentwicklung verbessert werden. Simulationen des geplanten Prozessablaufs dienen dem frühzeitigen Erkennen und Beheben von Prozessschwachstellen. Hinsichtlich der Entwicklung IT-gestützter Dienstleistungen ist außerdem die integrierte Modellierung von Dienstleistungs- und Softwaremodulen mit dem Ziel der automatisierten Generierung der unterstützenden Software sinnvoll.

Nach der Markteinführung gilt es im Rahmen der Prozessplanung und -steuerung, die laufenden Dienstleistungserbringungsprozesse hinsichtlich zuvor definierter Effizienz- und Effektivitätskriterien zu überwachen. Aufgedeckte Schwachstellen haben wiederum Auswirkungen auf die Ebene der Prozessgestaltung. Auf Grund der Strukturiertheit der Prozesse im Back-Office-Bereich vieler Dienstleister liegt hier ein geeignetes Gebiet für die Workflowsteuerung zur Integration der eingesetzten Anwendungssysteme vor [25].

4 Fachkonzeptionelle Spezifikation des Service Engineering Tool

4.1 Strategisches Anwendungskonzept

Die derzeit in der Dienstleistungsentwicklung eingesetzten DV-Werkzeuge lassen eine durchgängige inhaltlich-methodische Unterstützung der Entwicklungsaktivitäten vermissen [1][27]. Neben dem Einsatz von Modellierungswerkzeugen beschränkt sich die informationstechnische Unterstützung weitgehend auf Standard-Office-Anwendungen und heterogene Datenbanklösungen. Außerdem werden Projektmanagement-Werkzeuge sowie Groupware zur Abstimmung von Aufgaben innerhalb der Projektteams eingesetzt.

Die im Rahmen des Projekts CASET erhobenen Anforderungen an ein Werkzeug zur Unterstützung des Service Engineering-Prozesses lassen sich drei Kategorien zuordnen. Dabei handelt es sich um organisatorische Anforderungen als Voraussetzung für den erfolgreichen Einsatz des Tool, allgemeine Anforderungen an das System sowie funktionale Anforderungen [28].

Organisatorische Anforderungen

Die Konzeption der CASET-Plattform beruht auf der Annahme, dass die Planung neuer Dienstleistungen durch interdisziplinäre Teams erfolgt, deren Mitglieder sich aus Mitarbeitern verschiedener Abteilungen rekrutieren. Dies setzt eine adäquate Aufbau- und Ablauforganisation voraus und stellt zugleich Anforderungen an die Innovations- und Unternehmenskultur. Um einen offenen Informationsaustausch zu gewährleisten, sind nicht nur Team- und Kritikfähigkeit gefragt, sondern auch die Bereitschaft der einzelnen Mitarbeiter, ihre unterschiedlichen Wissensressourcen in den Planungsprozess einzubringen [29].

Allgemeine Systemanforderungen

Eine Software zur Unterstützung der Dienstleistungsentwicklung muss Flexibilität gewährleisten, um den jeweiligen Projektmanagern die ad hoc-Steuerung ihrer Projekte zu ermöglichen. Durch die Modularität und damit die Wiederverwendbarkeit nicht nur der Software, sondern auch der ihr zu Grunde liegenden Prozessmodelle wird die kurzfristige Anpassung der Projektabläufe an die vorliegenden Rahmenbedingungen ermöglicht. Im Hinblick auf die Akzeptanz des Systemeinsatzes sowie zur Vermeidung unnötiger Neuentwicklungen ist zudem die Offenheit des Tool anzustreben, um die Anbindung an bestehende Systeme und Datenbanken, beispielsweise im Controlling oder im Vorschlagswesen, zu gewährleisten. Schließlich ist auch die langfristige Adaptierbarkeit wichtig, d. h. die der Software zu Grunde liegenden Prozessmodelle müssen auch langfristig an veränderte Rahmenbedingungen anpassbar sein.

Funktionale Anforderungen

Die funktionalen Anforderungen beziehen sich vor allem darauf, dass mit dem zu entwickelnden Tool eine Kooperationsplattform für das gemeinsame Entwickeln von Dienstleistungen anzubieten und zugleich eine spezifische Methodenunterstützung für das Service Engineering bereit zu stellen ist.

Gegenstand der Computer-supported Cooperative Work (CSCW)-Forschung sind Groupware-Systeme, die dem arbeitsteiligen Bearbeiten betriebswirtschaftlicher Aufgabenstellungen dienen. Deren Funktionalitäten werden nach der Intensität der Interaktion in Kommunikations-, Koordinations- und Kooperationsunterstützung unterschieden [30].

- *Kommunikationsunterstützung*: Zu den wesentlichen Funktionalitäten des Tool müssen der Austausch von projektspezifischen Informationen zwischen den Teammitgliedern, z. B. über E-Mail, sowie die themenspezifische Kommunikation, beispielsweise in einem Community-Bereich, gehören.

- *Koordinationsunterstützung*: Die Grundlage der Workbench sollte ein konfigurierbares Vorgehensmodell bilden, das den Anwender im Sinne eines elektronischen Leitfadens mit Checklisten und Methodenbeschreibungen durch den Service Engineering-Prozess führt. Darüber hinaus muss der Leitfaden Erläuterungen zu Vor- und Nachteilen von Methoden, unterstützenden Werkzeugen etc. enthalten, die dem Anwender eine strukturierte Anleitung durch den gesamten Prozess hindurch gewährleisten [26]. Aus den einzelnen Phasen heraus kann dann der Aufruf externer Anwendungsprogramme, wie Dokumentenmanagement- oder Projektmanagement-Systeme, erfolgen. Um den unterschiedlichen Aufgaben der Projektmitglieder gerecht zu werden, sind verschiedene Sichten entsprechend eines definierten Rollenkonzepts anzulegen. Zur Durchführung des Projektmonitorings sowie zur Unterstützung des zielgerichteten Planens der neuen Dienstleistung ist die Integration eines Kennzahlensystems erforderlich, auf dessen Basis Reports sowie grafische Aufbereitungen von Daten zur Entscheidungsunterstützung generiert werden.

- *Kooperationsunterstützung*: Da sich die visuelle Darstellung der zu entwickelnden Dienstleistung als ein zentrales Kriterium für die arbeitsteilige Planung herauskristallisiert hat, ist ein zentraler Zugriff auf eine Prozessmodellierungskomponente erforderlich. Der sinnvolle Einsatz der Prozessmodellierungskomponente beruht auf dem Aufbau einer Modulbibliothek. Dazu muss der Leitfaden eine detaillierte Anleitung enthalten, um die Entscheidungsträger zur selbstständigen Bildung und Anpassung der Module zu befähigen. Für IT-gestützte Dienstleistungen sind neben den Dienstleistungsmodulen auch Softwaremodule zu definieren, die das möglichst automatische Mapping von Dienstleistungen und entsprechender Softwareunterstützung erlauben (vgl. den Beitrag von KLEIN und SCHNÜTTGEN in diesem Buch).

Auf der Grundlage des erarbeiteten Pflichtenhefts wurde der CASET-Prototyp fachkonzeptionell spezifiziert und anschließend informationstechnisch umgesetzt. Durch den prototypischen Einsatz des Tool bei den beteiligten Anwendungspartnern wurden sowohl die inhaltlich-methodische Konzeption als auch die systemseitige Umsetzung evaluiert. Auf diese Weise konnten Verbesserungsvorschläge wieder in Konzeption und Umsetzung einfließen. Das entwickelte Fachkonzept wird in den folgenden Abschnitten aus Funktionssicht, Datensicht sowie Steuerungs- beziehungsweise Prozesssicht vorgestellt.

4.2 Funktionssicht des Fachkonzepts

Der anwendungsbezogene Aufbau des Service Engineering Tool wird anhand der funktionalen Architektur erläutert. Die technische Seite der Systemarchitektur wird dagegen im Beitrag von THE in diesem Buch vorgestellt. Die funktionale Architektur des Tool lässt sich in die drei grundlegenden Komponenten Benutzerführung, Werkzeuganbindung und Repository zerlegen, die in Abbildung 7 dargestellt sind und nachfolgend beschrieben werden.

Benutzerführung: Aus Sicht des Benutzers bietet die CASET-Plattform informationstechnische Unterstützung für die verschiedenen Entwicklungstätigkeiten an, die im Laufe des Service Engineering-Prozesses anfallen. Daneben werden phasenübergreifende Funktionen angeboten sowie Funktionen, die strategischer Natur sind und daher nur zu bestimmten Zeitpunkten und unabhängig von bestimmten Entwicklungsprojekten ausgeführt werden. Über den Leitfaden wird der Benutzer anhand kurzer Hilfstexte durch die Phasen des Service Engineering-Prozesses geleitet. Parallel dazu besteht der Zugriff auf die einzelnen Bearbeitungsmasken. Die dort umgesetzten Funktionalitäten werden im Folgenden anhand der einzelnen Phasen des Service Engineering-Prozesses vorgestellt.

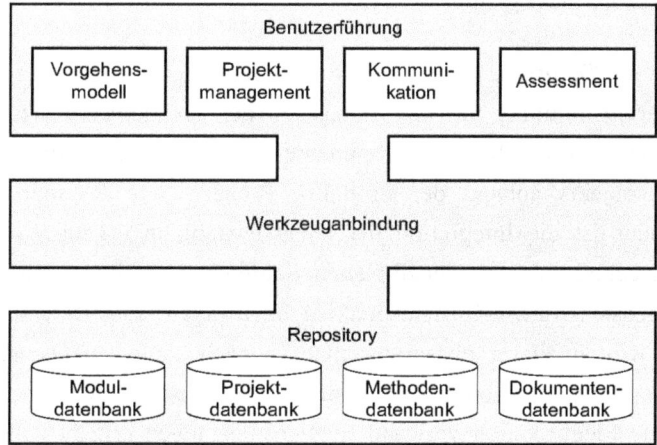

Abbildung 7: Funktionale Architektur des Service Engineering Tool

In der *Definitionsphase* werden neue Ideen erfasst beziehungsweise aus dem Vorschlagswesen übernommen und hinsichtlich ihrer Erfolgsaussichten bewertet. Zur Konkretisierung der Ideen wird eine Modellierungskomponente zur visuellen Unterstützung eines Brainstormings angeboten. Für das Projektmanagement liegen Funktionalitäten zur Projektplanung, wie Zieldefinition, Zusammenstellung der Projektteams, Termin-, Ressourcen- und Kostenplanung sowie Risikoabschätzung, vor. In Abhängigkeit von den Rahmendaten des Projekts kann im Anschluss eine Projektklassifikation durchgeführt werden, welche die Grundlage für die Konfiguration des Service Engineering-Prozesses bildet, auf die in Abschnitt 4.4 näher eingegangen wird.

Die Phase der *Anforderungsanalyse* ist eng mit der Definitionsphase verflochten. Eine eindeutige Trennung dieser beiden Phasen ist in der vorliegenden Systemkonzeption nicht sinnvoll, vielmehr sind Rücksprünge aus der Anforderungsanalyse in die Definitionsphase unbedingt erforderlich. Die beiden Phasen bilden damit einen Regelkreis zur Vorbereitung der Entscheidungsfindung hinsichtlich des Projektstarts. Im Rahmen der Anforderungserhebung kommt es vor allem darauf an, dass den aus Marktforschung oder Kundenbefragungen bekannten Kundenanforderungen die aus Unternehmenssicht bestehenden Anforderungen gegenüber gestellt werden und somit ein Abgleich als Ausgangspunkt für die Konzeptionsphase durchgeführt wird [31].

In der Phase der *Dienstleistungskonzeption* sind die Eigenschaften der Dienstleistung in Übereinstimmung mit den Wünschen der Zielkunden festzulegen. Die Anbindung an die Modellierungskomponente erlaubt hier die Visualisierung des Entwicklungsobjekts anhand der Produkt-, Prozess- und Ressourcenmodelle. Darüber hinaus ist die Integration der Dienstleistung in organisatorischer und informationstechnischer Hinsicht zu planen. Sämtliche Gestaltungsentscheidungen sind unter Kosten-Nutzen-Gesichtspunkten abzuwägen. Zur Unterstützung der Konzeption wird in dieser Phase systematisch nach ähnlichen Dienstleistungen gesucht, deren Leistungsmodule dem Benutzer über die Moduldatenbank zugänglich sind. Die Identifikation verwandter Dienstleistungen erlaubt außerdem, die Auswirkungen einer neuen Dienstleistung aus Sicht des Leistungsportfolios wertmäßig abzuschätzen.

193

Im Rahmen der *Dienstleistungsrealisierung* erfolgt die Umsetzung der neuen Dienstleistung auf Basis der zuvor erstellten Modelle. Die anfallenden Maßnahmen umfassen insbesondere die Bereitstellung der technischen Infrastruktur, die Durchführung organisatorischer Anpassungsmaßnahmen, die Schulung der Mitarbeiter sowie die Einleitung von Marketingaktionen zur externen Kommunikation der Dienstleistung. Zur automatisierten Maskengenerierung von IT-gestützten Dienstleistungen wurde eine Prototyping-Komponente angebunden.

Die *Vorbereitung der Markteinführung* soll sicherstellen, dass die Dienstleistung möglichst reibungslos am Markt anläuft. Dazu werden Notfallpläne für die Einführungsphase festgelegt, die Einweisung des Personals abgeschlossen und Tests durchgeführt. Wichtig ist in dieser Phase insbesondere die genaue Festlegung von Zuständigkeiten und die Überwachung der Einhaltung zeitlicher Vorgaben.

In der Phase nach der *Markteinführung* steht die Evaluation der Dienstleistung mit dem Ziel der kontinuierlichen Leistungsverbesserung im Vordergrund. Dazu ist zum einen die Projektdurchführung und zum anderen die Erreichung der operativen und strategischen Projektziele zu bewerten. Die Ergebnisse der Analyse können anschließend als Ausgangspunkt für die Durchführung neuer Service Engineering-Projekte dienen.

Parallel zu den Aktivitäten des Service Engineering-Prozesses werden Funktionalitäten zum *Projektmanagement*, und zwar insbesondere zur Überwachung des Projektstatus sowie zur Einhaltung der vorgegebenen Kosten- und Leistungsziele, angeboten. Zur Unterstützung der *Kommunikation* bietet ein Community-Bereich neben der Anbindung an das Standard-Mail-System den Benutzern die Möglichkeit, mit anderen Dienstleistungsentwicklern in Dialog zu treten. Um die regelmäßige Überprüfung des organisatorischen und methodischen Reifegrads der Dienstleistungsentwicklung zu begleiten, enthält das Tool eine Anleitung, die relevante Fragestellungen zur Durchführung eines *Assessments* entweder im Rahmen einer Selbstbewertung oder eines Audits behandelt.

Werkzeuganbindung: Die zweite funktionale Komponente des Service Engineering Tool bildet die Werkzeuganbindung an bereits im Unternehmen implementierte Systeme. Damit kommt das Tool der zentralen Forderung nach einer Integration und Vernetzung der bestehenden Systeme nach [26]. Das Service Engineering Tool übernimmt in diesem Sinne eine Portalfunktion für die an der Dienstleistungsentwicklung beteiligten Mitarbeiter. Grundlegende Voraussetzung für die Dienstleistungsgestaltung ist die Anbindung an ein Modellierungstool. Vorteilhaft ist dabei der Einsatz eines webbasierten Werkzeugs, da auf diese Weise selbst Mitarbeiter an verteilten Standorten mit einer zentralen Datenbank arbeiten können. Auch die Installation einzelner Werkzeuge ist auf diese Weise nicht erforderlich. Wichtig ist darüber hinaus die Anbindung an im Einsatz befindliche Anwendungssysteme, um die mehrfache Erfassung von Kennzahlen zu vermeiden. Zur zentralen Verwaltung von Ideen für neue Dienstleistungen bietet sich schließlich auch die Anbindung des Systems an das Vorschlagswesen oder an ein vorhandenes Marketinginformationssystem an.

Repository: Um der Anforderung der Kooperationsunterstützung Genüge zu leisten, baut das entwickelte System auf einer zentralen Datenbank auf, die sämtlichen Projektbeteiligten offen steht. Jeder Datenbank ist ein Konzept hinterlegt, das es den Benutzern erlaubt, die Inhalte selbstständig zu erweitern und zu aktualisieren. Der Zugriff auf die einzelnen Datenbankinhalte ist dabei rollenspezifisch festzulegen. Aus inhaltlicher Sicht lassen sich vier Bereiche unterscheiden:

- Die *Moduldatenbank* enthält die Dienstleistungsmodule, welche die Grundlage für die neu zu entwickelnde beziehungsweise zu konfigurierende Dienstleistung bilden.

- Die *Projektdatenbank* enthält die Prozessmodule des Service Engineering-Prozesses, auf die im Rahmen der Projektklassifizierung zurückgegriffen wird.

- Eine *Methodendatenbank* bietet Zugriff auf detaillierte Methodenbeschreibungen, eine Analyse der Einsatzvoraussetzungen sowie die Anbindung an DV-Werkzeuge zur Methodenunterstützung. Um dem Benutzer gewisse Freiheitsgrade bei der Bearbeitung der Projekte zu gewähren, sind die Masken des Systems so offen gehalten, dass sie für den Einsatz unterschiedlicher Methoden, beispielsweise im Bereich der Ideenfindung oder der Leistungsspezifikation, geeignet sind.

- Um bestehendes Erfahrungswissen zu nutzen, ist schließlich eine *Dokumentendatenbank* erforderlich, in der verschiedene Dokumententypen abgelegt und den verschiedenen Benutzern zugänglich gemacht werden können. Dies können zum einen projektgebundene Dokumente sein, wie Pflichtenhefte oder Entscheidungsvorlagen, die einerseits den Bearbeitungsfluss in laufenden Projekten unterstützen und andererseits wichtige Informationen darstellen, um aus vergangenen Projekten zu lernen. Zum anderen können hier aber auch projektunabhängige Informationen gespeichert werden, wie Dokumentenvorlagen, Best Practice-Dokumentationen, Veröffentlichungen zum Thema Service Engineering etc.

Der folgende Abschnitt stellt die genauen Datenstrukturen der Moduldatenbank und der Projektdatenbank als zentrale Komponenten des Repository dar.

4.3 Datensicht des Fachkonzepts

Die Datenstruktur des Service Engineering Tool wurde mit Hilfe der objektorientierten Modellierungssprache UML (Unified Modeling Language) als Klassendiagramm entwickelt. Damit wird einerseits die Übersichtlichkeit über komplexe betriebswirtschaftliche Sachverhalte gewährleistet und andererseits bildet die Darstellung zugleich den Ausgangspunkt für die DV-technische Realisierung. Zentraler Gegenstand des Klassendiagramms sind die Datenstrukturen der Moduldatenbank („Service Engineering-Database") und der Projektdatenbank. Der Übersichtlichkeit halber werden nacheinander die beiden Partialmodelle dargestellt und beschrieben. Das Bindeglied zwischen den beiden Modellen bildet die Klasse Dienstleistung. In die Entwicklung der Datenstruktur wurden in der Literatur bestehende Datenmodelle einbezogen [11][25][32][33].

Moduldatenbank

Der Aufbau der Moduldatenbank berücksichtigt die gedankliche Trennung der drei Dimensionen Ergebnis, Prozess und Potenzial (vgl. Abbildung 8). Die Ergebnisdimension der Dienstleistung wird durch die Klasse Dienstleistung abgebildet. Zusammen mit der Aggregation Dienstleistungs(DL)-Struktur lassen sich sowohl die Zusammensetzung physischer Komponenten zu einem Dienstleistungsprodukt beziehungsweise die Bündelung mehrerer Einzelleistungen zu einer Gesamtleistung als auch die Einordnung in Produktkataloge über mehrere hierarchische Ebenen hinweg darstellen. Neben den materiellen Bestandteilen ist jede Dienstleistung durch Merkmale gekennzeichnet, welche die im Rahmen der Entwicklung an die Dienstleistung gerichteten Anforderungen aus den verschiedenen am Entwicklungsprozess beteiligten Fachbereichen, wie Fachabteilung, Vertrieb, Marketing und Controlling, zum Ausdruck bringen. Jede am Markt angebotene Dienstleistung muss zudem zur Erreichung vordefinierter Ziele beitragen, die letztendlich mit den langfristigen Unternehmenszielen im Einklang stehen müssen. Dabei muss vor allem den Kundenwünschen besondere Aufmerksamkeit zuteil werden, was im Modell durch die Klasse (Kunden-)Ziel betont wird.

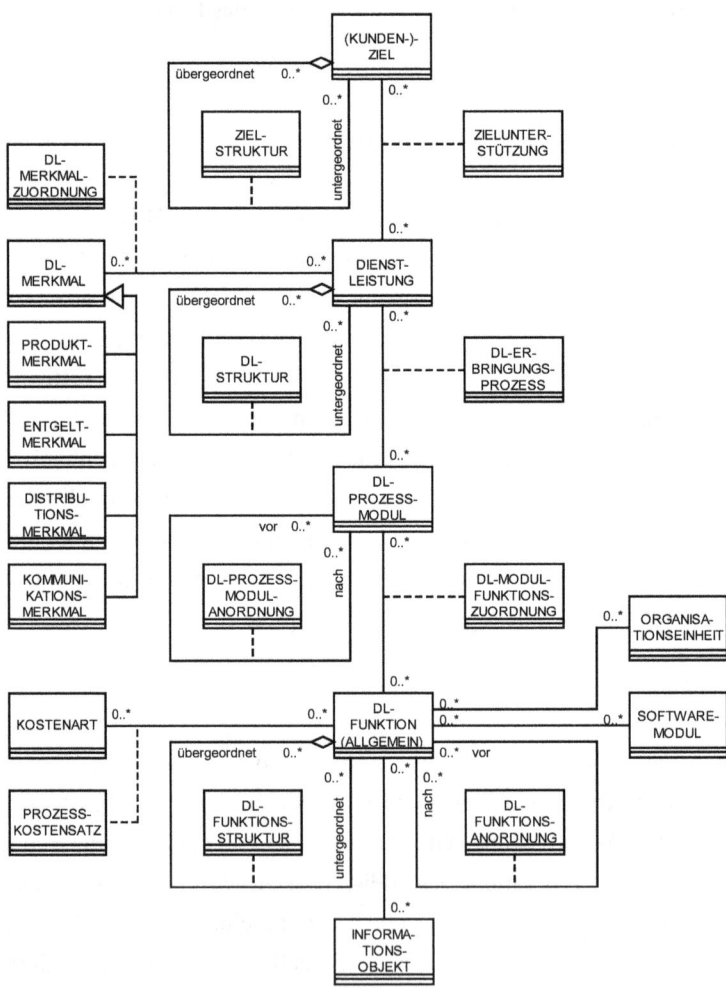

Abbildung 8: Informationsmodell der Moduldatenbank

Hinsichtlich der Prozessdimension erfolgt die Abbildung der von einem Unternehmen angebotenen Dienstleistungen auf den Ebenen DL-Erbringungsprozess, DL-Prozessmodul und DL-Funktion. Die Gestaltung des Dienstleistungserbringungsprozesses beruht auf der flexiblen Verknüpfung der vordefinierten Prozessmodule in Abhängigkeit von der zu entwickelnden Dienstleistung. DL-Prozessmodule stellen gekapselte Einheiten dar, die eine einzelne oder eine Abfolge von Funktionen in einem Objekt zusammenfassen. Für jedes Modul müssen Vorgaben bezüglich der Anbindung an Vorgänger- beziehungsweise Nachfolger-Module definiert werden, beispielsweise über die Angabe der ausgetauschten Leistungen beziehungsweise der zur Bearbeitung erforderlichen Informationsobjekte. Hinsichtlich des Verdichtungsgrades unterhalb der Module sind die allgemeinen Dienstleistungsfunktionen einzuordnen, die unabhängig von einem Prozesszusammenhang gebildet werden und ebenfalls in Vorgänger-Nachfolger-Beziehungen stehen. Die modulbezogenen Funktionen werden erst über die Assoziation der allgemeinen Dienstleistungsfunktionen auf der Ebene der Dienstleistungsmodule definiert.

Die Zuordnung der Ressourcen, wie Hard- und Software und zuständige Organisationseinheiten, zu bearbeitende Informationsobjekte sowie Kosten, zu den Aktivitäten des Dienstleistungserbringungsprozesses erfolgt auf der Ebene der Funktionen. Insbesondere der Abbildung der zur Funktionsausführung erforderlichen Software kommt unter dem Gesichtspunkt eines automatischen Mapping von Dienstleistungs- auf Softwaremodule eine zentrale Bedeutung zu. Über Zuständigkeitsbeziehungen, wie „ist verantwortlich für", „ist aktiv beteiligt an" etc., werden jeder allgemeinen Dienstleistungsfunktion Organisationseinheiten zugeordnet, die sowohl interner als auch externer Natur (Lieferanten, Kunden, externe Dienstleister etc.) sein können. Zur Abbildung des Kostencontrollings erfolgt die Zuordnung der erwarteten sowie der tatsächlichen Kosten, aufgeschlüsselt nach Kostenarten, über die Assoziation Prozesskostensatz. Die Prozesskosten werden anschließend über den Prozesskostensatz und die für die Erbringung der Dienstleistung erforderlichen Einsatzfaktoren ermittelt [11].

Projektdatenbank

Mit Hilfe der Projektdatenbank wird zum einen die flexible Konfiguration des Entwicklungsprozesses und zum anderen das Auslesen von Informationen über laufende und abgeschlossene Projekte ermöglicht (vgl. Abbildung 9). Zu jeder Dienstleistung können ein oder mehrere Service Engineering (SE)-Projekte initiiert werden, da neben der Neuentwicklung von Dienstleistungen auch Erweiterungen beziehungsweise -verbesserungen von bestehenden Dienstleistungen projekttechnisch abgewickelt werden. Diese sind jeweils über die Dienstleistung selbst sowie über Start- und Endzeitpunkte eindeutig definiert. Jedes SE-Projekt kann in Abhängigkeit von Rahmenbedingungen wie Innovationsgrad, strategische Bedeutung, Projektdauer etc. einem bestimmten Projekttyp zugeordnet werden. Jeder Projekttyp umfasst wiederum ein Set an SE-Modulen, die in ihrem Ablauf und Umfang variieren. Die Reihenfolge der Module und die logischen Abhängigkeiten zwischen ihnen werden über die Klassen SE-Modul-Anordnung und SE-Modul-Verknüpfung abgebildet. Zusätzlich kann die hierarchische Gliederung der Module über die Aggregation SE-Modul-Struktur erfasst werden. Somit stellt jeder SE-Prozess eine individuelle Verknüpfung von SE-Modulen im Rahmen eines SE-Projekts dar. Jedem SE-Modul werden die zur Bearbeitung erforderlichen Informationsobjekte und Ressourcen, wie Organisationseinheiten und Software-Module, zugeordnet.

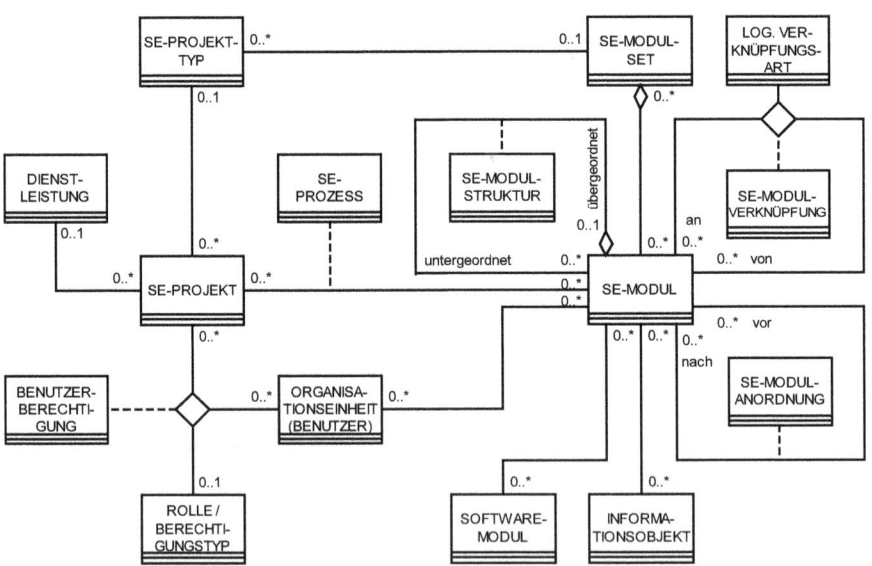

Abbildung 9: Informationsmodell der Projektdatenbank

Die Bearbeitung jedes SE-Projekts erfolgt durch die Projektmitglieder, denen jeweils eine bestimmte Rolle, wie Projektmanager oder Dienstleistungsingenieur, zugewiesen wird, wobei die Rolle je nach Projekt variieren kann. Jeder Rolle sind über ein Berechtigungskonzept Zugriffsberechtigungen für bestimmte Informationsobjekte beziehungsweise für die Durchführung bestimmter Aktivitäten zugewiesen [32]. Auf Grund der definierten Rollen werden den Projektmitarbeitern die für sie relevanten Daten personalisiert angezeigt. Auf diese Weise lassen sich außerdem je nach Berechtigung die Ansprechpartner zeitlich zurückliegender Projekte auffinden.

4.4 Steuerungssicht des Fachkonzepts

Wie bei der Modellierung der Datensicht beschrieben, setzt sich der Service Engineering-Prozess flexibel aus Service Engineering-Modulen zusammen. Dabei werden in CASET drei Formen der Prozesskonfiguration unterschieden:

- (angepasster) Standardprozess,
- vorkonfigurierter Prozess,
- individuell konfigurierter Prozess.

Das dem CASET-Prototyp zu Grunde liegende Service Engineering-Prozessmodell enthält im Sinne eines generischen Referenzmodells alle Service Engineering-Module, die zur Durchführung der verschiedenen Service Engineering-Projekte erforderlich sind. Die Module bilden eine Hierarchiestruktur und sind den einzelnen Phasen des Prozesses untergeordnet (vgl. auch den Beitrag von STRAUSS, THE und WEISBECKER in diesem Buch). Das Prozessmodell bildet somit eine Art „Maximal-Stückliste", die an die Anforderungen eines konkreten Unternehmens angepasst werden kann. Dazu werden die nicht benötigten Teile der Hierarchiestruktur über ein Redlining ausgeklammert [34]. Auf diese Weise lässt sich ein unternehmensspezifischer Standardprozess konfigurieren.

Grundsätzlich ist der Standardprozess auch als konkretes Prozessmodell verwendbar [21]. Je nach den vorliegenden Rahmenbedingungen wird jedoch eine weitere Anpassung an die jeweilige Projektsituation erforderlich sein. Dies ist analog der bereits beschriebenen Individualisierung möglich. Da das Prozessmodell im System-Repository abgelegt ist, kann der Prototyp über die Konfiguration des Modells dynamisch angepasst werden. Je nach Projekt werden dem Bearbeiter in der Benutzeroberfläche somit nur die ausgewählten Funktionen angezeigt.

Eine weitere Möglichkeit der Prozesskonfiguration besteht in der unternehmensinternen, auf Grund von Erfahrungswerten vorgenommenen Definition von Projekttypen. Ist der Standardprozess für die Durchführung eines anstehenden Projekts nicht geeignet, sollte zunächst das Vorliegen eines entsprechenden Projekttyps geprüft werden. Für die Zuordnung eines konkreten Projekts zu einem vordefinierten Projekttyp wird in CASET die Verwendung eines morphologischen Kastens vorgeschlagen, der die wesentlichen Einflussfaktoren bezüglich der Ausgestaltung des Prozesses abbildet (vgl. Abbildung 10). Liegt kein geeigneter Prozesstyp vor, kann auf die Individualisierung des Standardprozesses zurückgegriffen werden.

Abbildung 10: Prozesskonfiguration mit CASET

Als dritte Möglichkeit bietet sich die individuelle Konfiguration eines Prozesses durch Verknüpfung und anwendungsfallspezifische Individualisierung der generischen Prozessbausteine an [22]. Dazu müssen den Modulen Regeln hinterlegt werden, um logische Abhängigkeiten zwischen den Modulen berücksichtigen zu können [10]. Da die Modellierung des Service Engineering-Prozesses in der Steuerungssicht unmittelbare Auswirkungen auf die Gestaltung der unterstützenden

Software hat, erfordert ein Multi-Projektmanagement die Entkopplung beziehungsweise lose Kopplung zwischen den Prozessmodellen, sodass an einem Prozess Änderungen vorgenommen werden können, ohne dass diese zugleich Auswirkungen auf andere Prozesse nach sich ziehen [23][28].

5 Zusammenfassung

Der vorliegende Beitrag hat sukzessiv die detaillierte Beschreibung eines Service Engineering Tool hergeleitet. Ausgehend von der allgemeinen Vorstellung des CIM-Konzepts wurde in einem ersten Schritt dessen Übertragbarkeit auf den Dienstleistungssektor aufgezeigt. In Verbindung mit der Anwendung eines Rahmenwerks zum Prozessmanagement erfolgte im Anschluss die Fokussierung auf den Dienstleistungsentwicklungsprozess und die unterstützende Softwareplattform. Deren fachkonzeptionelle Darstellung wurde schließlich aus den Perspektiven der zu unterstützenden Funktionalitäten, der zu Grunde liegenden Datenstruktur sowie der Prozessplanung und -konfiguration vorgenommen.

Literaturverzeichnis

[1] DIN Deutsches Institut für Normung e. V. (Hrsg.): Service Engineering : Entwicklungsbegleitende Normung (EBN) für Dienstleistungen. DIN-Fachbericht 75, Berlin 1998.

[2] Scheer, A.-W.: 20 Jahre Gestaltung industrieller Geschäftsprozesse. In: Industrie Management, 20(2004)1, S. 11-18.

[3] Jost, W.: EDV-gestützte CIM-Rahmenplanung. Wiesbaden 1993.

[4] Harrington, J.: Computer Integrated Manufacturing. New York 1973.

[5] Scheer, A.-W.: CIM : Der computergestützte Industriebetrieb. 4. Aufl., Berlin et al. 1990.

[6] Scholz-Reiter, B.: CIM – Informations- und Kommunikationssysteme : Darstellung von Methoden und Konzeption eines rechnergestützten Werkzeugs für die Planung. München, Wien 1990.

[7] Scheer, A.-W.: Wirtschaftsinformatik : Referenzmodelle für industrielle Geschäftsprozesse. 7. Aufl., Berlin et al. 1997.

[8] Stahlknecht, P.; Hasenkamp, U.: Einführung in die Wirtschaftsinformatik. Berlin et al. 1999.

[9] Scheer, A.-W.: Industrialisierung der Dienstleistung. In: Scheer, A.-W. (Hrsg.): Veröffentlichungen des Instituts für Wirtschaftsinformatik. Heft 122, Saarbrücken 1996.

[10] Scheer, A.-W.: ARIS : Vom Geschäftsprozess zum Anwendungssystem. 4. Aufl., Berlin et al. 2002.

[11] Hermsen, M.: Ein Modell zur kundenindividuellen Konfiguration produktnaher Dienstleistungen. Aachen 2000.

[12] Wöhe, G.: Einführung in die allgemeine Betriebswirtschaftslehre. 20. Aufl., München 2000.

[13] Gutenberg, E.: Grundlagen der Betriebswirtschaftslehre : Erster Band – Die Produktion, 24. Aufl., Berlin et al. 1983.

[14] Maleri, R.: Grundlagen der Dienstleistungsproduktion. 4. Aufl., Berlin et al. 1997.

[15] Engelhardt, W. H.; Kleinaltenkamp, M.; Reckenfelderbäumer, M.: Leistungsbündel als Absatzobjekte : Ein Ansatz zur Überwindung der Dichotomie von Sach- und Dienstleistungen. In: Zeitschrift für betriebswirtschaftliche Forschung, 45(1993)5, S. 395-426.

[16] Meffert, H.; Bruhn, M. (Hrsg.): Dienstleistungsmarketing. Grundlagen – Konzepte – Methoden. 3. Aufl., Wiesbaden 2000.

[17] Nüttgens, M.; Heckmann, M.; Luzius, M. J.: Service Engineering Rahmenkonzept. In: IM –Fachzeitschrift für Information, Management und Consulting, Sonderausgabe Service Engineering, August 1998, S. 14-19.

[18] Corsten, H.: Dienstleistungsmanagement. 4. Aufl., München 2001.

[19] Shostack, G. L.: How to Design a Service. In: European Journal of Marketing, 16(1982)1, S. 49-63.

[20] Krämer,, W.; Zimmermann, V.: Public Service Engineering – Planung und Realisierung innovativer Verwaltungsprodukte. In: Scheer, A.-W. (Hrsg.): Rechnungswesen und EDV : Kundenorientierung in Industrie, Dienstleistung und Verwaltung. 17. Saarbrücker Arbeitstagung 1996, Heidelberg 1996, S. 555-580.

[21] Hars, A.: Referenzdatenmodelle : Grundlagen effizienter Datenmodellierung. Wiesbaden 1994.

[22] Rupprecht, C.; Peter, G.; Rose, T.: Ein modellgestützter Ansatz zur kontextspezifischen Individualisierung von Prozessmodellen. In: Scheer, A.-W.; Nüttgens, M. (Hrsg.): Electronic Business Engineering, 4. Internationale Tagung Wirtschaftsinformatik. Heidelberg 1999.

[23] Allweyer, T.: Adaptive Geschäftsprozesse : Rahmenkonzept und Informationssysteme. Wiesbaden 1998.

[24] Reiter, C.: Toolbasierte Referenzmodellierung : State of the Art und Entwicklungstrends. In: Becker, J.; Rosemann, M.; Schütte, R. (Hrsg.): Referenzmodellierung : State of the Art und Entwicklungsperspektiven. Heidelberg 1999, S. 45-68.

[25] Galler, J.: Vom Geschäftsprozeßmodell zum Workflow-Modell : Vorgehen und Werkzeug für einen kooperativen Ansatz. Wiesbaden 1997.

[26] Heckmann, M.; Raether, C.; Nüttgens, M.: Werkzeugunterstützung im Service Engineering. In: Information Management & Consulting, 13(1998) Sonderausgabe, S. 31-36.

[27] Bullinger, H.J.; Meiren, T.: Service Engineering : Entwicklung und Gestaltung von Dienstleistungen. In: Bruhn, M.; Meffert, H. (Hrsg.): Handbuch Dienstleistungsmanagement. 2. Aufl., Wiesbaden 2001, S. 149-175.

[28] Habermann, F.; Wargitsch, C.: IMPACT: Workflow-Management-System als Instrument zur koordinierten Prozessverbesserung : Anforderungen. In: Scheer, A.-W. (Hrsg.): Veröffentlichungen des Instituts für Wirtschaftsinformatik. Heft 150, Saarbrücken 1998.

[29] Eversheim, W.; Schuh, G.: Produktion und Management : Produktmanagement, Bd. 2. Berlin et al. 1999.

[30] Schwabe, G.; Streitz, N.; Unland, R. (Hrsg.): CSCW-Kompendium : Lehr- und Handbuch zum computerunterstützten kooperativen Arbeiten. Berlin et al. 2001.

[31] Schwarz, W.: Methodisches Konstruieren als Mittel zur systematischen Gestaltung von Dienstleistungen. Berlin 1997.

[32] Scheer, A.-W.: ARIS – Modellierungsmethoden, Metamodelle, Anwendungen. 4. Aufl., Berlin et al. 2001.

[33] Mehlau, J. I.; Wimmer, A.: Produktmodelle im Finanzdienstleistungssektor : Entwicklung eines objektorientierten Meta-Modells. In: Regensburger Diskussionsbeiträge zur Wirtschaftswissenschaft, Nr. 371, Regensburg 2002.

[34] Emrany, S.; Boßlet, K.: Prozess-Beratung. In: Scheer, A.-W.; Köppen, A. (Hrsg.): Consulting : Wissen für die Strategie-, Prozess- und IT-Beratung. 2. Aufl., Berlin et al. 2000.

Architektur eines Service Engineering Tool

Tek-Seng The

Institut für Arbeitswissenschaft und Technologiemanagement (IAT) der Universität Stuttgart
Fraunhofer-Institut für Arbeitswirtschaft und Organisation (IAO), Stuttgart

Inhalt

1 Einleitung

2 Architekturrahmenkonzept
    2.1 Schichtenmodell
    2.2 Unterstützende Werkzeuge
    2.3 Benutzergruppen

3 Komponentenansatz / Modularität
    3.1 Komponentenansatz für Dienstleistungen
    3.2 Komponentenansatz im Service Engineering

4 Anpassbarkeit / Flexibilität

5 Generierung aus UML
    5.1 Erzeugung des Objektmodells und der Zugriffsklassen
    5.2 Pflege und Wartung der Prozesse und Module

Literaturverzeichnis

1 Einleitung

Dieser Beitrag beschreibt den technischen Hintergrund der CASET-Plattform und die bei der Realisierung eingesetzten Teilkonzepte.

Die CASET-Plattform wurde als webbasierte Anwendung realisiert, um den Installationsaufwand an den Arbeitsplätzen auf ein Minimum zu reduzieren und um gemeinschaftliches Arbeiten zu ermöglichen.

Für die softwaretechnische Umsetzung der CASET-Plattform wurde auf Basis der erhobenen Anforderungen (vgl. den Beitrag von STRAUSS und SCHREINER in diesem Buch) ein Architekturrahmenkonzept entworfen. Insbesondere wurden folgende Punkte berücksichtigt:

- Verwendung des Komponentenansatzes bei der Entwicklung der Plattform,
- Unterstützung des Komponentenansatzes für die Dienstleistungsentwicklung,
- Anpassbarkeit und Flexibilität der Plattform,
- Code-Generierung aus Modellen.

2 Architekturrahmenkonzept

Die technische Architektur der CASET-Plattform besteht aus den in Abbildung 1 gezeigten Komponenten:

- CASET-Server mit dem CASET-Guide und einem Repository-Adapter für den Zugriff auf die zentral gehaltenen Daten,
- CASET-Client, der über das Netzwerk mit dem CASET-Server kommuniziert. Dabei handelt es sich um einen XML-fähigen Webbrowser, der über Skripte zusätzliche Werkzeuge ansteuert,
- Modellierungskomponente, mit der das Objektmodell erstellt und erweitert wird,
- Konfigurationskomponente, über die z. B. Vorgehensmodelle und dazugehörige Module in das Repository eingepflegt werden.

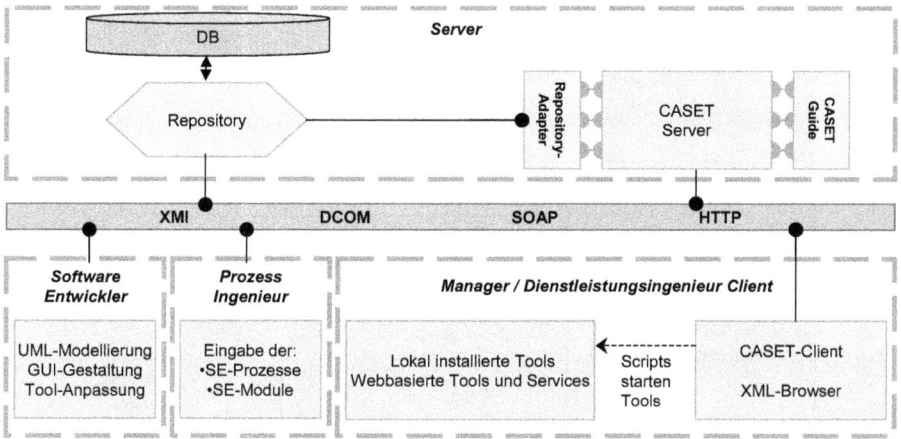

Abbildung 1: Komponenten von CASET

2.1 Schichtenmodell

Die Realisierung der Plattform erfolgt auf Basis von Internet-Technologie, um eine einfache und breite Verwendbarkeit sicherzustellen. Der Prototyp setzt dabei auf dem .NET Framework [1], der aktuellen Netzwerkplattformarchitektur von Microsoft, auf.

Abbildung 2 zeigt die Aufteilung der Komponenten in vier Schichten. Aufbauend auf der Infrastrukturschicht besteht die Software aus der Datenhaltungsschicht, der Anwendungsschicht und der Darstellungsschicht. Die Trennung von Daten, Applikation und Benutzungsoberfläche erleichtert die modulare Entwicklung von Software. Die nachfolgenden Abschnitte beschreiben die unterschiedlichen Schichten.

2.1.1 Infrastrukturschicht

Durch die Entscheidung für die eXtensible Markup Language (XML) zum Datenaustausch und Web Services für die Kommunikation stehen lediglich .NET und die Java 2 Plattform Enterprise Edition (J2EE) als mögliche Plattformtechnologien zur Verfügung. Dabei sind prinzipiell beide Alternativen geeignet. Die Konzepte der Werkzeugplattform sind sowohl mit .NET als auch mit J2EE umsetzbar.

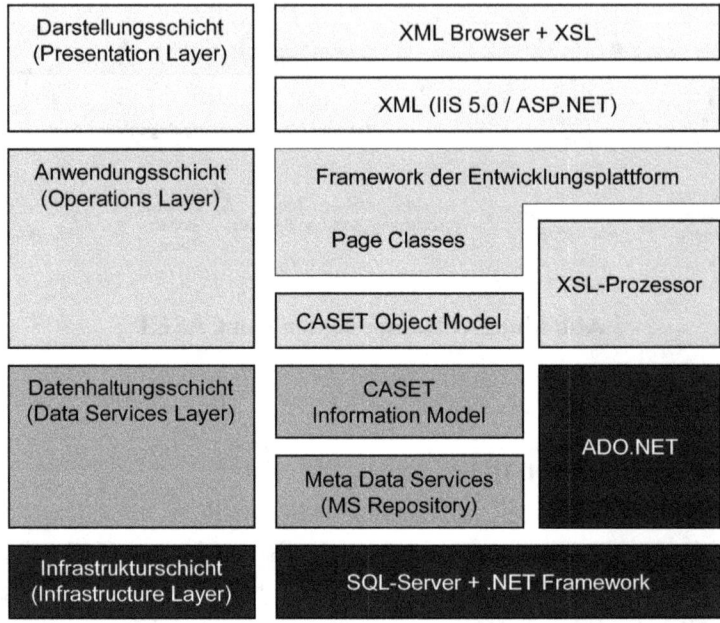

Abbildung 2: Schichtenmodell der Entwicklungsplattform

Für die Implementierung wurde schließlich das .NET Framework ausgewählt. Folgende Gründe sprechen für den Einsatz des .NET Frameworks:

- Einfache Einbindung der bei den Nutzern verbreiteten Microsoft-Office Produkte. Z. B. können Schnittstellen auf der Toolseite mit der gleichen Sprache und auch teilweise gleichem Code erstellt werden wie auf der Serverseite.

- Hoher Integrationsgrad mit dem Datenbanksystem SQL-Server und den Meta Data Services (MS Repository).

- Integrierte und einheitlich bedienbare Entwicklungsumgebung für die Gesamtentwicklung.

Zur Entwicklung einer marktreifen Software für den breiten Einsatz können die erfolgreich getesteten Konzepte und große Teile aus dem Code des Prototyps verwendet werden. Die Übertragung auf eine andere Plattformtechnologie, z. B.

J2EE, wird durch den bewussten Verzicht auf rein plattformspezifische Dienste bei der Konzeption ermöglicht.

2.1.2 Datenhaltung

Die Datenhaltung erfolgt in einer zentralen Datenbank, dem Repository. Hier sind u. a. die Dienstleistungsentwicklungsprozesse, die durchzuführenden Aktivitäten, die Dienstleistungsmodelle sowie weitere entwicklungsbezogene Dokumente abgelegt.

Für die Vorgehensmodelle und die daraus abgeleiteten Projekte wurde ein eigenes Objektmodell entwickelt. Die Verwaltung und Speicherung der Objektdaten ist über die Meta Data Services, bestehend aus dem Microsoft Repository als Data Provider und dem Microsoft SQL Server als Data Store, realisiert.

2.1.3 Anwendungslogik

Die Anwendungslogik greift ausschließlich über die bereitgestellten Zugriffsklassen auf die Datenbasis zu. Auf Basis der Daten werden dynamisch personenbezogene Projektsichten generiert, die den Anwender während des Dienstleistungsentwicklungsprozesses begleiten und unterstützen. Die Ausführung erfolgt serverseitig, um die Konsistenz bei gleichzeitigem Zugriff mehrerer Teammitglieder zu gewährleisten.

Die Koordination der Aktivitäten untereinander erfolgt dabei auf Basis von definierbaren Ressourcen, Rollen und Aktivitäten. Nachfolgend werden die Zusammenhänge zwischen Ressourcen, Rollen, Aktivitäten und Artefakten – wie in Abbildung 3 dargestellt – skizziert:

- Als Ressource werden Human- und sonstige Ressourcen (z. B. IuK-Systeme) verstanden. Diese nehmen verschiedene Rollen wahr.

- An die Rollen sind Verantwortlichkeiten für Artefakte und auszuübende Aktivitäten geknüpft.

- Aktivitäten können neue Artefakte erzeugen beziehungsweise existierende Artefakte verändern. Bei der Durchführung der Aktivität wird der Anwender durch Arbeitsanleitungen und Werkzeuge unterstützt.
- Artefakte können z. B. Vorlagen, Checklisten und Kalkulationen sein.

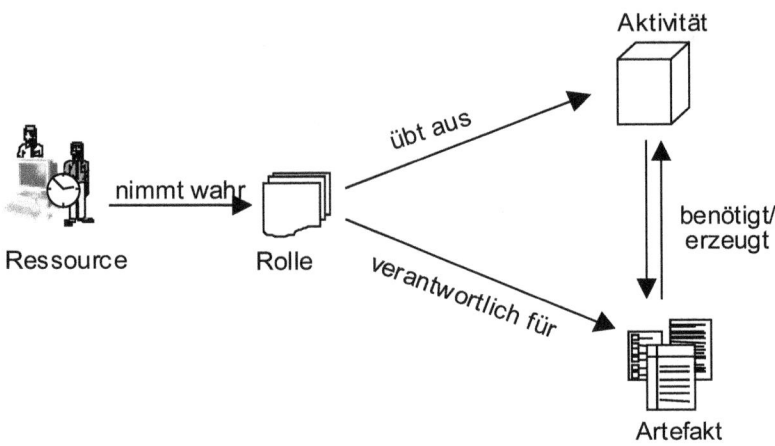

Abbildung 3: Zusammenhang von Ressourcen, Rollen, Aktivitäten und Artefakten [2]

2.1.4 Darstellung

Die Darstellung erfolgt über XML-fähige Webbrowser, z. B. den Microsoft Internet Explorer ab Version 6.0. Die anzuzeigenden Inhalte werden auf dem Server als XML erzeugt. Das Layout wird über XSL-Style Sheets gesteuert und erfolgt auf dem Client-Rechner. Die Verwendung von Style Sheets erleichtert Designänderungen und ermöglicht ein durchgängig einheitliches Layout. Das Erscheinungsbild der Anwendung lässt sich, ohne die Anwendung zu verändern, im laufenden Betrieb anpassen. Darüber hinaus ist es möglich, zur Laufzeit beliebig zwischen mehreren grafischen Designs zu wechseln.

2.2 Unterstützende Werkzeuge

Sind zur Durchführung der Aktivitäten Werkzeuge vorgesehen, werden diese über die entsprechende Plattform aufgerufen. Wichtig dabei ist, dass im Unternehmen bereits eingesetzte Werkzeuge weiterhin verwendet werden können.

2.2.1 Werkzeugarten

Die unterstützenden Werkzeuge lassen sich generell in vier Gruppen einteilen:

- Modulunterstützende Werkzeuge: Diese Werkzeugklasse mit der größten Vielfalt unterstützt die Abarbeitung einzelner Module. Typische modulunterstützende Werkzeuge sind z. B. Prozessmodellierungswerkzeuge, Textverarbeitungsprogramme und Kalkulationshilfen [3]. Für einen Großteil der Module lässt sich Standardsoftware einsetzen.

- Projekt- und prozessbegleitende Werkzeuge: Typisch für projekt- und prozessbegleitende Werkzeuge ist der leitende Charakter. Diese Werkzeuge helfen den Benutzern, ihre Arbeit zu strukturieren und von einem Modul zum nächsten zu gelangen. Sie unterstützen den Dienstleistungs-Ingenieur bei der Einhaltung der Prozessdefinition. Projekt- und prozessbegleitende Werkzeuge sind z. B. das Projektmanagement unterstützende Systeme und Prozessleitfäden.

- Projekt- und prozessvergleichende Werkzeuge: Um den Verlauf von Projekten/Prozessen beurteilen zu können, sind Werkzeuge zum Vergleich zwischen verschiedenen Projekten/Prozessen unentbehrlich. Dieser Vergleich dient nicht nur der Kontrolle, sondern kann richtig angewendet, zur Verbesserung der Prozesse und deren Qualität genutzt werden.

- Projektunterstützende Werkzeuge: Diese Werkzeugart unterstützt Tätigkeiten, die vor, nach oder um einzelne Projekte durchgeführt werden. Beispiele für diese Tätigkeiten sind die Wartung und Pflege der Prozessmodelle und Module sowie die User- und Skill-Verwaltung. Genau genommen sind die projekt- und prozessvergleichenden Werkzeuge sowie die Entwicklungsplattform selbst ebenfalls projektunterstützende Werkzeuge.

2.2.2 Werkzeugklassen (Technik)

Unabhängig vom Einsatzzweck kommt es bei der Anbindung der Werkzeuge auf die Art des Werkzeugaufrufs an. Folgende technische Werkzeugklassen werden unterschieden:

- In die Plattform integrierte Funktionalitäten,
- auf einem Arbeitsplatz lokal installierte Anwendungen,
- kombinierte Anwendungen und aktive Dokumente,
- netzbasierte Anwendungen und Dienste sowie
- Kommunikation mit Anwendungen über eine Web Service-Schnittstelle.

Für die einzelnen Werkzeugklassen sind entsprechende Aufruf-, Initialisierungs- und Synchronisationsverfahren vorgesehen.

2.3 Benutzergruppen

Von der Einführung bis zum Einsatz der Werkzeugplattform arbeiten verschiedene Gruppen an beziehungsweise mit der CASET-Plattform. Die bereits erläuterte Abbildung 1 zeigt die Komponenten von CASET und die Beziehungen zu den Benutzergruppen. Grundsätzlich arbeiten folgende Gruppen mit der Plattform:

- Softwareentwickler / Modell-Designer,
- Dienstleistungsentwicklungsprozess-Ingenieure und
- Dienstleistungs-Ingenieure.

2.3.1 Softwareentwickler / Modell-Designer

Diese Gruppe entwickelt die Software beziehungsweise das Datenhaltungsmodell und führt Erweiterungen sowie Wartungsarbeiten durch. Sie erstellt und überarbeitet das Objektmodell mit einem Modellierungswerkzeug auf Basis der Unified Modeling Language (UML), um dann weitere Funktionen für die eigentliche Entwicklungsplattform zu implementieren. Die Gestaltung der Benutzungsoberfläche und die Anpassung der einzelnen Werkzeuge gehören ebenfalls zu ihren Aufgaben.

2.3.2 Dienstleistungsentwicklungsprozess-Ingenieur

Im Projekt CASET wurde ein generisches Service Engineering-Vorgehensmodell gewählt, das als Arbeitsgrundlage für die Entwicklung der Plattform dient. Für den späteren Einsatz wurde jedoch vorgesehen, dass die Finanzdienstleister zusätzliche Vorgehensmodelle für die Plattform erarbeiten. Dies ist die Aufgabe von Dienstleistungsentwicklungsprozess-Ingenieuren.

Die Vorgehensmodelle werden in Form von UML-Instanzen in dem UML-Werkzeug eingegeben und danach in das CASET-Repository eingespielt. In der Regel geschieht dies vor der Einführung der Entwicklungsplattform und später nur noch bei größeren Erweiterungen oder sonstigen Änderungen an der Plattform.

2.3.3 Dienstleistungs-Ingenieur

Dienstleistungs-Ingenieure entwickeln Dienstleistungen mit Hilfe der Entwicklungsplattform. Während die ersten aufgeführten Benutzergruppen (Softwareentwickler / Modell-Designer und Dienstleistungsentwicklungsprozess-Ingenieur) hauptsächlich während der Einführung der Entwicklungsplattform an dem System arbeiten, stellen Dienstleistungs-Ingenieure die Hauptnutzer der Werkzeuglösung dar.

Zur Unterstützung der täglichen Arbeit der Dienstleistungs-Ingenieure bietet die Plattform eine einfache Projektplanungsunterstützung, Rollenkonzepte und darauf aufbauende individuelle Sichten an.

Projektplanungsunterstützung

Zur Unterstützung der Projektdurchführung bietet die Entwicklungsplattform eine einfache Projektmanagement-Funktionalität. Diese soll sowohl dem Projektleiter als Führungsinstrument für die Koordination und Steuerung fachübergreifender Aufgaben dienen, als auch allen anderen Projektmitarbeitern eine Hilfe bei der Durchführung der Arbeiten sein. Die Projektplanungsunterstützung beinhaltet individuelle Sichten für jeden Benutzer und ein hierarchisches Freigabekonzept. Um den Verlauf eines Projekts zu bewerten, können Projektkennzahlen zwischen verschiedenen Projekten verglichen werden.

Rollenkonzepte und Skill-Datenbank

Eine Methode, die aus dem Projektmanagement und der Softwareentwicklung übertragen wurde, sind Rollenkonzepte. Diese dienen dazu, bereits in der Entwicklungsphase den Einsatz von Humanressourcen für die spätere Erbringungsphase vorzubereiten [4].

Ein Rollenkonzept gibt das Zusammenspiel von Rollen im Vorgehensmodell und deren Integration in die Organisation wieder. Aufgaben und Stellen werden nicht konkreten Mitarbeitern zugeordnet, sondern werden von Rollen wahrgenommen, die die Kompetenzen der Mitarbeiter zum Ausdruck bringen. Auf Basis der identifizierten Rollen und der daraus resultierenden Anforderungsprofile lassen sich Humanressourcenkonzepte für die Entwicklung von Dienstleistungen erstellen [5].

Definierte Rollen sorgen für Transparenz hinsichtlich der Aufgaben, Verantwortlichkeiten, Beteiligungen und der zu erreichenden Ergebnisse. Mit Hilfe der Rollen und einer Skill-Datenbank, in der die Namen der Mitarbeiter und ihre Fähigkeiten gespeichert sind, wird die Besetzung der Projekte erleichtert. Mit der Auswahl des Prozessmodells und den damit verbundenen Modulen steht fest, welche Rollen benötigt werden.

Aktuelle individuelle Sichten

Um dem einzelnen Benutzer der Entwicklungsplattform nur Informationen anzuzeigen, die für ihn interessant sind, werden aktuelle (abhängig von dem Bearbeitungsstatus und den Terminen) und individuelle (abhängig von der Rolle und von den persönlichen Einstellungen des Benutzers) Sichten angeboten.

Abbildung 4 zeigt die Übersicht der Arbeitspakete in der Anforderungsanalyse-Phase. In diesem Beispiel hat der Benutzer die Rolle des „Senior Managers" in dem Projekt, wodurch zusätzlich zu den eigenen Arbeitspaketen auch die Pakete der anderen Projektmitarbeiter angezeigt werden.

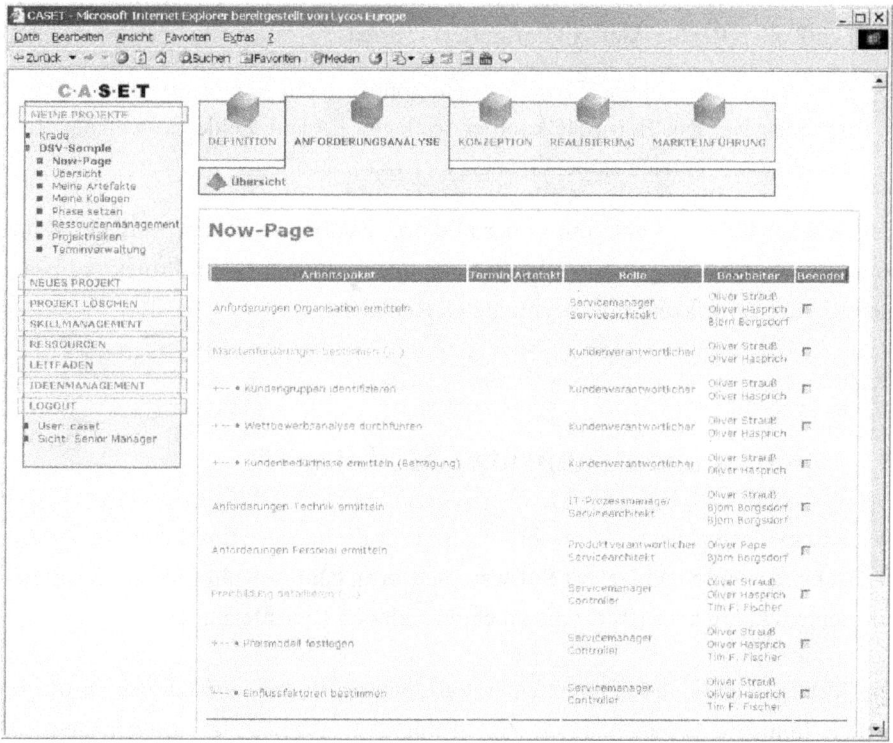

Abbildung 4: Now-Page – aktuelle Sicht auf die zu bearbeitenden Arbeitspakete der jeweiligen Benutzer

Die angezeigten Informationen werden jeweils zum Aufrufzeitpunkt dynamisch erstellt. Dabei haben, abhängig von der aufgerufenen Seite, drei Faktoren Einfluss darauf, welche Informationen angezeigt werden. Diese Faktoren sind:

- Zeit: Die Relevanz vieler Informationen beziehungsweise die Information selbst verändert sich im Zeitverlauf. Wesentlich für die Relevanz sind Termine und Änderungen am Bearbeitungsstand der einzelnen Module. Z. B. lassen sich noch nicht bearbeitbare und/oder bereits erledigte Module ausblenden.

- Rollen: Je nach Rolle des Benutzers werden verschiedene Informationen angezeigt. Zum Teil werden ganze Funktionen in Abhängigkeit von der Rolle und deren Rechten angeboten oder gesperrt. Z. B. kann mit den vorkonfigurierten Einstellungen nur der Projektleiter Arbeitspakete freigeben. Welche Funktionen für welche Rollen zur Verfügung stehen, kann über eine Funktionen/Rollen/Rechte-Matrix konfiguriert werden.

- Benutzerprofil: Einige Einstellungen können vom Benutzer selbst vorgenommen werden. Beispiele kann er festlegen, welche Felder in welcher Reihenfolge in Übersichtstabellen angezeigt werden sollen.

Ein Beispiel für eine Funktion, in der alle drei Faktoren wirksam werden, ist die so genannte „Now Page". Sie gibt eine aktuelle Sicht auf die im Projekt zu bearbeitenden Arbeitspakete des angemeldeten Benutzers.

3 Komponentenansatz / Modularität

Der Komponentenansatz wurde bei CASET in dreifacher Hinsicht verfolgt. Zunächst bei der Entwicklung der Softwareplattform, dann sowohl für die Dienstleistungsentwicklung als auch für die zu entwickelnden Dienstleistungen.

Die Idee, Produkte aus Komponenten zusammenzustellen, wird in der produzierenden Industrie bereits längere Zeit erfolgreich angewendet. Angefangen bei genormten mechanischen Einzelteilen wie Schrauben und Muttern, über elektronische Bauteile bis hin zu den komplexen Komponenten für Fahrzeuge ist die Verwendung von Komponenten hier schon lange eine Selbstverständlichkeit. Eine Übertragung des Komponentenansatzes auf die Software- und Dienstleistungsentwicklung wird durch die Unterschiede von Software, Dienstleistungen und anderen Produktionsgütern erschwert, da es sich um nichtstoffliche Produkte handelt [6]. Dennoch finden sich die ersten Ansätze im Bereich der Software schon in den 60er Jahren [7].

Der Begriff „Komponente" kann sinnvoll angewandt werden, wenn etwas ein definierter Teil von etwas Größerem ist. Dies trifft nicht nur auf Sachgüter und Software zu, sondern auch z. B. auf Dokumente, Dienstleistungen und Dienstleistungsentwicklungsprozesse. Um die Wiederverwendbarkeit einer Komponente sicherzustellen, muss diese anpassbar und konfigurierbar sein. Die Parametrisierung von Komponenten erlaubt zudem die Variantenbildung und die Realisierung von Produktfamilien.

Im Gegensatz zum produzierenden Gewerbe sind in der Software- und Dienstleistungsentwicklung standardisierte Bauteile eher selten anzutreffen. Der Componentware-Ansatz [8] versucht, die Vorteile der komponentenbasierten Produktion auf die Softwareentwicklung zu übertragen, d. h. Produkte werden nach dem Baukastenprinzip aus standardisierten Teilen zusammengesetzt. Das gleiche Ziel wird mit dem generischen CASET-Vorgehensmodell für die Dienstleistungsentwicklung verfolgt.

Die Vorteile dieses Ansatzes sind u. a.:

- Wiederverwendung: Komponenten sollen an unterschiedliche Anforderungen anpassbar sein und können dadurch in vielen ähnlichen Anwendungen eingesetzt werden.

- Produktivitätssteigerung: Durch den Aufbau von Produkten aus vorgefertigten Komponenten verringert sich die Entwicklungszeit deutlich.

- Qualitätssteigerung: Jede Komponente wird gründlich getestet, bevor sie zur Verwendung freigegeben wird.

- Standardisierung: Die Standardisierung der Komponentenschnittstellen und der Einsatzvoraussetzungen macht die Komponenten vergleichbar. Es entstehen Komponentenmärkte, auf denen Lösungen zu bestimmten Aufgabenbereichen zum Verkauf angeboten werden.

- Reduzierung der Fertigungstiefe: Standardisierte Anforderungen erlauben eine stärkere Arbeitsteilung zwischen den Unternehmen. Ein Unternehmen muss nicht die komplette Anwendung selbst entwickeln, sondern kann sich auf die eigenen Stärken konzentrieren und andere Komponenten zukaufen.

3.1 Komponentenansatz für Dienstleistungen

Viele Ansätze aus der komponentenbasierten Software lassen sich Gewinn bringend auf Dienstleistungen übertragen. Komponenten können zur Strukturierung und Systematisierung des Leistungsportfolios herangezogen werden und Wiederverwendungspotenziale aufdecken. Eine Modularisierung des Dienstleistungsangebots ist dabei sowohl auf Produkt- als auch auf Prozessebene sinnvoll.

Kandidaten für Dienstleistungskomponenten sind Produkte und Prozesse, die sich ähnlich sind. Wenn es gelingt, die Gemeinsamkeiten verwandter Kandidaten in einer Dienstleistungskomponente zusammenzufassen und die Unterschiede als Konfigurationsparameter dieser Komponente zu extrahieren, kann die Variantenbildung stark vereinfacht werden. Als Beispiel aus dem Finanzdienstleistungssektor kann ein Kundenkonto dienen, das in mehreren Varianten angeboten wird. Die Unterschiede, z. B. Verzinsung oder Kündigungsfrist, können als Parameter einer Produktkomponente „Kundenkonto" aufgefasst werden. Die Gemeinsamkeiten, z. B. Name des Besitzers, sind in der generischen Komponente beschrieben.

Diese Trennung von veränderlichen und gleich bleibenden Eigenschaften erleichtert sowohl die Verwaltung und Wartung der Dienstleistung, als auch die Entwicklung neuer Dienstleistungen aus den vorhandenen, anpassbaren Bausteinen.

3.2 Komponentenansatz im Service Engineering

Da die Entwicklung einer Dienstleistung selbst als eine Dienstleistung angesehen werden kann, kann der Komponentenansatz ebenfalls für das Service Engineering angewandt werden. Dabei wird das Service Engineering in kleinere Entwicklungsmodule aufgeteilt. Diese Module sollen so angelegt werden, dass sie in mehreren Vorgehensmodellen verwendet werden können. Ein Beispiel ist das Entwicklungsmodul „Preismodell", das in sich geschlossen ist und in vielfältigen Dienstleistungsentwicklungsvorhaben zum Einsatz kommen kann. Teilmodule des Moduls Preismodell können z. B. einzelne Kalkulationsmethoden wie Target Costing, Divisionskalkulation oder Zuschlagskalkulation enthalten.

4 Anpassbarkeit / Flexibilität

Service Engineering ist eine noch junge Disziplin, die sich noch rasch weiterentwickelt. Schon aus diesem Grund war eine der Anforderungen an ein Werkzeug zur Unterstützung von Service Engineering die Anpassbarkeit bezüglich sich ändernder Rahmenbedingungen. Zudem müssen unternehmensspezifische Besonderheiten berücksichtigt werden, weshalb eine möglichst hohe Flexibilität der Entwicklungsplattform erreicht werden soll.

Die entwickelten Konzepte für ein flexibles Werkzeug ermöglichen u. a. die Unterstützung der Entwicklung von verschiedenen Dienstleistungsarten, die jeweils eigene Vorgehensmodelle benötigen.

Die Flexibilität zieht sich durch alle Ebenen des Werkzeugs, von der Erstellung der Datenstrukturen über die Unterstützung projektspezifischer Vorgehensmodelle bis hin zu benutzerdefinierten Sichten und Einstellungen.

- Generierung der Datenstrukturen: Durch die Verfahren zur Generierung der Datenmodelle und der dazugehörigen Zugriffsfunktionalitäten aus UML-Modellen kann die Entwicklungsplattform mit relativ geringem Aufwand und sehr hoher Erfolgswahrscheinlichkeit an neue Anforderungen angepasst werden. Dies würde bei traditioneller Softwareentwicklung, bei der die Datenbankstrukturen am Anfang determiniert werden, deutlich erschwert.

- Style Sheet gesteuertes Design: Das Aussehen der Benutzungsoberfläche wird über XSL-Transformationen bestimmt. Die darzustellenden Informationen werden von der Anwendung im XML-Format ausgegeben. Der zur Anzeige verwendete Browser erzeugt mit Hilfe von Style Sheets die Darstellung im gewünschten Design. Durch die Bereitstellung verschiedener Sätze von Style Sheets kann das Design beliebig gewechselt werden.

- Konfigurierbare Vorgehensmodelle: Die Entwicklungsplattform erlaubt die Konfiguration von mehreren Vorgehensmodellen. Die Auswahl zwischen den Vorgehensmodellen wird über die Klassifizierung der durchzuführenden Entwicklungsprojekte erleichtert.

- Modulare Dienstleistungsentwicklungskomponenten: Die Vorgehensmodelle sind aus modularen Dienstleistungsentwicklungskomponenten zusammengesetzt. Mehrere Vorgehensmodelle können dieselben Module verwenden.

- Zuschnitt auf Projektbedürfnisse: Bei der Anlage eines Dienstleistungsentwicklungsprojekts wählt der Projekt-Manager eines der konfigurierten Vorgehensmodelle aus. Dabei kann er anhand von Kenndaten das Projekt klassifizieren und sich aus der Klassifizierung eines der im Repository verfügbaren Service Engineering-Vorgehensmodelle mit einem Set von Dienstleistungsentwicklungsmodulen vorschlagen lassen. Danach können zusätzliche Module (z. B. für das Risikomanagement) hinzugenommen oder auf nicht benötigte, optionale Module verzichtet werden. Dadurch entsteht ein projektspezifisches Vorgehensmodell.

- Dynamische Sichten: Auf Grund der im System eingegebenen Rollen und der Zuteilung in Projekte erhalten die Benutzer des Systems aktuelle, auf sie zugeschnittene Sichten.

- Benutzerdefinierte Einstellungen: Viele Darstellungsoptionen können von den Benutzern nach ihren eigenen Bedürfnissen eingestellt werden (z. B. welche optionalen Spalten in Tabellen angezeigt werden sollen).

5 Generierung aus UML

Um die Anpassbarkeit an unternehmensspezifische Service Engineering-Prozesse zu gewährleisten, wurde als Struktur kein statisches Datenmodell gewählt. Sowohl das Datenbankmodell als auch die Eingabe der Dienstleistungsentwicklungsprozess-Vorlagen und der Leitfadeninhalte geschieht über ein UML-Werkzeug. Die gemeinsam von BOOCH, JACOBSON und RUMBAUGH entwickelte Unified Modeling Language (UML) [9] hat sich als Quasistandard für objektorientierte Modellierung etabliert. Sie wurde auf Grund des hohen Bekanntheitsgrades, der weiten Verbreitung und damit auch der guten verfügbaren Werkzeugunterstützung ausgewählt.

5.1 Erzeugung des Objektmodells und der Zugriffsklassen

Das gesamte Objektmodell der Entwicklungsplattform ist in Form von UML-Klassendiagrammen in einem UML-Werkzeug modelliert. Dabei ist die Wahl des UML-Werkzeugs beliebig, sofern es den Export der Diagramme im für UML-

Diagramme standardisierten Format XML Metadata Interchange (XMI) unterstützt. Dadurch kann der Nutzer ein eventuell bereits vorhandenes UML-Werkzeug einsetzen.

Die objektorientierten Zugriffsklassen werden passend dazu miterzeugt. Dadurch muss bei Bedarf nur das UML-Modell geändert werden, aus dem das neue Datenbankmodell mit den dazugehörigen Zugriffsklassen unmittelbar erzeugt wird.

Prozessbeschreibungen und Leitfaden werden als Instanzen des UML-Modells hinterlegt und in das Repository importiert. Änderungen und/oder das Einstellen neuer Prozessmodelle erfordern damit keine Neugenerierung (Abbildung 5).

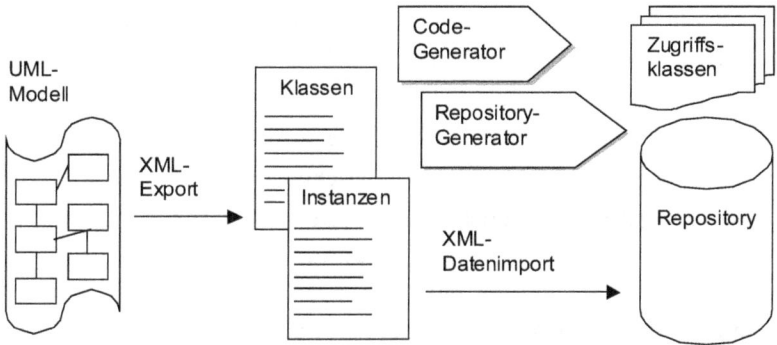

Abbildung 5: Generierung des Repository und dessen Zugriffsklassen aus einem UML-Modell

Für den einmaligen Mehraufwand bei der Programmierung der Generatoren gegenüber dem Ausprogrammieren eines statischen Modells sprechen neben der Flexibilität weitere Vorteile:

- Qualitätsgewinn: Fehler im automatisch erzeugten Code lassen sich an einer einzelnen Stelle – am Generator – beheben. Durch diese Eigenschaft konnte bereits im Prototypstadium eine sehr hohe Codequalität erreicht werden.

- Konsistenz zwischen den Datenobjekten und den Zugriffsklassen: Da nach jeder Änderung des Datenmodells auch gleichzeitig der Code der Zugriffsklassen mitgeneriert wird, sind keine manuellen Anpassungen notwendig.

Diese Fehlerquelle führt bei konventionell entwickelten Systemen häufig zu schwer nachvollziehbaren Anwendungsfehlern.

- Plattformunabhängigkeit: Werden aus organisatorischen oder technischen Gründen für das Produktivsystem andere Datenbanksysteme oder Systemplattformen gefordert als sie beim Prototypen realisiert werden, können die Konzepte mit verhältnismäßig geringem Aufwand übertragen werden.

- Erweiterbarkeit: Werden die Modelle gepflegt und erweitert, fallen kaum Aufwände für die Softwareentwicklung an.

5.2 Pflege und Wartung der Prozesse und Module

Das Erstellen und die Erweiterung der Vorgehensmodelle und der dazugehörigen Module ist die Aufgabe von Dienstleistungsentwicklungsprozess-Ingenieuren. Eingabe und Pflege erfolgen unmittelbar über das UML-Werkzeug, mit dem auch das Datenmodell erzeugt wurde. Alle Inhalte werden als Instanzen der UML-Klassen eingegeben. Diese Daten werden anschließend in das Repository importiert. Diese Vorgehensweise wurde aus zwei Gründen gewählt.

Zunächst konnte man damit im Prototypenstadium den Entwicklungsaufwand für das Ausprogrammieren von Eingabemasken einsparen. Die Eingabe über das UML-Werkzeug erfordert zwar genauere Kenntnisse über das Datenmodell, kann aber in Anbetracht der notwendigen hohen Qualifikation eines Dienstleistungsentwicklungsprozess-Ingenieurs und der niedrigen Änderungshäufigkeit vorausgesetzt werden.

Ein weiterer wichtiger Grund ist, dass durch die direkte Eingabe der Instanzen im UML-Werkzeug die Konsistenz zwischen den Daten und dem Datenmodell sichergestellt ist.

Die Notwendigkeit, sich mit der Fachdisziplin Service Engineering weiterentwickeln zu können, erfordert sowohl die technische als auch inhaltliche Erweiterbarkeit des „Computer Aided Service Engineering Tool". Die gewählte Architektur ermöglicht es, auf zukünftige Anforderungen zu reagieren und sichert damit die Investitionen in die Werkzeugplattform.

Literaturverzeichnis

[1] Richter, J.: Applied Microsoft .NET Framework Programming. Redmond 2002.

[2] IBM Rational Software. Online: http://www.rational.com/

[3] Schwengels, C.: Systematische Entwicklung von Dienstleistungen. In: Spath, D.; Zahn, E. (Hrsg.): Kundenorientierte Dienstleistungsentwicklung in deutschen Unternehmen. Berlin 2003.

[4] Frings, S.; Weisbecker, A.: Für jeden die passende Rolle. In: IT Management, 5(1998)7, S. 18-25.

[5] Knuth, B. E.: Das Rollenkonzept im Vergleich zu anderen Strategien der Komplexitätsreduktion und die Anwendung bei Methoden der Systementwicklung. Frankfurt/Main 1995.

[6] Corsten, H.: Dienstleistungsmanagement. 4. Aufl., München 2001.

[7] McIlroy, D.: Mass produced software components. In: Naur, P.; Randell, B. (Eds.): Software Engineering : NATO Science Committee Report. S. 138-155.

[8] Weisbecker, A. (Hrsg.): KoSPuD – Komponentenbasierte Software für Produkte und Dienstleistungen. Abschlussbericht, Stuttgart 2000.

[9] Booch, G.; Jacobson, I.; Rumbaugh, J.: The Unified Modeling Language User Guide. Sydney et al. 1998.

Computer Aided Service Engineering
in der Praxis

Realisierung eines Prototyps zur Dienstleistungsentwicklung

Matthias Dannenberg
Christian Raether
Oliver Pape

ISA Tools GmbH, Stuttgart

Inhalt

1 Überblick

2 Ein kurzer Blick auf die Technik
    2.1 Komponenten des Prototyps
    2.2 Anbindung von Werkzeugen

3 Eine anwendungsorientierte Übersicht der CASET-Plattform
    3.1 Vorgehensmodelle
    3.2 Methoden und Werkzeuge
    3.3 Projektmanagement

4 Einsatz der CASET-Plattform bei der Entwicklung einer Dienstleistung
    4.1 Projekt-Kick-off
        4.1.1 Entwicklung der Dienstleistungsidee
        4.1.2 Auswahl eines geeigneten Vorgehensmodells
        4.1.3 Ressourcen- und Skillmanagement
    4.2 Produkt- und Prozesskonzeption
    4.3 Projektmanagement
    4.4 Controlling

5 Zusammenfassung und Ausblick

1 Überblick

Nachdem in den beiden vorhergehenden Kapiteln das Konzept und die Architektur des Computer Aided Service Engineering Tool (CASET) beschrieben wurden, soll in diesem Kapitel der Prototyp vorgestellt werden, der im Rahmen des Projekts implementiert wurde. Die Anforderungen an die Service Engineering-Plattform wurden in Workshops mit den Projektpartnern erhoben. In diesen Workshops wurde auch ein Feedback zu den ersten Implementierungen des Prototyps eingeholt, das in die weitere Entwicklung einbezogen wurde.

Die Beschreibung des Prototyps erfolgt aus einer anwendungsorientierten Sichtweise heraus und orientiert sich an der typischen Abfolge der Arbeiten in einem Service Engineering-Projekt. Im Mittelpunkt steht die Funktionalität des Prototyps mit ergänzenden Bemerkungen zu den Überlegungen und Konzepten, die für die Entwicklung der Plattform maßgeblich waren.

2 Ein kurzer Blick auf die Technik

2.1 Komponenten des Prototyps

Abbildung 1 zeigt die Komponenten des Prototyps. Ihnen liegt ein generisches Konzept zu Grunde, bei dem die Struktur des Repository, die objektorientierte Zugriffsschicht und das XML Interface für das Projektteam automatisch aus Unified Modeling Language (UML)-Beschreibungen generiert werden.

Hintergrund dieses zunächst sehr aufwendigen Konzepts mit einem relativ hohen Implementierungsaufwand zur Erstellung der CASET-Plattform sind die damit verbundene Flexibilität der Datenstruktur und die geringere Fehleranfälligkeit bei Änderungen und Erweiterungen. Die flexible Datenstruktur berücksichtigt, dass die Disziplin Service Engineering noch immer im Fluss ist und im Moment noch nicht absehbar ist, welche Vorgehensmodelle für die Entwicklung von Dienstleistungen entstehen und sich durchsetzen werden. Die CASET-Plattform ist in der Lage, Vorgehensmodelle mit sehr unterschiedlichen Strukturen und Attributen zu verarbeiten. Die Generierung von Respository, Zugriffsschicht und Interface aus einem UML-Modell stellt sicher, dass die drei Schichten Daten, Funktionen und graphische Oberfläche immer aufeinander abgestimmt sind. Falls Fehler entdeckt werden oder die Plattform erweitert werden soll, muss die Korrektur beziehungsweise Änderung nur an maximal zwei Stellen, nämlich am UML-Modell oder am entsprechenden Code-Generator erfolgen.

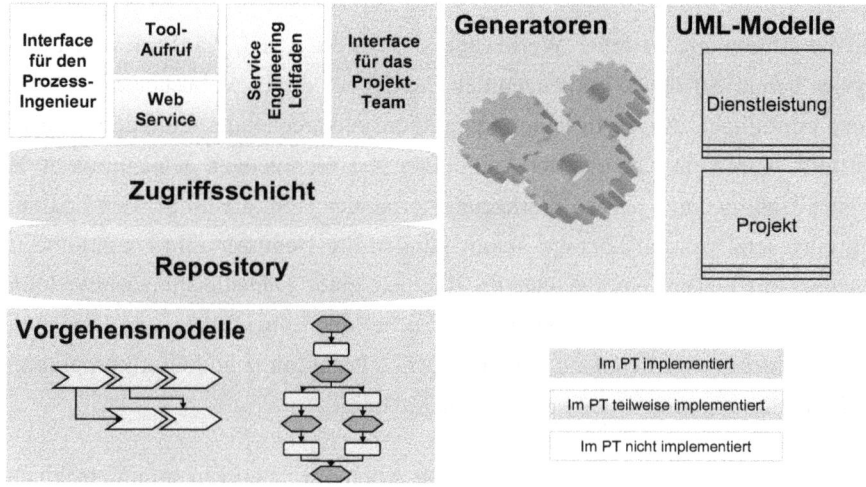

Abbildung 1: Komponenten des CASET-Prototyps

Mit der UML wurde ein in der Informationsverarbeitung mittlerweile weit verbreiteter Standard für die Modellierung verwendet, der von Entwicklern und Anwendern gleichermaßen verstanden wird.

Parallel zur Entwicklung der Software wurden zwei Vorgehensmodelle entworfen, davon eins in unterschiedlichen Varianten, und in das Repository der CASET-Plattform eingepflegt. Der CASET-Ansatz sieht vor, dass das Anlegen und Pflegen von Vorgehensmodellen die Aufgabe eines Prozessingenieurs ist, der die Vorgehensmodelle über Skripte in das Repository importieren kann.

Der Service Engineering-Leitfaden und die Anbindung von externen Werkzeugen wurden exemplarisch implementiert. Hier ging es im Projekt vornehmlich darum, das dahinter stehende Konzept zu verifizieren und die grundsätzlichen Möglichkeiten zu demonstrieren. Der Leitfaden ist modular aufgebaut, was die Wiederverwendbarkeit der Leitfaden-Module ermöglicht. Bestimmte Aktivitäten sind bei jeder Dienstleistungsentwicklung durchzuführen und viele Methoden können unabhängig vom gewählten Vorgehensmodell eingesetzt werden.

2.2 Anbindung von Werkzeugen

Für die Anbindung externer Werkzeuge stellt die CASET-Plattform einen Web Service bereit, der den Werkzeugen den Zugriff auf die Datenbestände des Repository ermöglicht. An Stelle einer Integration entsprechender Funktionen in die Plattform wurde ein Konzept der Anbindung von Werkzeugen gewählt, da in den meisten Unternehmen bereits Werkzeuge vorhanden sind, die im Service Engineering eingesetzt werden können. Damit können die Benutzer ihre Kenntnisse im Umgang mit diesen Werkzeugen im Rahmen einer Dienstleistungsentwicklung weiter nutzen. Typische Anwendungen, die bei der Entwicklung von Dienstleistungen eingesetzt werden, sind Standard Office Programme und Grafikprogramme zur Modellierung und Visualisierung von Abläufen.

Aus technischer Sicht können verschiedene Arten von Werkzeugen unterschieden werden, die unterschiedliche Verfahren des Datenaustauschs und der Synchronisierung mit der CASET-Plattform nach sich ziehen:

- Lokal installierte Anwendungen: Anwendungen, wie z. B. Editoren, die auf dem Client-Rechner installiert sein müssen. Diese Anwendungen laden beziehungsweise speichern in der Regel eine Datendatei. Diese Datei wird entweder neu aus den Daten in der CASET-Plattform erstellt oder eine bestehende Datei wird mit diesen Daten aktualisiert. Anschließend wird die Anwendung gestartet und mit den benötigten Argumenten versorgt. Eine Aktualisierung, wenn die Daten in der CASET-Plattform geändert wurden, ist nicht möglich, während die Anwendung läuft. Beim Beenden der Anwendung schreibt diese das Ergebnis in die Datei zurück oder erstellt eine neue Datei. Das Beenden der Anwendung muss von der CASET-Plattform erkannt werden, wozu ein eigener Überwachungsprozess nötig ist. Anschließend werden die Daten aus der Datei extrahiert und in der CASET-Plattform gespeichert.

- Kombinierte Anwendungen: Hierunter werden Anwendungen verstanden, die zwar auch lokal installiert sein müssen, die aber über Scripting (z. B. Visual BASIC for Applications) programmierbar sind. Zu dieser Klasse zählen beispielsweise die Microsoft Office Anwendungen. Eine solche Anwendung wird lediglich mit den entsprechenden Argumenten gestartet. Die Datenaktualisierung wird intern über Skripte durchgeführt. Da diese Anwendungen die Daten selbständig aktualisieren können, ist es auch möglich, zur Laufzeit eine Aktualisierung manuell anzustoßen. Eine automatische Aktualisierung, wenn sich Daten geändert haben, ist allerdings nicht möglich. Beim Beenden der Anwendung schreibt diese die Daten in die CASET-Plattform zurück.

- Web-basierte Anwendungen und Dienste: Da die CASET-Plattform als Web-Anwendung konzipiert wurde, ist es konsequent, andere web-basierte Anwendungen und Dienste, wie z. B. das ARIS-Toolset oder GraMoSet, als Werkzeuge zuzulassen. Die Integration von web-basierten Anwendungen hängt sehr stark von der Anwendung ab, da bei web-basierten Anwendungen die Datenübertragung das Problem darstellt. Für die Datenübertragung beim Aufruf der Anwendung gibt es etablierte Verfahren, die genutzt werden können. Für die Übermittlung des Ergebnisses gibt es kein etabliertes Verfahren. Eine Aktualisierung während der Laufzeit ist ebenfalls nicht möglich.

3 Eine anwendungsorientierte Übersicht der CASET-Plattform

Aus einer anwendungsorientierten Sicht lassen sich in der CASET-Plattform die drei Bereiche Vorgehensmodelle, Methoden und Werkzeuge sowie Projektmanagement unterscheiden.

3.1 Vorgehensmodelle

Mit den Vorgehensmodellen sind die Strukturen von Entwicklungsprozessen im Repository hinterlegt. Ein vollständiges Vorgehensmodell besteht aus den folgenden Informationen:

- Tätigkeiten (Arbeitspakete), die in einer Baumstruktur mit Haupt- und Teilaktivitäten gegliedert werden. Je nach Umfang des Vorgehensmodells können die Hauptaktivitäten inhaltlich zu Arbeitsschwerpunkten und zeitlich zu Projektphasen zusammengefasst werden. Damit ist eine mehrdimensionale Strukturierung eines Vorgehensmodells möglich, wodurch auch bei umfangreichen Entwicklungsvorhaben die Komplexität reduziert wird.

- Erläuterungen zu Projektphasen, Arbeitsschwerpunkten und Tätigkeiten, aus denen der modellspezifische Service Engineering-Leitfaden generiert wird. Neben einer Beschreibung der durchzuführenden Aktivitäten, der erforderlichen Voraussetzungen und der Ergebnisse können in einer zweiten Ebene Methoden beschrieben und Links zum Aufruf von Werkzeugen aufgenommen werden.

- Rollen im Projekt mit Beschreibung der Skills, die für die jeweilige Rolle notwendig sind und der Definition, für welche Arbeitspakete der Rolleninhaber verantwortlich ist. Über das Rollenkonzept werden auch die benutzerspezifischen Sichten der Plattform mit den individuellen Berechtigungen generiert.

- Definition und Beschreibung der Artefakte, also der Ergebnisse, die in den einzelnen Tätigkeiten erstellt oder bearbeitet werden. Gegebenenfalls kann in der Definition auch ein Werkzeug zur Bearbeitung eines Artefakts festgelegt und vorkonfiguriert werden.

Im Rahmen des Projekts wurden zwei Vorgehensmodelle entwickelt und als Referenzprozesse in das Repository eingepflegt. Das erste Vorgehensmodell wurde als generisches Maximalmodell konzipiert, mit einem umfassenden Set von Service Engineering-Aktivitäten. Es gliedert den Entwicklungsprozess in die Phasen Definition, Anforderungsanalyse, Produktkonzeption, Produktrealisierung, Vorbereitung Markteinführung und Markteinführung.

Zur weiteren Strukturierung sind die Aktivitäten sieben Arbeitsschwerpunkten zugeordnet. Wie oben bereits erwähnt, wird auch der Service Engineering-Leitfaden passend zum Vorgehensmodell aus Inhalten des Repository generiert. Abbildung 2 zeigt die Übersichtsseite des Leitfadens zum generischen CASET-Vorgehensmodell. Die Bildung von Arbeitsschwerpunkten orientiert sich an den aus der Literatur zum Service Engineering bekannten Dimensionen Potenzial, Prozess, Ergebnis und Marketing. Weitere Aktivitäten fallen im Bereich Projektmanagement an. Dies verdeutlicht die integrierte Betrachtungsweise von CASET, bei der die interdependente Gestaltung aller Dienstleistungsdimensionen unterstützt wird.

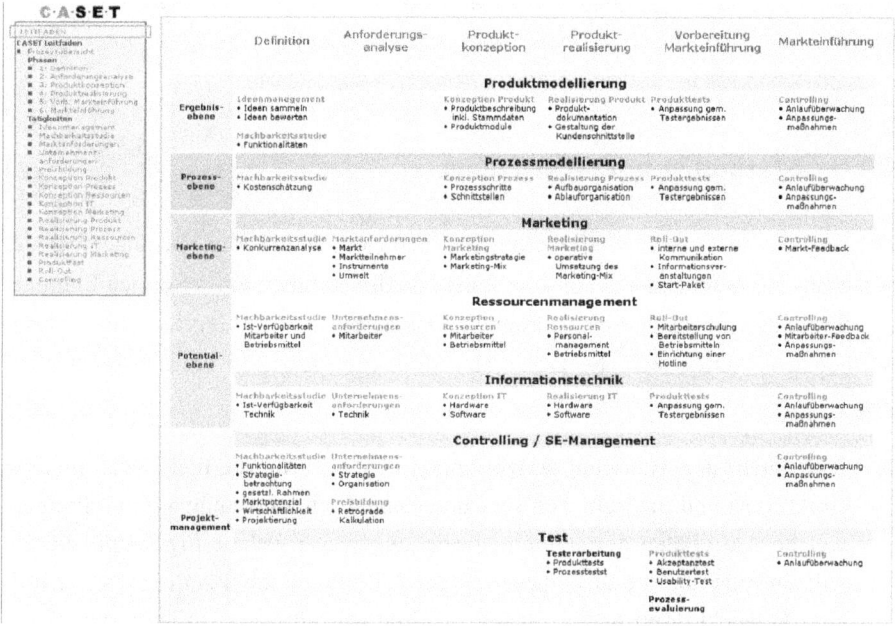

Abbildung 2: Leitfaden zum generischen Vorgehensmodell

Der zweite implementierte Referenzprozess wurde entsprechend den Anforderungen der Projektpartner konzipiert. Für dieses Vorgehensmodell existieren neben dem universellen Grundmodell noch zwei spezialisierte Varianten.

Die erste Variante eignet sich besonders für Dienstleistungen, die überwiegend durch technische Anlagen und mit verhältnismäßig geringem Personaleinsatz erbracht werden. Entsprechend enthält das Vorgehensmodell umfangreichere Tätigkeiten im Arbeitsschwerpunkt Informationstechnik, während ein Teil der Tätigkeiten im Zusammenhang mit Personalschulung und -bereitstellung entfallen. Typische Beispiele für diese Art von Dienstleistungen sind Geldautomaten und elektronische Fahrplanauskunft. Die zweite Variante wurde auf die Entwicklung unternehmensinterner Services zugeschnitten, sodass die Tätigkeiten des Arbeitsschwerpunkts Marketing entfallen.

Übergreifend zu den Vorgehensmodellen sind im Repository Informationen zu den Benutzerkonten der Plattform, Ressourcen und Skills (Kompetenzen) und typische Risiken mit Good Practices zur Risikovermeidung abgelegt. Die Plattform wurde mit grundlegenden Funktionen zur Verwaltung dieser Informationen ausgestattet, beispielsweise zum Anlegen neuer Benutzer, zur Vergabe von Passwörtern etc.

3.2 Methoden und Werkzeuge

Der angepasste Service Engineering-Leitfaden unterstützt den Benutzer bei der Auswahl und beim Einsatz von Methoden, die im Rahmen eines Service Engineering-Projekts eingesetzt werden können. Das Spektrum von Service Engineering-Methoden ist umfassend. Es lassen sich drei grundsätzliche Formen unterscheiden:

1. Richtlinien und Handlungsanweisungen in Textform, die mehr oder weniger strukturiert und mit zum Teil sehr unterschiedlicher Genauigkeit beschreiben, welche Aktivitäten durchgeführt beziehungsweise welche Ergebnisse erstellt werden müssen. Die Strukturierung der Aktivitäten kann zum einen in zeitlicher Hinsicht, zum anderen nach inhaltlichen oder objektorientierten Kriterien erfolgen.

2. Methoden zur Darstellung von Ergebnissen und von Alternativen, wobei die Gegenüberstellung von Alternativen auch eine vergleichende Beurteilung ermöglichen soll.

3. Konkrete Algorithmen in Form von genauen Bearbeitungs- oder Berechnungsvorschriften.

Auf der obersten Ebene fallen nach diesem Begriffsverständnis auch Vorgehensmodelle für das Service Engineering unter den Begriff der Methode. Weiterhin ist zu berücksichtigen, dass die Art der zu verarbeitenden Informationen entscheidend bestimmt, wie eine Methode ausgestaltet ist. Für die Verarbeitung der so genannten soft facts (weiche Faktoren) lassen sich oft nur Methoden in den unter 1. und 2. genannten Formen bereitstellen, während hard facts (harte Faktoren) oft auch den Einsatz von Methoden der 3. Form erlauben. Natürlich können Methoden auch in kombinierter Form auftreten, beispielsweise wird bei Portfolios (Darstellungsmethode, 2. Form) oft eine Berechnungsvorschrift angewendet, mit dem die Positionierung einer Alternative auf den Achsen des Portfolios bestimmt wird.

Entsprechend dem breiten Methodenspektrum, das bei der Entwicklung von Dienstleistungen zum Einsatz kommt, ist der Begriff des Werkzeugs in CASET sehr weit gefasst und erstreckt sich von Checklisten über Formulare und Vorlagen für Dokumente (Artefakte) bis zu Software-Werkzeugen.

3.3 Projektmanagement

Für das Management von Service Engineering-Projekten wurden von den Praxispartnern im Projekt einfach zu bedienende Funktionen gefordert, die für die Durchführung kleiner und mittlerer Projekte ausreichen. Um große oder komplexe Projekte zu managen, kann ein externes Werkzeug wie Microsoft Project angebunden werden, wobei darauf hingewiesen werden soll, dass sich die Beschränkung der Projektgröße in der CASET-Plattform nur durch das im Prototyp implementierte User Interface ergibt. Das Repository und die gewählten Datenstrukturen sind so angelegt, dass sich aus ihnen keine Beschränkungen hinsichtlich der Anzahl der Arbeitspakete im Projekt und der Strukturierung des Projekts in kleinere, leichter handhabbare Einheiten ergeben.

Kern der Projektmanagement-Funktionen bilden Arbeitspakete, die eine Liste mit Aktivitäten und unter jeder Aktivität eine Baumstruktur mit Teilaktivitäten bilden. Die Aufteilung in Teilaktivitäten kann sich über mehrere Ebenen erstrecken, je nach Detaillierungsgrad des verwendeten Vorgehensmodells.

Jedes Arbeitspaket hat als Attribute

- eine Beschreibung, die den Inhalt des Arbeitspakets zusammenfasst,
- weitere Informationen (Text) mit Erklärungen für den Bearbeiter,
- benötigte Artefakte (Input) und zu erstellende Artefakte (Output) des Arbeitspakets und
- für die Bearbeitung benötigte Werkzeuge.

Die weitergehenden Informationen, Artefakte und Werkzeuge können als Links in den entsprechenden Datenfeldern des Repository hinterlegt werden, sodass die entsprechenden Dokumente, Vorlagen und Werkzeuge direkt aufgerufen werden können. Der CASET-Web Service übernimmt dabei die Übergabe und Übernahme von Informationen zwischen CASET-Plattform und Werkzeugen.

Die Zuordnung von Bearbeitern zu Aktivitäten und Teilaktivitäten erfolgt zweistufig auf Basis des Rollenmodells, das einen Teil des Vorgehensmodells bildet. Es ist daher Aufgabe des Prozessingenieurs, die Verbindungen zwischen Rollen und Arbeitspaketen zu definieren. Der Projektmanager ordnet dann beim Anlegen eines neuen Projekts die jeweiligen Mitarbeiter den Projektrollen zu. Dabei wird ihm in einer Ressourcenmatrix angezeigt, welcher Mitarbeiter für eine Rolle auf Grund seiner Qualifikation geeignet ist. Diese Zuordnung kann der Projektmanager im Verlauf des Projekts jederzeit ändern.

Die Verwaltung von Terminen beschränkt sich in dem aktuellen Release des Prototyps auf die Möglichkeit, für jedes Arbeitspaket Soll- und Ist-Termine für den Beginn und das Ende eines Arbeitspakets zu erfassen. Plausibilitäts- und Abhängigkeitsprüfungen werden nicht ausgeführt, da es sich dabei lediglich um die Implementierung gängiger Verfahren handelt, die im Hinblick auf ein marktreifes Produkt zu einem späteren Zeitpunkt ergänzt werden können. Zudem soll noch einmal darauf hingewiesen werden, dass für die Terminplanung in einem komplexen Projekt mit vielen Abhängigkeiten zwischen den Arbeitspaketen jederzeit ein spezialisiertes Projektmanagement-Tool an die CASET-Plattform angebunden werden kann, das dann über den CASET-Web Service auf die Daten des Repository lesend und schreibend zugreifen kann.

4 Einsatz der CASET-Plattform bei der Entwicklung einer Dienstleistung

4.1 Projekt-Kick-off

4.1.1 Entwicklung der Dienstleistungsidee

Bereits bei der Ausarbeitung der Idee für eine neue Dienstleistung unterstützt die CASET-Plattform die Mitarbeiter in einem Service Engineering-Projekt. Zum Thema Ideenmanagement enthält der Service Engineering-Leitfaden zunächst eine Übersichtsseite, auf der verschiedene Kreativitätstechniken und Methoden zur Bewertung und Auswahl von Produktideen vorgestellt werden. Im Prototypenstadium wurden zu einigen Techniken und Methoden bereits detaillierte Hinweise zur Anwendung der Methoden hinterlegt. Der Benutzer kann aus dem Leitfaden heraus Werkzeuge aufrufen, zusätzlich können externe Informationsquellen verlinkt werden.

4.1.2 Auswahl eines geeigneten Vorgehensmodells

Der nächste Schritt besteht nun darin, ein geeignetes Vorgehen für das Service Engineering-Projekt zu definieren. Der Projektmanager findet das geeignete Vorgehensmodell, indem er Daten, die das Projekt charakterisieren, beim Anlegen eines neuen Projekts in einen morphologischen Kasten der CASET-Plattform eingibt (siehe Abbildung 3). Kriterien, die für die Auswahl des Vorgehensmodells herangezogen werden, sind z. B. Innovationsgrad, strategische Bedeutung, technische und organisatorische Komplexität. Das Projektrisiko wird an dieser Stelle nur zusammenfassend bewertet. Eine detaillierte Risikobetrachtung erfolgt im nächsten Schritt.

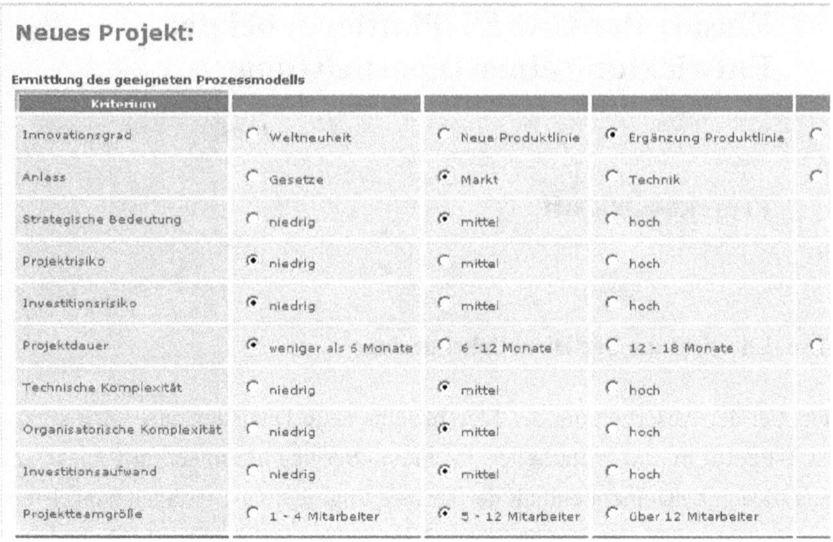

Kriterium				
Innovationsgrad	○ Weltneuheit	○ Neue Produktlinie	● Ergänzung Produktlinie	○
Anlass	○ Gesetze	● Markt	○ Technik	○
Strategische Bedeutung	○ niedrig	● mittel	○ hoch	
Projektrisiko	● niedrig	○ mittel	○ hoch	
Investitionsrisiko	● niedrig	○ mittel	○ hoch	
Projektdauer	● weniger als 6 Monate	○ 6 -12 Monate	○ 12 - 18 Monate	○
Technische Komplexität	○ niedrig	● mittel	○ hoch	
Organisatorische Komplexität	○ niedrig	● mittel	○ hoch	
Investitionsaufwand	○ niedrig	● mittel	○ hoch	
Projektteamgröße	○ 1 - 4 Mitarbeiter	● 5 - 12 Mitarbeiter	○ über 12 Mitarbeiter	

Abbildung 3: Morphologischer Kasten zur Projektklassifizierung

Auf Basis dieser Eingaben wird für die hinterlegten Vorgehensmodelle ein Score errechnet, der angibt, wie gut das jeweilige Modell für das konkrete Projekt geeignet ist. Das Modell mit dem höchsten Score wird dem Projektmanager als Basis für die Projektbearbeitung vorgeschlagen.

In einem zweiten Schritt kann das Vorgehensmodell vom Projektmanager noch weiter angepasst werden. Bereits im Prototyp implementiert wurde eine Anpassung des Vorgehensmodells durch Aufnahme eines einfachen Risikomanagements. Kennzeichnet der Projektmanager beim Anlegen eines Projekts bestimmte vordefinierte Risiken als relevant und wählt entsprechende Maßnahmen, mit denen das Eintreten eines Risikos vermieden beziehungsweise dessen Folgen vermindert werden sollen, führt dies dazu, dass die Maßnahmen als Arbeitspakete in das Projekt aufgenommen werden.

4.1.3 Ressourcen- und Skillmanagement

Als nächstes kann der Projektmanager die Projektrollen besetzen. Die CASET-Plattform integriert ein einfaches Ressourcen- und Skillmanagement, das die Basis für die in Abbildung 4 gezeigte Auswahlmatrix bildet.

Jeder Mitarbeiter kann ein oder mehrere Projektrollen übernehmen. Ebenso kann eine Projektrolle von einem oder mehreren Mitarbeitern ausgefüllt werden. Mitarbeiter, die für eine bestimmte Projektrolle geeignet sind und die erforderliche Qualifikation mitbringen, sind in der Ressourcenmatrix hervorgehoben.

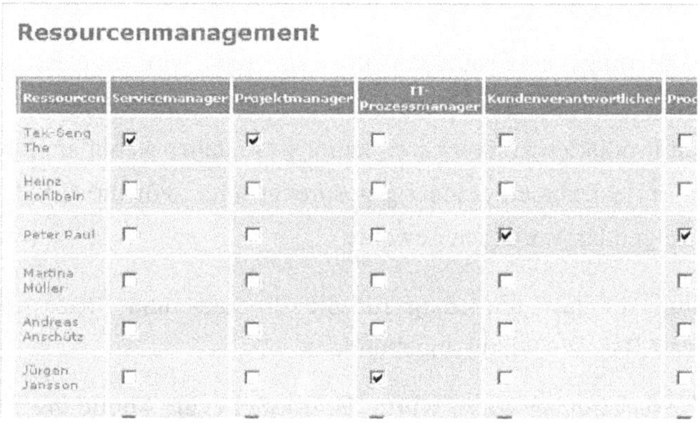

Abbildung 4: Ressourcenmanagement

Die Zuordnung zwischen Vorgehensmodell, Rollen und erforderlichen Skills ist im Repository gespeichert. Sie wird vom Prozessingenieur beim Anlegen eines Vorgehensmodells mit eingegeben. Die Zuordnung zwischen Mitarbeitern und Skills kann innerhalb der CASET-Plattform vorgenommen werden. Allerdings kann die Liste der Skills dabei nicht geändert werden, sie ergibt sich aus den im Repository hinterlegten Vorgehensmodellen. Die Liste der Skills ist modellübergreifend angelegt, da sich herausgestellt hat, dass trotz unterschiedlicher Rollenprofile in den Vorgehensmodellen immer wieder bestimmte Basisqualifikationen gefordert sind, die in den verschiedenen Rollenprofilen unterschiedlich kombiniert sind.

Um für eine bestimmte Rolle als geeignet zu gelten, muss ein Mitarbeiter eine Mindestzahl an Basisskills, die in dem Rollenprofil gefordert sind, aufweisen. In einer Weiterentwicklung des Prototyps kann hier ein komplexeres Modell implementiert werden, das die Skills im Rollenprofil mit Gewichten versieht. Ebenso kann eine Erweiterung des Vorgehensmodells um Schulungsmaßnahmen für die Teammitglieder für den Fall implementiert werden, dass der Projektmanager Rollen mit Mitarbeitern besetzen muss, die nicht die erforderliche Qualifikation besitzen.

4.2 Produkt- und Prozesskonzeption

Für die Modellierung von Produkten und Prozessen wird eine Reihe bewährter Tools auf dem Markt angeboten. Die Entwicklung eines Werkzeugs, das mit diesen etablierten Produkten konkurrieren kann, wäre daher wenig sinnvoll gewesen, zumal es den Projektrahmen eindeutig gesprengt hätte. Für die CASET-Plattform wurde daher folgendes Vorgehen gewählt:

- Als leistungsfähiges Werkzeug für die Produkt- und Prozessmodellierung wurde der ARIS-Webclient angebunden.
- Als Demonstrationsprototyp wurde GraMoSet (vgl. Abbildung 5) entwickelt und in die CASET-Plattform integriert.

Mit Ereignisgesteuerten Prozessketten (EPK) unterstützt GraMoSet dieselbe Modellierungsmethode wie das ARIS-Toolset, allerdings ist GraMoSet auf eine Teilmenge des EPK-Symbolsatzes beschränkt und eignet sich daher insbesondere für einen ersten Entwurf von Prozessmodellen mit dem Vorteil, dass der Umgang mit GraMoSet schnell erlernbar ist. Die Ergebnisse der Modellierung sind über die CASET-Plattform allen Teammitgliedern als Artefakte zugänglich. GraMoSet ermöglicht ein kooperatives Arbeiten an den Modellen. Während der Bearbeitung kann ein Mitarbeiter die Teile des Modells, an denen er arbeitet, für andere Benutzer sperren und sie anschließend wieder entsperren. Alle Benutzer haben dann sofort die bearbeitete Version vorliegen. Das Sperren und Entsperren funktioniert auf der Ebene ganzer Modelle bis hinunter zu den einzelnen Elementen einer Prozesskette.

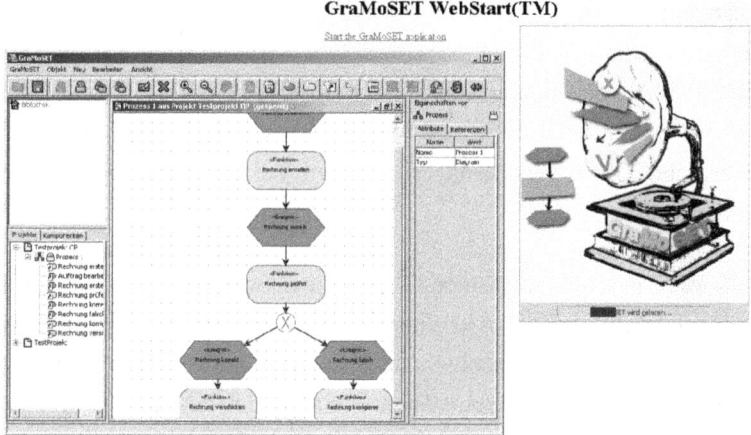

Abbildung 5: GraMoSet (Werkzeug zur Prozessmodellierung)

Als zweites Werkzeug wurde ein Maskengenerator entwickelt, der aus den Attributen, die im Rahmen der Produkt-, Prozess- und Ressourcenmodellierung festgelegt werden, automatisch einen Prototyp für das User Interface der Anwendungen erzeugen kann, die bei der Erstellung der Dienstleistungen eingesetzt werden. Das Tool kann die geeigneten Eingabeelemente des User Interface aus den Datentypen ableiten und daraus eine Eingabemaske generieren. Ebenso können aus den Prozessmodellen erste Informationen für die Ablaufsteuerung im Sinne einer sequenziellen Anordnung der Masken extrahiert werden, indem die entsprechenden Daten in den Modellen mit Bearbeitungsschritten verknüpft werden. Mit Hilfe des Tool zur Maskengenerierung kann frühzeitig, schon in den Phasen der Produktkonzeption, ein Prototyp einer Anwendung erstellt werden und zur Evaluation beziehungsweise zur Schulung der Mitarbeiter eingesetzt werden.

4.3 Projektmanagement

CASET bietet grundlegende Funktionen, die für das Management kleiner und mittlerer Projekte ausreichen. Entstehen durch spezifische Projekteigenschaften zusätzliche Anforderungen an das Projektmanagement, können spezielle Programme eingebunden werden.

Die vorhandenen Prozessmodelle erleichtern es dem Projektleiter, eine geeignete Vorgehensweise für das Projekt auszuwählen. Nach Eingabe der wesentlichen Projektdaten erhält er von der CASET-Plattform einen Vorschlag für den Entwicklungsprozess, in dem die wesentlichen Arbeitspakete und Ergebnisse bereits vordefiniert sind. Der Projektmanager kann den Vorschlag annehmen, modifizieren oder verwerfen.

Prinzipiell kann das Vorgehensmodell auch noch während der Bearbeitung des Projekts gewechselt werden. Allerdings ist dabei zu berücksichtigen, dass die Vorgehensmodelle sehr unterschiedliche Strukturen aufweisen können und auch sehr unterschiedliche Artefakte entstehen. Ein automatischer Übergang von einem Vorgehensmodell zu einem anderen ist deshalb in der Regel nicht möglich.

Sinnvoll kann jedoch ein Wechsel zwischen verschiedenen Varianten eines Vorgehensmodells sein. Dies kann beispielsweise der Fall sein, wenn das Projekt mit einer vereinfachten Variante begonnen wurde, im Laufe der Entwicklung jedoch neue Anforderungen hinzukommen, sodass ein umfangreicheres Vorgehensmodell notwendig wird. In diesem Fall müssen einige Arbeitspakete nach der Umstellung nachbearbeitet und zusätzliche Artefakte erstellt werden. Im umgekehrten Fall, bei dem das Vorgehensmodell, zu dem gewechselt wird, im Hinblick auf Arbeitspakete und Artefakte eine Teilmenge des vorher eingesetzten Modells darstellt, werden einige der erstellten Artefakte im weiteren Verlauf der Dienstleistungsentwicklung nicht mehr weiter verwendet, sie verbleiben jedoch im Repository.

Für die Mitglieder des Projektteams präsentiert sich die CASET-Plattform individuell angepasst an die Rolle, die sie im Projekt haben. Die beiden Abbildungen 6 und 7 zeigen die Sicht des Projektmanagers und des IT-Prozessmanagers in der gleichen Projektsituation. Während der Projektmanager Zugriff auf alle Funktionen und einen Überblick über alle Arbeitspakete hat, kann der IT-Prozessmanager nur auf Funktionen zugreifen, die er für seine Arbeit benötigt, und er sieht auch nur Arbeitspakete, an denen er beteiligt ist.

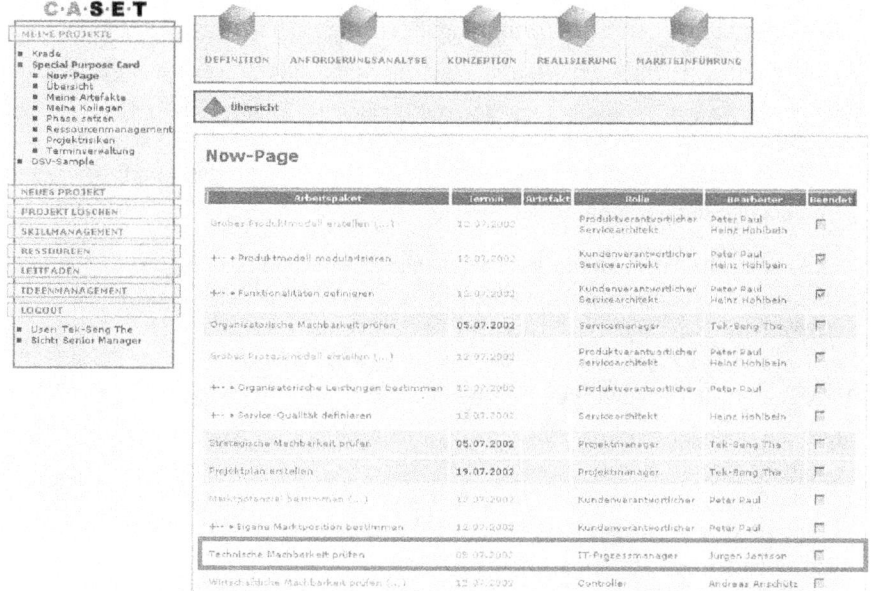

Abbildung 6: Sicht des Projektmanagers (Now Page)

In der Sicht des IT-Prozessmanagers sind im Menü links die Einträge „Neues Projekt", „Projekt löschen", „Skillmanagement" und „Ressourcen" nicht vorhanden, da diese Aufgaben dem Projektmanager vorbehalten sind.

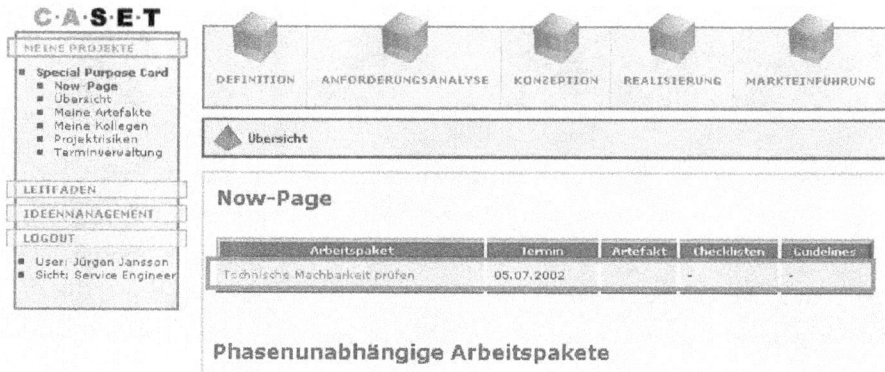

Abbildung 7: Sicht des IT-Prozessmanagers in der gleichen Situation

Zur Dokumentation und zur Verfolgung des Projektfortschritts können die Arbeitspakete vier Zustände durchlaufen, die durch den verantwortlichen Bearbeiter beziehungsweise den Projektmanager gesetzt werden:

1. Nicht begonnen: In der Terminverwaltung sind nur die geplanten Start- und Endtermine eingetragen.
2. In Arbeit: Die zuständigen Bearbeiter haben mit dem Arbeitspaket begonnen. In der Terminverwaltung ist nun zusätzlich der tatsächliche Starttermin eingetragen.
3. Vorgelegt: Die zuständigen Bearbeiter haben das Arbeitspaket abgeschlossen und als beendet markiert. Der Projektmanager erkennt dies und kann das Ergebnis prüfen.
4. Freigegeben: Wenn das Ergebnis den Vorgaben entspricht, markiert der Projektmanager es als freigegeben und trägt das tatsächliche Enddatum in der Terminverwaltung ein. Sind Nacharbeiten notwendig, löscht er die entsprechende Markierung (dies kann natürlich nur als Unterstützung und Auslöser, nicht als Ersatz für die Kommunikation zwischen Projektmanager und Bearbeitern dienen).

Der Projektmanager erkennt den Zustand jedes Arbeitspakets auf seiner Now-Page. Von dort kann er auch in die Detailansicht wechseln und die zugehörigen Artefakte aufrufen, prüfen und freigeben.

4.4 Controlling

Das Controlling der Dienstleistungsentwicklung umfasst zwei Bereiche. Zum einen ist das Service Engineering-Projekt selbst Gegenstand des Controllings. Hier soll das Controlling den Projektmanager mit den notwendigen Informationen über den Stand der Bearbeitung, den Verbrauch des Projektbudgets und die Einhaltung von Meilensteinen liefern. Der andere Bereich ist das Controlling der entwickelten Dienstleistung.

Wie in der Produktentwicklung gilt auch bei Dienstleistungen, dass ein Hauptteil der späteren Erstellungskosten bereits in der Entwicklungsphase festgelegt wird und später kaum mehr beeinflusst werden kann. Bei Dienstleistungen hat dies unmittelbare Konsequenzen für den Preis der Dienstleistung und damit für den Erfolg am Markt. Schließlich ist der Prozess der Leistungserstellung ein entscheidender Teil der Dienstleistung und die Prozesskosten müssen langfristig am Markt erlöst werden.

Das Controlling des Service Engineering-Projekts erfolgt zum einen durch die Funktionen für das Projektmanagement. Hiermit können die Termineinhaltung und der Bearbeitungsstand des Projekts überwacht werden. Funktionen zur Budgetierung und zum finanzwirtschaftlichen Controlling wurden innerhalb der CASET-Plattform nicht implementiert, da diese Berechnungen besser in einer Tabellenkalkulation oder in speziellen finanzwirtschaftlichen Anwendungen durchführbar sind, die dann über den CASET-Web Service angebunden werden können.
Obwohl durch die Vorgabe eines Vorgehensmodells bereits die Struktur des Service Engineering-Projekts vorgegeben wird, bleiben für die Terminplanung und Budgetierung noch Freiheitsgrade bestehen, die es sinnvoll machen, das aktuelle Projekt mit Entwicklungsprojekten aus der Vergangenheit zu vergleichen. Die Analogiemethode ist ein bewährtes Verfahren zur Aufwandsschätzung und zur Einschätzung des Risikos von Innovationsprojekten, bei dem als Basis für die Schätzung strukturell und inhaltlich ähnliche Projekte als Orientierungsmaßstab herangezogen werden. Diese Schätzmethode wird unterstützt durch eine Möglichkeit, das Repository der CASET-Plattform nach bestimmten Kriterien zu durchsuchen. Für die Projekte im Repository, die den Kriterien entsprechen, können dann Merkmale wie Marktvolumen, Entwicklungskosten, laufende Kosten, Amortisationsdauer etc. ausgewählt und in tabellarischer beziehungsweise grafischer Form dargestellt werden. Auf diese Art sind auch Aussagen über die Wirtschaftlichkeit des aktuellen Projekts im Vergleich mit vorherigen Entwicklungsvorhaben möglich.

Um das Controlling der Dienstleistungserstellung bereits während der Dienstleistungsentwicklung zu planen und methodisch vorzubereiten, ist es erforderlich, schon in den frühen Phasen der Anforderungsanalyse, Produktkonzeption und Produktrealisierung festzulegen, auf welche Eigenschaften der Dienstleistung sich das Controlling bezieht. Neben den Erlös- und Kostengrößen ist insbesondere das Qualitätscontrolling zu beachten. Auch hier sollten bei der Ermittlung der Anforderungen und bei der Produkt- und Prozessmodellierung Kennzahlen definiert werden, die als Indikatoren für das Qualitätsempfinden und die Zufriedenheit des Kunden dienen. Beispiele für solche Kennzahlen sind Prozesszeiten und Bearbeitungszeiten für bestimmte Vorgänge, z. B. vom Auftrag bis zur Rechnungsstellung. Eine andere Form von Kennzahlen sind Indizes, die aus den Ergebnissen von Kundenbefragungen berechnet werden können, bei denen die Kunden bestimmte Merkmale an Hand einer Skala bewerten. Dadurch können auch qualitative Faktoren, wie z. B. die Verständlichkeit und Übersichtlichkeit einer Abrechnung, gemessen und mit Zielwerten versehen werden.

5 Zusammenfassung und Ausblick

Die Evaluierung der CASET-Plattform hat die Tragfähigkeit des Konzepts einer integrierten Service Engineering-Plattform mit Anbindung von spezialisierten Werkzeugen bestätigt. Neben der Werkzeugunterstützung fand die Zusammenstellung von Service Engineering-Wissen im Leitfaden und die Möglichkeit, während der Arbeit direkt darauf zugreifen zu können, Anklang bei den Projektpartnern. In der Praxis ist bisher nur vereinzelt Know-how zum Service Engineering und den einsetzbaren Methoden vorhanden.

Die Vorteile, die sich aus der ganzheitlichen Unterstützung des Service Engineering-Prozesses und der integrierten Gestaltung der Dienstleistungsdimensionen Potenzial, Prozess, Produkt und Marketing ergeben, traten bereits während der Validierung zu Tage, obwohl im Prototyp die Integration von Werkzeugen und die Übergabe von Artefakten nur teilweise realisiert wurde. Hier lassen sich noch größere Effizienzgewinne bei einer vollständigen Implementierung vorhersehen.

Mit Hilfe des Prototyps konnten das Konzept und seine grundlegenden Prinzipien erfolgreich demonstriert werden. Um in der unternehmerischen Praxis auf Akzeptanz zu stoßen, sind folgende Weiterentwicklungen des Prototyps denkbar:

- Graphisches User Interface für den Prozessingenieur,
- umfangreichere und komfortablere Funktionen zum Projektmanagement (Terminverwaltung, Visualiserung, Aufwand) und zum Skillmanagement sowie weitergehende Möglichkeiten zum Tailoring der Vorgehensmodelle,
- Risikomanagement mit Eintrittswahrscheinlichkeiten und Risikocontrolling,
- Plausibilitätsprüfungen für Eingaben (z. B. bei der Terminverwaltung),
- Versionsverwaltung für Artefakte,
- Integration oder Anbindung von Groupware-Funktionen (z. B. Terminkalender, Diskussionsforen) zur Unterstützung von Gruppenarbeit. Hier kann das gemeinsame Erarbeiten von Prozessmodellen mit Hilfe des Tool GraMoSet als Vorbild dienen.

Ausgestattet mit diesen Funktionen bietet eine integrierte Entwicklungsumgebung für Dienstleistungen beträchtliches Potenzial, die Entwicklung einer neuen Dienstleistung zu rationalisieren. Der generische Ansatz ist flexibel genug, um auf neue Entwicklungen im Bereich des Service Engineering zu reagieren, sei es in Bezug auf generelle Vorgehensweisen oder im Hinblick auf einzelne Methoden und Werkzeuge.

Die Rolle des softwaregestützten Prozessmanagements in Dienstleistungsentwicklungsprojekten

Christoph Klein
Michael Schnüttgen

IDS Scheer AG, Saarbrücken

Inhalt

1 Tätigkeitsschwerpunkte der IDS Scheer AG im Laufe des Forschungsprojekts CASET

2 Einsatzgebiete des Prozessmanagements im Service Engineering
      2.1 Eingliederung des Prozessmanagements in den Service Engineering-Prozess
      2.2 Einsatz von Prozessmodulen
            2.2.1 Prozessmodule als Teil der Standardisierung von Dienstleistungen
            2.2.2 Einsatz von Prozessmodulen im Service Engineering
            2.2.3 Praxisbeispiel
            2.2.4 Problemfelder

3 Ausblick

1 Tätigkeitsschwerpunkte der IDS Scheer AG im Laufe des Forschungsprojekts CASET

Die IDS Scheer AG war von Januar 2001 bis zum Abschluss im Juni 2003 aktives Mitglied des Projektkonsortiums im Forschungsprojekt CASET. Dabei fokussierte die Mitarbeit auf folgende Themen:

- Bereitstellung der Datenbankarchitektur durch das ARIS Toolset,
- Anbindung des ARIS Web Designer zur Unterstützung des Prozessmanagements,
- Erstellung umfangreicher Referenzmodelle für die Finanzdienstleistungsbranche,
- Entwicklung und Implementierung neuer Modellierungsobjekte, -modelle und -kanten für den Einsatz im Service Engineering-Prozess,
- Weiterentwicklung der Anwendung von Prozessmodulen im Service Engineering.

CASET stellt ein Unterstützungswerkzeug dar, mit dessen Hilfe der Service Engineering-Prozess gesteuert werden kann. Dabei unterteilt sich CASET u. a. in einen Kernel, der ein konfigurierbares Vorgehensmodell beinhaltet, einen Leitfaden, der die theoretischen Grundlagen des Service Engineering-Prozesses beschreibt, und eine Integrationsplattform, an der andere Tools andocken können. Zur Einbindung der Projektpartner aus der Finanzdienstleistungsbranche wurde der Prototyp auf einem entsprechenden Web-Server zentral am Institut für Wirtschaftsinformatik der Universität des Saarlandes installiert, auf den die Projektmitglieder per Internet zugreifen und somit u. a. die plattformunabhängige Nutzung testen konnten. Hierbei wurde als Basis die Datenbankarchitektur des ARIS Toolset verwandt.

Durch die Anbindung der Web Designer-Komponente des ARIS Toolset konnten die Funktionalitäten bezüglich des Prozessmanagements in vollem Umfang abgedeckt werden. Das operative Betätigungsfeld des Prozessmanagements konzentriert sich im CASET-Vorgehensmodell dabei im Wesentlichen auf die Phasen Konzeption und Realisierung, wobei bereits in der Anforderungsanalyse Erkenntnisse aus dem Prozessmanagement genutzt werden.

Ein effizientes Prozessmanagement muss toolgestützt durchgeführt werden, damit es handhabbar ist. Die ARIS Process Platform bietet integrierte Werkzeuge für Design, Implementierung und Controlling von Geschäftsprozessen. Sie bietet Zugriff auf die passenden Methoden, Werkzeuge und Inhalte. Abbildung 1 veranschaulicht die Zusammenhänge zwischen Prozessstrategie, Prozessdesign und -optimierung, Prozesskontrolle und Prozessausführung.

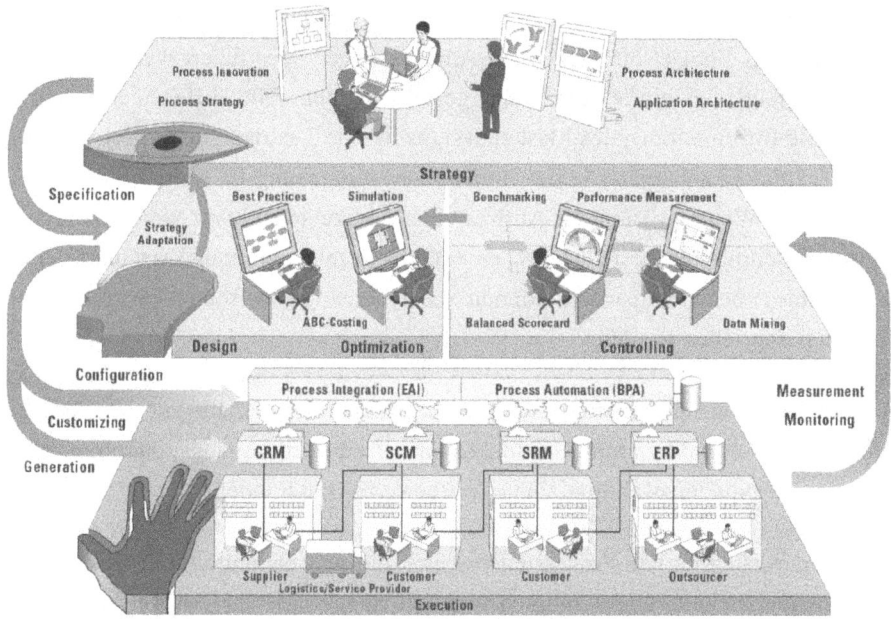

Abbildung 1: 3-Ebenen-Modell [Quelle: IDS Scheer AG]

Darüber hinaus wurden im angebundenen ARIS Toolset mit der Web Designer-Komponente umfangreiche Referenzmodelle aus verschiedenen fachspezifischen Projekten der IDS Scheer AG bezüglich der CASET-Konventionen modifiziert und eingestellt. Die Nutzung der Referenzprozesse und -prozessmodule erfolgt in Form eines Baukastenprinzips, wobei für die Erbringung von Teilleistungen, die innerhalb der neuen Dienstleistung genutzt werden sollen, vorhandenes Prozesswissen abgerufen werden kann. Die Wertschöpfungskette eines neuen Produkts entsteht also durch die Kombination und Verifizierung bestehender und neuer Modelle. Im Idealfall können die Prozesse für eine neue Dienstleistung vollständig aus bestehenden Prozessmodulen der Referenzdatenbank zusammengesetzt werden.

Im Laufe des Projekts wurden neue Modellierungsobjekte, -modelle und -kanten entwickelt und implementiert, die im Service Engineering-Prozess eingesetzt werden. Hierbei handelt es sich vor allem um Komponenten zur Masken- sowie Leistungsmodellierung.

Bei der Maskenmodellierung können im Rahmen der Dienstleistungsentwicklung mit dem ARIS Toolset die fachlichen Anforderungen spezifiziert werden, die an ein Dialogfeld oder ein Webformular gestellt werden. Mit Hilfe eines Reports können die Informationen des Maskendesigns in eine Textdatei exportiert werden. Diese Textdatei kann später in der Entwicklungsumgebung C++ weiterverwendet werden. Des Weiteren kann der Aufbau einer Maske spezifiziert werden, die aus mehreren Teilmasken besteht, z. B. eine Website mit mehreren Formularfeldern oder Frames, beziehungsweise können die Übergänge zwischen verschiedenen Masken beschrieben werden.

Für die Leistungsmodellierung stellt ARIS folgende Modelle zur Verfügung: Leistungsaustauschdiagramm, Leistungsbaum, Produktzuordnungsdiagramm, Produktbaum, Produktauswahlmatrix und Wettbewerbskräftemodell.

Zur Standardisierung von Prozessteilen wurde die Anwendung von Prozessmodulen weiterentwickelt. Diese müssen sinnvoll abgegrenzt und in verschiedenen Wertschöpfungsketten im Unternehmen eingesetzt werden können.

2 Einsatzgebiete des Prozessmanagements im Service Engineering

Das Thema Prozessmanagement spielt in zweierlei Hinsicht eine wichtige Rolle im Service Engineering. Einerseits gilt es, den Dienstleistungsentwicklungsprozess selbst zu betrachten. Hier wurde mit dem CASET-Prototyp eine Vorgehensweise entwickelt, die diesen Prozess im Sinne eines Leitfadens beschreibt. Diese Vorgehensweise muss unternehmens- und produktspezifisch angepasst werden.

Andererseits stellt die Prozessdimension der zu entwickelnden Dienstleistung ein Einsatzgebiet des Prozessmanagements im Service Engineering dar. Hier kommen die noch zu besprechenden Prozessmodule zum Einsatz.

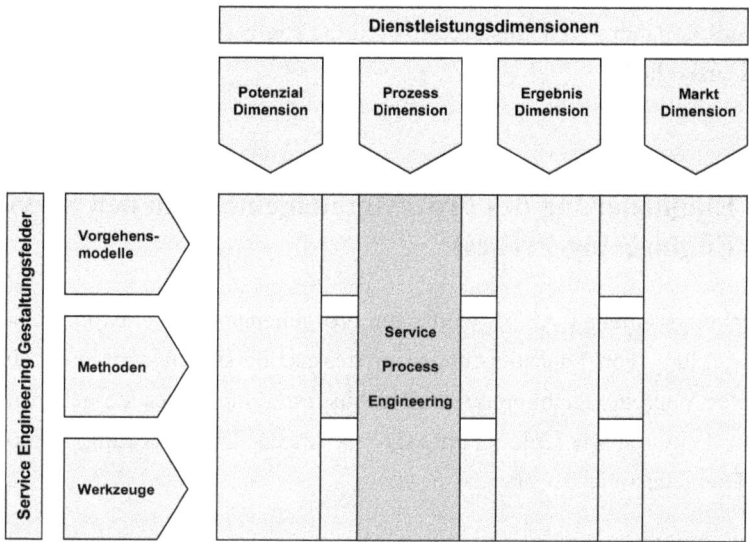

Abbildung 2: Gestaltungsfelder und Dienstleistungsdimensionen im Service Engineering (Quelle: Service Engineering Newsletter, Fraunhofer IAO)

Eine Dienstleistung wird wesentlich durch die ihr zu Grunde liegenden Prozesse bestimmt, die im Rahmen des Service Engineering durch geeignete Modelle, Methoden und Werkzeuge erarbeitet, angepasst oder zusammengesetzt werden müssen.

Abbildung 2 zeigt den Zusammenhang der Prozessdimension mit den anderen Dimensionen einer Dienstleistung sowie den darauf anzuwendenden Gestaltungsfeldern. Der Prozessdimension kommt eine herausgehobene Bedeutung zu, der mit Hilfe eines ganzheitlichen Prozessmanagements Rechnung getragen werden kann. Ein solches Prozessmanagement sollte sich nicht auf das Design von Prozessen beschränken, sondern, einem Regelkreismodell wie dem Process Life Cycle-Ansatz folgend, Prozesse designen, realisieren, optimieren und periodisch kontrollieren. Somit sollte Service Engineering also nicht eine neue Prozessmanagementinsel schaffen, sondern die Prozessorganisation des Unternehmens nutzen und um die Besonderheiten des Service Engineering ergänzen.

An dieser Stelle sei noch darauf hingewiesen, dass Geschäftsprozesse nicht vor beziehungsweise hinter den Pforten eines Unternehmens aufhören, sondern im Sinne eines kollaborativen Ansatzes sowohl die Lieferanten als auch die Kundenseite mit einschließen.

2.1 Eingliederung des Prozessmanagements in den Service Engineering-Prozess

Im Forschungsprojekt CASET wurde ein Vorgehensmodell entwickelt, welches die Entwicklung von Dienstleistungen prozessual darstellen und somit ein standardisiertes Vorgehen etablieren soll. Die Ausgestaltung dieses Vorgehensmodells hängt von Faktoren wie Unternehmensgröße, Art der Dienstleistung, Marktpotenzial der Dienstleistung etc. ab.

Hiernach besteht der Dienstleistungsentwicklungsprozess aus den Prozessschritten Definitionsphase, Anforderungsanalyse, Dienstleistungskonzeption, Dienstleistungsrealisierung, Vorbereitung Markteinführung und Markteinführung (Abbildung 3). Das Betätigungsfeld des Prozessmanagements konzentriert sich dabei im Wesentlichen auf die Phasen Konzeption und Realisierung, wobei bereits in der Anforderungsanalyse Erkenntnisse aus dem Prozessmanagement genutzt werden.

In der Anforderungsanalyse erfolgt u. a. ein Abgleich, ob bestehende Organisationsstrukturen angepasst werden müssen. Dabei entstehen aufbauorganisatorische Anforderungen aus der Analyse der vorliegenden Prozessstrukturen. Während in dieser Phase Prozesse auf einer hohen Granularitätsstufe analysiert werden (also z. B. Fragestellungen wie: Existiert ein Prozess zur Messung der Kundenbonität?), erfolgt in der nächsten Phase die Erstellung eines Sollkonzepts, wobei Prozesse in einer deutlich feineren Detaillierungsstufe sowohl neu designt (neue Prozesse) als auch aufeinander abgestimmt (bestehende Prozessmodule) werden müssen. Nach der Konzeptionsphase werden die Sollprozesse in der Realisierungsphase implementiert.

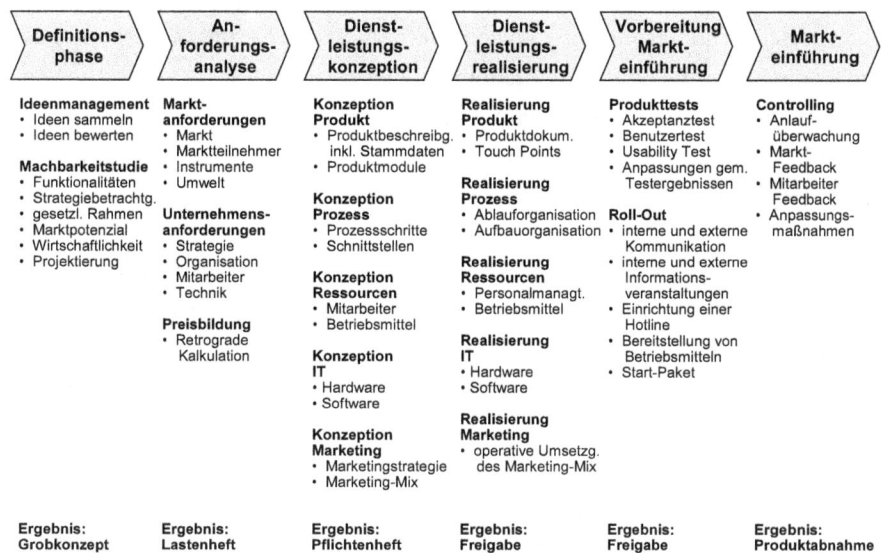

Abbildung 3: CASET-Vorgehensmodell (Quelle: Projektdokumentationen CASET)

2.2 Einsatz von Prozessmodulen

2.2.1 Prozessmodule als Teil der Standardisierung von Dienstleistungen

Auf Grund bestimmter Merkmale von Dienstleistungen (wie Immaterialität, Einbindung des Kunden in die Erbringung etc.) entwickeln sich Standards in diesem Bereich erheblich verhaltener. Die Selbstverständlichkeit der Normung bestimmter industrieller Produkte (z. B. DIN A4 Papier) ist bei Dienstleistungen noch immer Zukunftsmusik. Unbestritten ist allerdings die Notwendigkeit interner und externer Dienstleistungsstandards. Da bei Dienstleistungen i. d. R. kein physisches Produkt vorhanden beziehungsweise entscheidend ist, müssen andere Standardisierungsmerkmale als Größe, Gewicht oder Farbe gefunden werden. Die Kriterien reichen von Grundlagen wie Terminologie oder Klassifikation über Spezifikationen, Produktmodelle, Prozessmodelle oder Qualität bis hin zur Qualifikation (vgl. Service Engineering Newsletter, Fraunhofer IAO).

Einige dieser Kriterien eignen sich zur Definition unternehmensübergreifender Standards, einige – wie im Falle bestimmter Leistungserstellungsprozesse – können schon aus Wettbewerbsgründen nur zur internen Standardisierung herangezogen werden. Gerade diese interne Standardisierung führt aber bei den Geschäftsprozessen zu bemerkenswerten Rationalisierungspotenzialen.

Die Reduktion von Prozessvarianten und die damit verbundene Eliminierung nicht zwingend notwendiger Prozessschritte führt zu einer Erhöhung der economies of scale, verbunden mit einem Lernkurveneffekt, sowie zu reduzierten Durchlaufzeiten und somit i. d. R. auch Prozesskosten. Des Weiteren werden interne Leistungen besser vergleichbar, wenn ihnen standardisierte Prozesse zu Grunde liegen. Die Berechnung von Prozesskosten und damit die Schaffung einer soliden Datenbasis für die Preiskalkulation wird durch eine Standardisierung der Prozesse erleichtert. Bestimmte Mindeststandards können in vielen Bereichen auch unternehmensübergreifend sinnvoll eingesetzt werden (z. B. Sicherheitsstandards oder Standards bei der Kreditvergabe in Kreditinstituten).

Standardisierte Prozessteile, die sinnvoll abgegrenzt und in verschiedenen Wertschöpfungsketten im Unternehmen eingesetzt werden können, werden Prozessmodule genannt.

2.2.2 Einsatz von Prozessmodulen im Service Engineering

Bei der Prozessgestaltung im Service Engineering können durch den Einsatz von Prozessmodulen mehrere Ziele erreicht werden:

- Ausrichtung an bestehenden Unternehmensstandards,
- Verkürzung der Time-to-market,
- Reduzierung der Entwicklungskosten.

Die Nutzung der Prozessmodule erfolgt in Form eines Baukastenprinzips, wobei für die Erbringung von Teilleistungen, die innerhalb der neuen Dienstleistung genutzt werden sollen, vorhandenes Prozesswissen abgerufen werden kann. Die Wertschöpfungskette eines neuen Produkts entsteht also durch die Kombination bestehender und neuer Prozessmodule (siehe Abbildung 4). Im Idealfall können die Prozesse für eine neue Dienstleistung vollständig aus bestehenden Prozessmodulen zusammengesetzt werden.

Auch in den Interaktionsbereichen zwischen den verschiedenen Unternehmen einer Gesamtwertschöpfungskette bietet die modulare Vorgehensweise Vorteile. Denn gerade hier ist es hilfreich, wenn neue Dienstleistungen einen standardisierten Input abfordern (was bei nachgelagerten standardisierten Prozessen natürlich leichter fällt) beziehungsweise standardisierten Output abliefern.

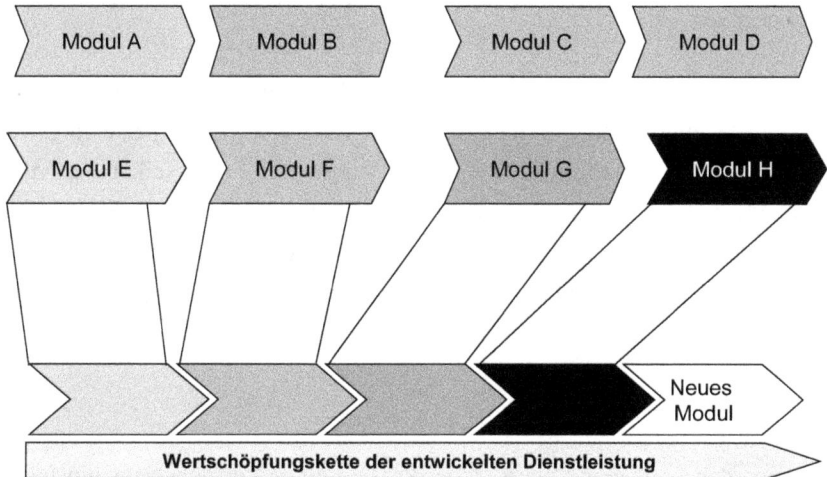

Abbildung 4: Baukastenprinzip beim Einsatz von Prozessmodulen im Service Engineering

Im Folgenden soll gezeigt werden, wie bereits heute Prozessmodule in der Praxis eingesetzt werden.

2.2.3 Praxisbeispiel

Projektbeschreibung

Die Aufgabe des Projekts bestand in der Analyse des Kreditprozesses im Bereich „Privates Anschaffungsdarlehen" mit dem Ziel der Optimierung und Standardisierung der damit verbundenen Prozesse. Die Bank nutzte im Bereich des Anschaffungsdarlehens verschiedene Vertriebswege (Distribution Channels) zur Bereitstellung ihrer Produkte.

Projektvorgehen

Auf Basis der bestehenden Vertriebskanäle und den zu untersuchenden Teilprozessen wurde eine Matrix erstellt, die als Orientierungshilfe beziehungsweise „Projektlandkarte" diente. Im Rahmen einer detaillierten Prozesserhebung wurden die Besonderheiten pro Vertriebsweg analysiert und dokumentiert. Je Vertriebsweg entstand so ein Prozessmodell (Hauptprozess) mit Teilprozessen. Zusätzlich wurden Informationen bezüglich notwendiger Ressourcen, z. B. Systeme, Formulare, eruiert.

Konzeption der Prozessmodule

Im Rahmen der Konzeption wurde jeder Prozess eines Vertriebswegs hinsichtlich der zeitlich-logischen Abfolge der Funktionen (Einzeltätigkeiten) untersucht. Zu jedem Vertriebskanal entstand eine Liste mit allen Einzelfunktionen je Teilprozess. Anschließend wurden diese Einzelfunktionen nach Grobthemen gegliedert. Zum Beispiel wurden alle Funktionen hinsichtlich der Erfassung persönlicher Daten unter dem Teilprozess „Adressdaten" beziehungsweise „Selbstauskunftsdaten" zusammengefasst. Dabei blieb die zeitliche Reihenfolge der Funktionen unverändert. Es entstanden so genannte Leistungsblöcke. Dieses Vorgehen wurde auf alle bestehenden Vertriebswege angewandt (siehe Abbildung 5).

Die im Konzept entwickelten Leistungsblöcke konnten in einzelne Wertschöpfungselemente umgewandelt werden. Auf dieser Basis wurden die entsprechenden Gemeinsamkeiten der Prozesse herausgefiltert, was in Abbildung 6 verdeutlicht wird.

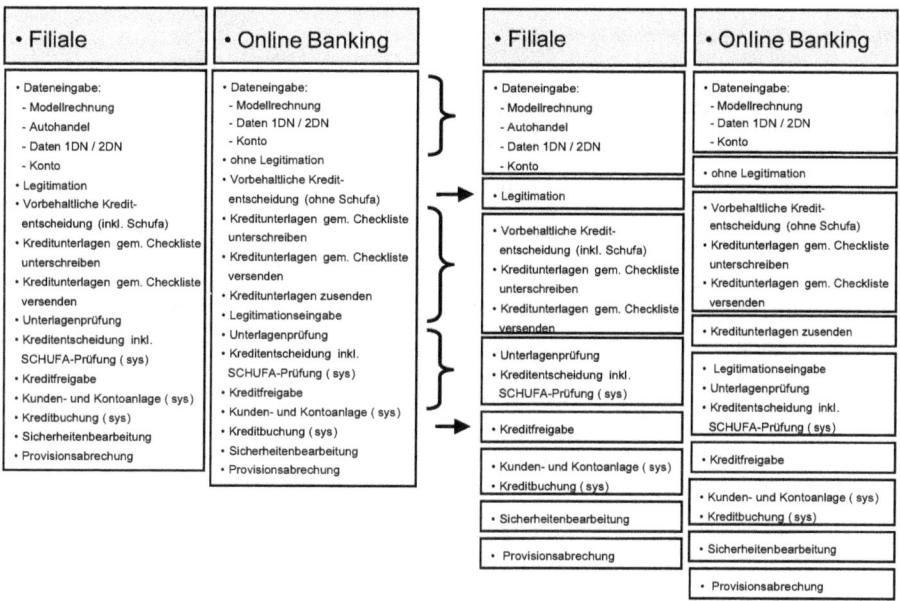

Abbildung 5: Funktionsübersicht Vertriebswege

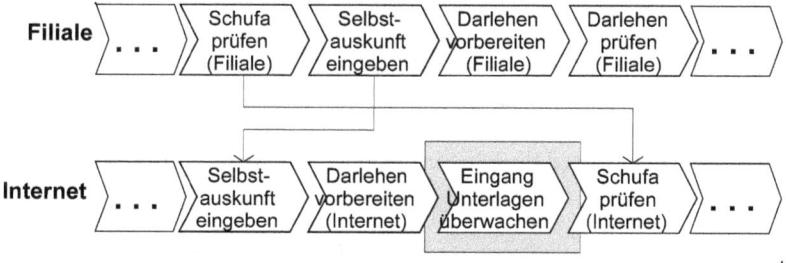

Abbildung 6: Ausschnitt Konzeption

Neben den Gemeinsamkeiten ließen sich außerdem die Besonderheiten je Vertriebsweg ableiten. So nehmen bestimmte Vertriebswege zusätzliche Teilprozesse in Anspruch, z. B. die Überwachung des Unterlageneingangs.

Letztlich entstand eine Prozesslandschaft mit allen Hauptprozessen sowie den verwendeten Prozessmodulen je Vertriebsweg. Neben der Erreichung des Ziels der Prozessstandardisierung wurde somit auch ein „Prozessbaukasten" zum Auf- und Ausbau weiterer Vertriebswege geschaffen.

Implementierung der Prozessmodule

Wichtiger Faktor bei der Implementierung war die Betrachtung der Systemunterstützung. Im Rahmen der Möglichkeiten des Projekts wurde das System prozessorientiert ausgerichtet, die Prozessmodule insbesondere die Prozessschnittstellen sollten vom System „erkannt" werden. Beispielhaft sind hier Pflichtfelder oder Plausibilitätskontrollen zu nennen. Diese gewährleisteten optimale Systemunterstützung für einen reibungslosen Prozessablauf, indem durch das Erreichen der entsprechenden Endereignisse des Hauptprozesses die jeweiligen Starterereignisse ausgeführt wurden.

Übertragung der Projektergebnisse auf das Service Engineering

In dem beschriebenen Projekt konnten circa 70 % der Prozesse über Prozessmodule abgebildet werden, während sich die Prozesskosten um über 40 % reduzierten. Obwohl das Projekt als klassische Geschäftsprozessoptimierung beauftragt war, konnte verdeutlicht werden, dass in der Verwendung von Prozessmodulen erhebliche Potenziale stecken. Durch den Einsatz der standardisierten Module konnte der Kunde gleich mehrere positive Nebeneffekte erzielen:

- Mitarbeiter werden universell einsetzbar,
- neue Vertriebswege können schnell und effizient aufgebaut werden,
- die vorhandenen Module können auch in verwandten Produkten eingesetzt werden,
- Prozesskosten für neue Produkte können leichter ermittelt werden und
- Produktvielfalt beim Kunden kann mit gleichen Prozessen nach innen bewältigt werden.

Abschließend ist zu sagen, dass das Arbeiten mit Prozessmodulen anfänglich durch die Abstimmung der Schnittstellen sehr aufwendig erscheint. Wird aber der Wiederverwendungseffekt und die damit bereits erbrachte Vorarbeit berücksichtigt, relativiert sich dieser Aufwand. Wie bereits oben erwähnt, muss betont werden, dass Prozessmodule im Sinne eines Process Life Cycle immer wieder überprüft werden müssen. Die Prozessmodifizierung kann dabei durch den Markt,

z. B. Mitbewerber, durch innovative Technologien oder durch gesetzliche Novellierungen initiiert werden.

2.2.4 Problemfelder

Obwohl Prozessmodule bereits erfolgreich in Projekten der IDS Scheer AG eingesetzt werden, gilt es sicher noch einige Probleme zu lösen bis die Idealvorstellung realistisch ist, Prozessmodule wie Puzzleteile zusammenzustecken.

Die wesentliche Herausforderung besteht in der Dokumentation und Gestaltung der Schnittstellen. Im Gegensatz zu Schnittstellen in der Informationstechnologie beschränken sich hier die Fragen nicht auf Daten und Technik, sie gehen deutlich darüber hinaus. Abbildung 7 zeigt sechs mögliche Schichten einer Schnittstelle zwischen Prozessmodulen, wobei durchaus weitere denkbar sind. Die Datenschicht beschreibt die zwischen den Prozessmodulen zu übertragenden Daten, wobei für jedes Prozessmodul ein Standardinput und -output festgelegt werden muss. Die technische Seite der Datenübertragung wird in der Medien- und Systemschicht beschrieben. Der Fokus dieser Schicht liegt auf der Basis, auf der die zuvor beschriebenen Daten übertragen werden. Hierbei kann es sich um Formulare, Anwendungssysteme, Datenbanken etc. handeln. Die räumliche Schicht beschreibt Fragen der Allokation von Leistungen eines Prozessmoduls, d. h. wo wird eine Leistung bereitgestellt beziehungsweise angefordert. Die zeitliche Schicht beinhaltet beispielsweise Restriktionen bezüglich der zeitlichen Verfügbarkeit von Leistungen. Da bestimmte Leistungen auch rechtliche Restriktionen beinhalten, widmet sich diesen ebenfalls eine Schicht. Die organisatorische Schicht beschreibt letztlich Fragen des Leistungsaustauschs zwischen Unternehmensbereichen oder Unternehmen. Ob hierunter auch weiche Faktoren betrachtet werden oder ob diesen eine eigene Schicht zu widmen ist, muss noch diskutiert werden.

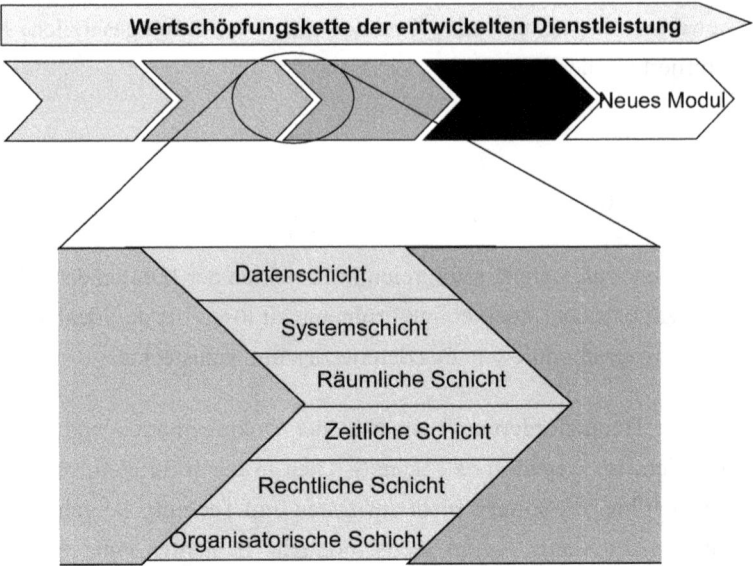

Abbildung 7: Schnittstellen von Prozessmodulen

Der Beschäftigung mit den verschiedenen Schichten der Prozessmodulschnittstellen vorangestellt sind Fragen nach der Granularität der Module sowie nach den damit zusammenhängenden Kosten der Erstellung des Modulbaukastens. Die IDS Scheer AG verfügt in vielen Branchen über Referenzmodelle, die zumindest ein Template für die Erarbeitung der Module bereitstellen. Auch ein im Unternehmen bereits installiertes Prozessmanagement leistet durch die oben geforderte Verknüpfung von Prozessmanagement und Service Engineering erheblichen Input bei dieser Aufgabe.

3 Ausblick

In der letzten Dekade des 20. Jahrhunderts etablierte sich das Thema Service Engineering zu einem ernstzunehmenden Forschungsgebiet. Die erste Dekade des 21. Jahrhunderts wird nun den Transfer der Forschungsergebnisse in die Praxis bringen müssen. Wie in Kapitel 2.2.3 dieses Beitrags gezeigt, gilt es dabei nicht völliges Neuland zu betreten, sondern das in der Praxis bereits vorhandene Know-how mit den Erkenntnissen der Forschung zu verknüpfen.

Ein Zukunftsthema, das für den Übergang von der Konzeptions- zur Realisierungsphase einen kritischen Erfolgsfaktor darstellt, ist das Software Engineering. Hier ergaben sich in der Vergangenheit immer wieder Probleme, die aus einer unzureichenden und v. a. unscharfen Kommunikation zwischen Fachbereich und Entwicklungsabteilung resultierten. Hier hat die IDS Scheer AG mit ihrem ARIS Software Engineering Scout ein Tool entwickelt, das den gesamten Prozess der Softwareentwicklung unterstützt.

Die Softwareentwicklung wird hier – völlig ohne Medien- oder Informationsbrüche – von der Prozessmodellierung bis hin zur Erstellung der Software unterstützt.

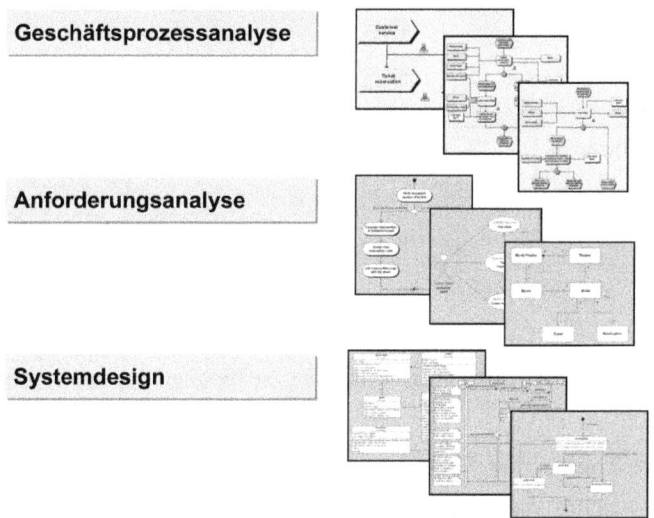

Abbildung 8: Roadmap – Software Engineering Scout

Für die Dienstleistungsentwicklung bedeutet dies einen nächsten Entwicklungsschritt. Innerhalb der Dienstleistungskonzeption werden nach einer optimalen Gestaltung der Prozesse (Phase „Geschäftsprozessanalyse" innerhalb des Software Engineering Scout) die Anforderungen aus den Prozessen abgeleitet, aus denen dann eine exakte Spezifizierung der zu entwickelnden Systeme (Phase „Anforderungsanalyse" und „Systemdesign" innerhalb des Software Engineering Scout) möglich ist. Genutzt wird hierfür der Standard UML (Unified Modeling Language). Mit diesen Informationen können die neuen IT-Lösungen ohne Reibungsverluste und Mehrkosten auf Grund von Zeitverzögerungen und Nachbesserungen entwickelt und implementiert werden. Aus den so genannten Use Case-Diagrammen können notwendige Dialogelemente/Dialogteile prototypisch abgeleitet werden. Aus diesem Maskendiagramm kann eine Textdatei exportiert werden, die in der Entwicklungsumgebung C++ weiterbearbeitet werden kann.

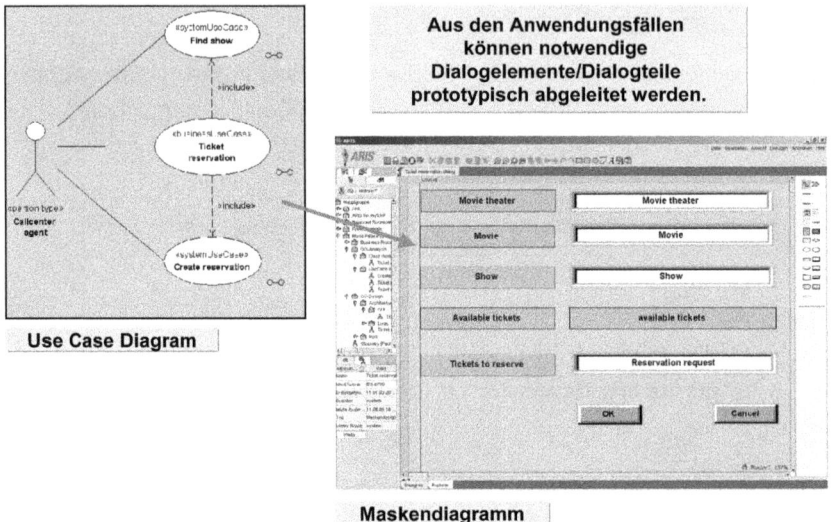

Abbildung 9: Anforderungsanalyse – Software Engineering Scout

Der Software Engineering Scout bietet hierfür bereits ein toolgestütztes Vorgehensmodell welches mit den Ergebnissen aus dem CASET-Forschungsprojekt kombiniert werden könnte.

Im Bereich der Prozessmodule sind praxisrelevante Ergebnisse sowohl softwaretechnisch als auch consultingseitig zu erwarten. Während sich auf der einen Seite Standards für Prozessmodule in Form von Templates für die verschiedenen Branchen entwickeln, wird das Handling des angesprochenen Modulbaukastens mit entsprechender Software sicher noch zu verbessern sein. Abbildung 10 zeigt den Ansatz für eine Methode zur Darstellung eines solchen Modulbaukastens.

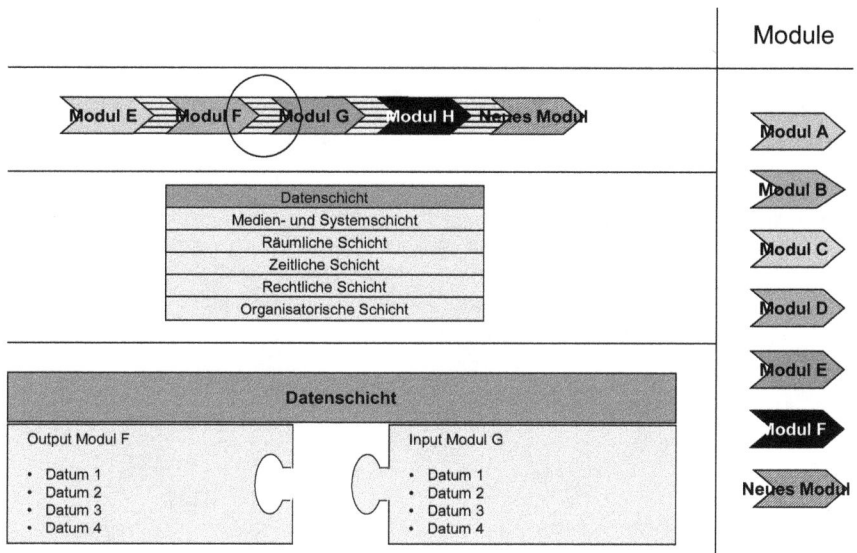

Abbildung 10: Modulbaukasten

Die Kombination einer solchen Methode mit einem Tool wie CASET (was mit dem ARIS Web Designer technisch bereits möglich ist) sowie entsprechendem Prozess Know-how wird ein erheblich effizienterer Service Engineering-Prozess ermöglicht.

Diese beiden Ansätze sollen beispielhaft das große Entwicklungspotenzial aufzeigen, welches in den Ergebnissen des CASET-Prototyps liegt. Für die Zukunft bleibt zu hoffen, dass die Forschung zukünftig auf diesen Ergebnissen aufsetzt und im Dialog mit der Praxis die Disziplin Dienstleistungsentwicklung weiter vorantreibt.

Softwaregestützte Dienstleistungsentwicklung am Beispiel des Finanzdienstleistungsprodukts „S BerlinKonto Brillant"

Peter Schreiner
Fraunhofer-Institut für Arbeitswirtschaft und Organisation (IAO), Stuttgart

Alexander Zacharias
Bankgesellschaft Berlin AG, Berlin

Inhalt

1 Einführung

2 Ausgewählte Module der softwaregestützten Dienstleistungsentwicklung
    2.1 Ideenmanagement und Kreativitätstechniken
    2.2 Projektklassifikation und Auswahl eines geeigneten Vorgehensmodells
    2.3 Risikomanagement und Rollenkonzept
    2.4 Terminverwaltung, personalisierte Sichten und Parallelisierung von Aufgaben
    2.5 Prozessgestaltung
    2.6 Marketingkonzept
    2.7 Controlling

3 Zusammenfassung

Literaturverzeichnis

1 Einführung

Eine empirische Studie zur kundenorientierten Dienstleistungsentwicklung in deutschen Unternehmen [1] hat gezeigt, dass weniger als 30 Prozent der Befragten häufig oder immer Projektmanagement-Software einsetzen, wenn sie neue Services gestalten. Eine Ursache für den seltenen Rückgriff auf geeignete Software ist darin zu sehen, dass bislang kein geeignetes Tool verfügbar war, das speziell für die Entwicklung von Services konzipiert wurde. Zur Behebung dieses Defizits wurde das Computer Aided Service Engineering Tool (CASET) entwickelt.

Dieser Beitrag veranschaulicht die Anwendung der Werkzeugplattform anhand eines konkreten Beispiels. Im Folgenden wird ein Anwendungsszenario skizziert, das von Fraunhofer IAO/IAT in Zusammenarbeit mit der Bankgesellschaft Berlin/Landesbank Berlin erstellt wurde. Um die Attraktivität ihres Produktportfolios im Bereich Privatkunden zu steigern, beschließt die Berliner Sparkasse, ein neues Produkt zu entwickeln. Für die Kunden des Kreditinstituts sollen die Vorteile eines Girokontos um bankfremde Mehrwertangebote erweitert werden. Die neue Dienstleistung trägt den Namen „S BerlinKonto Brillant".

2 Ausgewählte Module der softwaregestützten Dienstleistungsentwicklung

Die Dienstleistungsentwicklungs-Plattform CASET unterstützt die Bearbeitung unterschiedlicher Service Engineering-Aufgaben. Projektleiter von Entwicklungsvorhaben profitieren sowohl von der Hilfestellung im fachlichen Bereich als auch beim Projektmanagement. Anhand des Anwendungsszenarios „S BerlinKonto Brillant" werden folgende Funktionsbereiche dargestellt:

- Ideenmanagement und Kreativitätstechniken,
- Projektklassifikation und Auswahl eines geeigneten Vorgehensmodells,
- Risikomanagement und Rollenkonzept,
- Terminverwaltung, personalisierte Sichten und Parallelisierung von Aufgaben,

- Prozessgestaltung,
- Marketingkonzept,
- Controlling.

Die aufgelisteten Module beziehen sich lediglich auf eine Auswahl wichtiger Aktivitäten der Dienstleistungsentwicklung und des Projektmanagements. Ein Anspruch auf Vollständigkeit wird daher nicht erhoben. Einen Überblick über Service Engineering-Vorgehensmodelle, die eine umfassendere Darstellung des Entwicklungsprozesses bieten, liefert beispielsweise der Beitrag von DAUN und KLEIN in diesem Herausgeberband. Den Ausgangspunkt des hier vorgestellten Anwendungsszenarios bildet die Generierung der neuen Dienstleistungsidee, wobei auf die Kreativitätstechnik „Mind Mapping" zurückgegriffen wird.

2.1 Ideenmanagement und Kreativitätstechniken

Der Erfolg hängt in den frühen Phasen der Dienstleistungsentwicklung entscheidend von zwei Faktoren ab: Zum einen von der genauen Kenntnis des Kundenbedarfs und zum anderen davon, dass innovative Ideen hinsichtlich der Fragestellung generiert werden, wie diesem Bedarf in Form von neuen Leistungsangeboten Rechnung getragen werden kann. So fordern BÖTTCHER und KRINGS eine „konsequente Auseinandersetzung mit dem Markt und den Verbraucherwünschen, sowie der sich hieran anschließenden Produktentwicklung auf der Basis genau dieser ermittelten Markterfordernisse und Kundenwünsche" [2]. Vor diesem Hintergrund muss kritisch hinterfragt werden, welchen Nutzen der Einsatz von Software in der Phase des Ideenmanagements stiften kann. Vorstellungen, man müsse nur die richtigen Daten in ein System einpflegen und erhielte im nächsten Schritt – quasi automatisch – eine erfolgversprechende Dienstleistungsidee, sind als illusorisch zurückzuweisen. Software kann Kreativität nicht ersetzen. Software beinhaltet per se auch keine Kenntnisse über den Markt. Der Kunde stellt sich aus der Perspektive der Informations- und Kommunikations-Technik bestenfalls als Instanziierung einer „definierten Klasse" dar, die eindeutig über eine Kundennummer identifiziert wird und darüber hinaus Merkmale wie Stamm- und Verlaufsdaten aufweist. Dienstleistungsentwickler sind also auch weiterhin darauf angewiesen, sich einen Überblick über den Markt zu verschaffen und ihren eigenen Verstand zu nutzen, um zu neuen Dienstleistungen zu kommen. Welchen Beitrag kann Software also leisten? Ein wesentlicher Vorteil des Tooleinsatzes besteht darin, die Effizienz von Entwicklungsprojekten deutlich zu steigern und somit Freiräume für mehr Kreativität zu schaffen. Während mangelnde Zielstrebigkeit oder gar Orientierungslosigkeit den Fortschritt von Projekten verzögert, kann die Entwicklungszeit mit Hilfe eines systematischen, softwareunterstützten Vorgehens verkürzt werden. Voraussetzung ist, dass das Entwicklungstool keine „inhaltsleeren" Vorlagen zur Verfügung stellt, sondern kontextspezifische Informationen für das entsprechende Entwicklungsvorhaben.

CASET unterstützt den Dienstleistungsentwickler bereits beim Ideenmanagement. Mit Hilfe des Leitfadens kann er sich beispielsweise über die Themen Ideenmanagement und Kreativitätstechniken informieren. Die Phase Ideenmanagement wird in die Teilschritte Generierung, Bewertung und Dokumentation gegliedert. Um neue Dienstleistungsideen zu sammeln, können Kreativitätstechniken eingesetzt werden. Die CASET-Plattform enthält hierzu Beschreibungen unterschiedlicher Methoden.

Im Anwendungsszenario „S BerlinKonto Brillant" entscheidet sich der Manager des Entwicklungsprojekts für den Einsatz der Kreativitätstechnik „Mind Mapping". Mit Mind Mapping können Ideen und Assoziationen zu einem Thema auf einfache Art grafisch dargestellt werden. Die Anwendung der Methode ist intuitiv und kann mit einfachen Mitteln (z. B. Metaplanwand oder einfach nur mit einem Blatt Papier) erfolgen. Im Anwendungsszenario verfolgt der Projektmanager mit dem Einsatz der Methode das Ziel, seine Vorstellungen und Ideen zu dem Mehrwertkonto zu visualisieren. Zunächst erstellt er einen ersten Entwurf, der anschließend im Rahmen eines Workshops verfeinert wird (vgl. Abbildung 1).

Beispiele für mögliche Leistungen, um die das Girokonto zukünftig erweitert werden kann, sind Auslandreise-Krankenversicherungen oder vergünstigte Hotel- und Mietwagenangebote. Durch die Ausweitung des Dienstleistungsangebots im Bereich Girokonto kann für den Privatkunden ein Mehrwert geschaffen werden. Die Bankgesellschaft Berlin/Landesbank Berlin verfolgt mit dieser Anreicherung der so genannten „Grundleistung" um ergänzende Dienstleistungen das Ziel, sich von den konventionellen Angeboten des Wettbewerbs abzugrenzen.

Abbildung 1: Einsatz von Mind Mapping als Kreativitätstechnik

Um für die Kunden ein möglichst attraktives Leistungsbündel schnüren zu können, geht der Finanzdienstleister Kooperationen mit anderen Unternehmen ein. Die in der Mind Map (vgl. Abbildung 2) wiedergegebenen Mehrwert-Services werden mehrheitlich nicht von dem Kreditinstitut selbst erstellt, sondern über externe Lieferanten zugekauft.

Neben dem Differenzierungsargument ist ein weiterer Nutzen darin zu sehen, dass über die Mehrwertleistungen eine Emotionalisierung des Dienstleistungsangebots erreicht wird. Während die Kernleistung Girokonto aus Kundensicht eher Commodity-Charakter aufweist, wird durch die ergänzenden Dienstleistungen eine Verbindung zum Lifestyle der Kunden hergestellt. Über die Ausstrahlungseffekte der Zusatzdienstleistungen kann die Hauptleistung emotionalisiert werden, was die Geschäftsbeziehung zwischen Kreditinstitut und dem Kunden festigt.

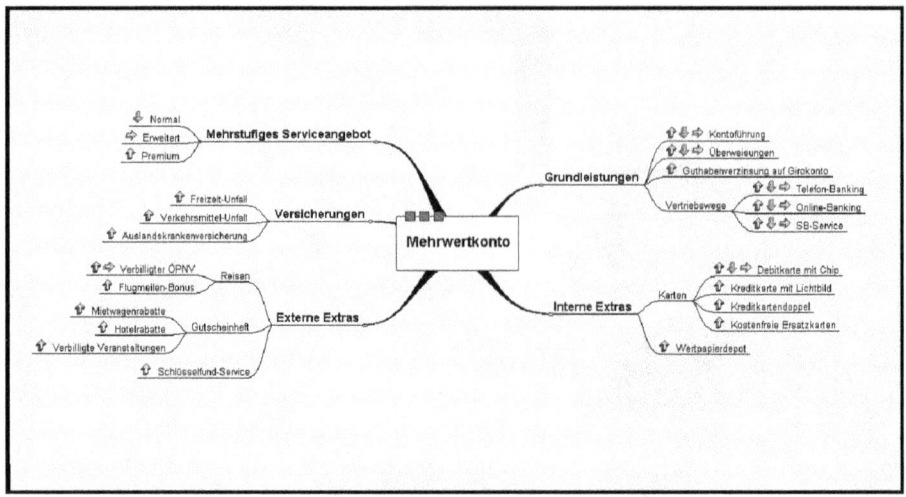

Abbildung 2: Mind Map „Mehrwertkonto"

„Rund um das Girokonto" bietet „S BerlinKonto Brillant" die folgenden Leistungen: Zahlungsverkehr-Service, keine Buchungspostenbegrenzung, keine Bepreisung beleghafter Buchungen, Guthabenverzinsung Girokonto, DekaBank Depot, SparkassenCard (auf Wunsch mit Chip), Kreditkartendoppel Classic (auf Wunsch mit Foto), Ersatzkarten, Dispositionskredit, extra hohe Kreditlinie mit reduziertem Dispozins, SB-Service, Online-Banking, Telefon-Banking und SB-Kapitalsparen.

Auch im Bereich „Sicherheit" wartet das Mehrwertkonto der Bankgesellschaft Berlin/Landesbank Berlin mit zusätzlichen Services auf: 24-Stunden-Notruf-Service, Verkehrsmittel-Unfallversicherung, Freizeit-Unfallversicherung, Auslandsreise-Krankenversicherung, Notgeld-Service weltweit, Schlüsselfund-Service, Türöffnungs-Service und Dokumenten-Service.

Weitere Services von „S BerlinKonto Brillant" sind: S-Investor, Vermögensübersicht (quartalsweise), Erträgnisaufstellung (jährlich), Bonusprogramm webmiles, Bonusheft mit Coupons und Gutscheinen, z. B. für einen kostenlosen Familienpass und einen kostenlosen Finanzratgeber.

Nachdem die erste Dokumentation zu „S BerlinKonto Brillant" in Form der Mind Map abgeschlossen ist, kann ein entsprechendes Dienstleistungsentwicklungsprojekt initialisiert werden.

2.2 Projektklassifikation und Auswahl eines geeigneten Vorgehensmodells

Dienstleistungsentwicklungsprojekte sollten einem Vorgehensmodell folgen. Durch ein solches Modell wird festgelegt, welche Schritte in welcher Reihenfolge durchzuführen sind, um die neue Dienstleistung systematisch von der Idee zur Marktreife zu führen. Die Orientierung an einem Vorgehensmodell stellt sicher, dass keine wesentlichen Aufgaben vernachlässigt oder gar vergessen werden. Darüber hinaus können mit Vorgehensmodellen unternehmensspezifische Standards geschaffen werden, die eine qualitätssichernde Funktion für die Dienstleistungsentwicklung haben. Auf Grund der Heterogenität der zu entwickelnden Dienstleistungen ist es nicht sinnvoll, ein detailliertes Vorgehensmodell zu erarbeiten, das für alle Entwicklungsprojekte zwingend anzuwenden ist. Vielmehr besteht ein Bedarf an konfigurierbaren Modellen, die mit möglichst wenig Aufwand an spezifische Anforderungen angepasst werden können.

In der Entwicklungsplattform CASET sind unterschiedliche Vorgehensmodelle abgelegt. Sie stehen dem Dienstleistungsentwickler zur Anpassung zur Verfügung. Die hinterlegten Modelle basieren auf Ergebnissen aus der angewandten Dienstleistungsforschung und auf der Evaluation durch die am CASET-Projekt beteiligten Konsortialpartner. Auch für den Anpassungsprozess als solchen bietet CASET dem Manager des Dienstleistungsentwicklungsprojekts Hilfestellung. Basis hierfür ist ein morphologischer Kasten, der unterschiedliche Kriterien zur Klassifikation von Projekten umfasst. Beispiele für solche Kriterien sind der Innovationsgrad, das Investitionsrisiko sowie die Mitarbeiteranzahl und die Dauer des Projekts. Anhand dieser vorgegebenen Größen wird in Interaktion mit dem Projektmanager das Entwicklungsvorhaben klassifiziert. Basierend auf diesen Informationen erfolgt ein Abgleich der Anforderungen mit den eingepflegten Vorgehensmodellen. Anschließend wird das Vorgehensmodell vorgeschlagen, das für den spezifischen Anwendungsfall am besten geeignet erscheint (vgl. Abbildung 3).

Der Projektmanager hat die Möglichkeit, das Vorgehensmodell zu modifizieren. Hierzu kann er sich das vorgeschlagene Modell detailliert anzeigen lassen. Anschließend kann er Änderungen sowohl auf der Ebene der Hauptschritte als auch auf der Ebene der Detailschritte durchführen. Aktivitäten können zur Vereinfachung weggelassen oder aber gegenüber dem ursprünglich vorgeschlagenen Vorgehen ergänzt werden. Auf diese Weise unterstützt die Plattform den Manager bei der Identifikation eines geeigneten Vorgehens und lässt ihm gleichzeitig die Freiheit, eigene Vorstellungen hinsichtlich der Ausgestaltung einzubringen.

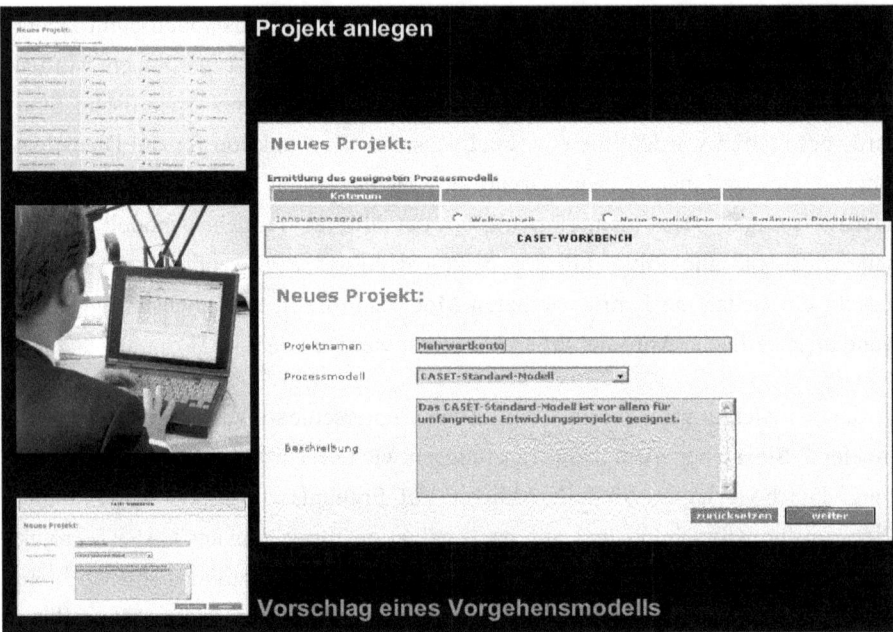

Abbildung 3: Klassifikation des Projekts und Vorschlag des am besten geeigneten Vorgehensmodells

Nach der Festlegung auf ein Vorgehen setzt sich der Dienstleistungsentwickler mit anderen Aufgaben auseinander, z. B. mit dem Risikomanagement und dem Rollenkonzept.

2.3 Risikomanagement und Rollenkonzept

Dienstleistungsentwicklungsprojekte sind – wie alle Projekte – durch unterschiedliche Risikofaktoren gefährdet. Diese sind häufig bereits in den frühen Projektphasen abzusehen. Erfahrene Projektmanager identifizieren diese Risiken daher proaktiv in einem frühen Stadium des Vorhabens und definieren entsprechende Gegenmaßnahmen. Häufig können interne und externe Risikofaktoren unterschieden werden. So kann der Projekterfolg beispielsweise durch Fluktuation oder Reorganisationsmaßnahmen (interne Risiken) beziehungsweise durch verändertes Kundenverhalten oder neue Gesetze (externe Risiken) gefährdet werden.

Die CASET-Funktionalität für das Risk-Management wurde im Zuge des Szenarios „S BerlinKonto Brillant" genutzt. Für jedes Risiko wird die Eintrittswahrscheinlichkeit geschätzt. Darüber hinaus ist zu begründen, warum ein bestimmter Sachverhalt ein Risiko darstellt. Letztlich werden die zur Gegensteuerung erforderlichen Aktivitäten als Maßnahmen definiert. Bei der Zusammenstellung des Projektteams wird der Dienstleistungsentwickler durch das integrierte Ressourcen- und Rollenmanagement von CASET unterstützt. In Abhängigkeit von den Projekteigenschaften und den auszuführenden Aufgaben können unterschiedliche Rollen für Projektmitglieder definiert werden. Dabei ist es möglich, dass eine Person mehrere Rollen ausführt. Umgekehrt kann eine Rolle von mehreren Mitarbeitern wahrgenommen werden. Die CASET-Ressourcenmatrix fungiert als Instrument für das Ressourcen- und Rollenmanagement. Sie stellt die im Projekt zu besetzenden Rollen den verfügbaren Mitarbeitern gegenüber (vgl. Abbildung 4).

Das System kann das Staffing sinnvoll unterstützen, wenn detaillierte Qualifikationsprofile hinterlegt sind. Im Einzelfall muss dies jedoch mit datenschutzrechtlichen Rahmenbedingungen beziehungsweise mit dem Betriebsrat abgestimmt werden. Mit Hilfe der Ressourcenmatrix wird die Zuordnung von Rollen zu Mitarbeitern vereinfacht. Mitarbeiter, die auf Grund ihrer Qualifikation für eine Rolle geeignet sind, werden in der Matrix farblich hervorgehoben. Durch Markieren eines Felds in der Matrix weist der Dienstleistungsentwickler einem Mitarbeiter eine Rolle zu.

Nach Abschluss der Aktivitäten Projektklassifikation, Vorgehensmodellauswahl, Risikoeinschätzung und Staffing sind die zur Anlage eines neuen Projekts in CASET notwendigen Schritte durchgeführt. Der Projektleiter kann nun auf ein vorhabenspezifisches Service Engineering-Vorgehensmodell mit definierten Arbeitspaketen, Methoden, Werkzeugen und Verantwortlichkeiten zurückgreifen. Das Vorgehensmodell ist in zeitliche Phasen und inhaltliche Arbeitsschwerpunkte gegliedert.

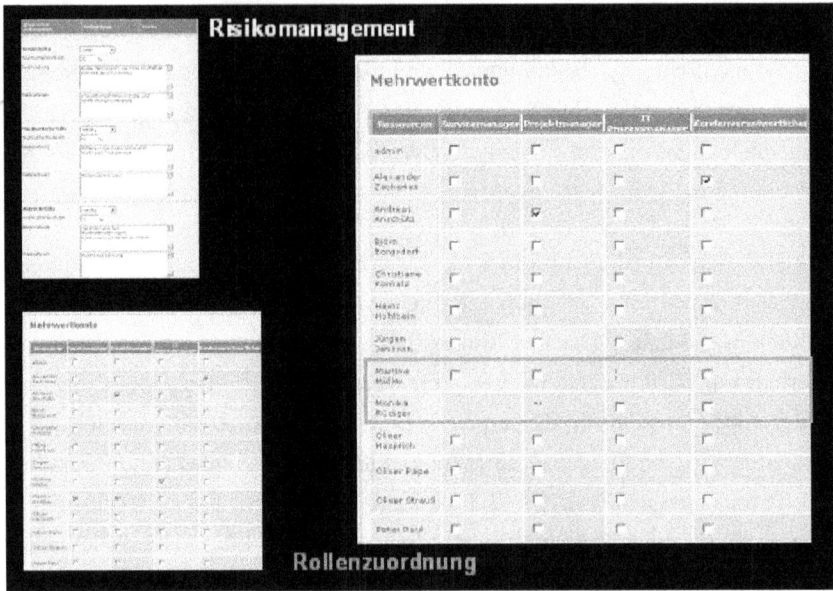

Abbildung 4: Funktionalitäten des Risiko- und Ressourcenmanagements

2.4 Terminverwaltung, personalisierte Sichten und Parallelisierung von Aufgaben

Die Durchführung der Entwicklungsarbeiten wird durch Projektmanagement-Funktionalitäten der Service Engineering-Plattform unterstützt. Herkömmliche Projektmanagement-Tools stellen allgemeine Funktionalitäten bereit, die unabhängig vom jeweiligen Projektvorhaben genutzt werden können. Im Unterschied hierzu hält CASET spezifische Projektmanagement-Funktionen für Dienstleistungsentwicklungsprojekte vor. Als Beispiele hierfür können die eingepflegten Vorgehensmodelle oder die Methodenbeschreibungen für das Service Engineering herangezogen werden. Darüber hinaus umfasst die Dienstleistungsentwicklungssoftware klassische Funktionalitäten eines Projektmanagement-Tool. Die Terminplanung stellt eine der grundlegenden Funktionalitäten von CASET in diesem Bereich dar (vgl. Abbildung 5). Mit ihrer Hilfe kann der Projektleiter für jedes Arbeitspaket und für die jeweils darunter liegenden Aktivitäten Soll-Termine festlegen. Soll-Termine können sowohl für die geplanten Start- als auch für die Enddaten erfasst werden.

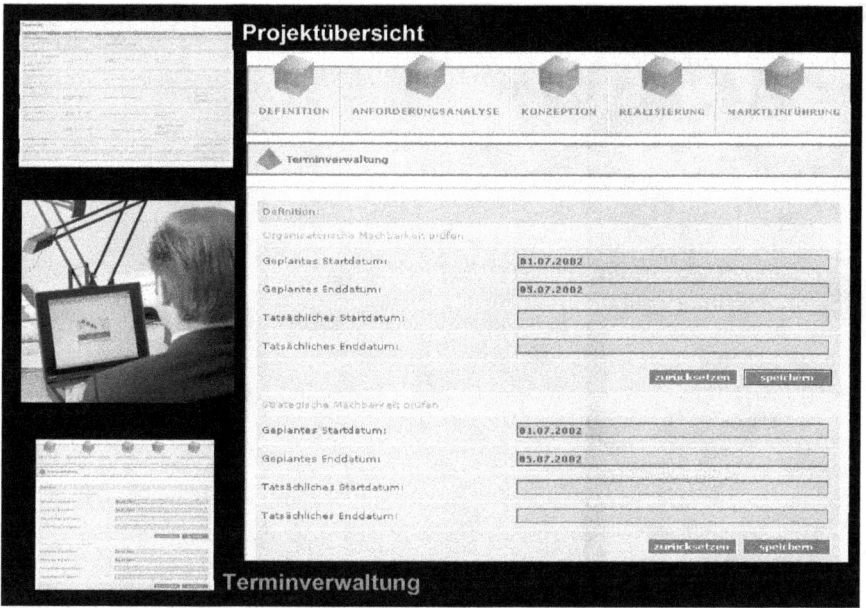

Abbildung 5: Terminverwaltung

Eine weitere Funktionalität im Bereich des klassischen Projektmanagements stellt die Verfügbarkeit personalisierter Sichten dar. Durch dieses Konzept kann die Komplexität, die die einzelnen Mitglieder des Dienstleistungsentwicklungsprojekts wahrnehmen, signifikant reduziert werden. In Abhängigkeit von ihren Rollen erhalten sie angepasste Sichten auf die Projektinformationen. Hierzu stellt CASET personalisierte „Now-Pages" zur Verfügung. Beispielsweise kann sich der Projektleiter auf seiner Now-Page einen Überblick über alle anstehenden Aktivitäten des Projekts verschaffen. Ferner kann er Informationen zu den Verantwortlichkeiten für die Aktivitäten und zu den aktuellen Bearbeitungsstati einholen. Diese umfassenden Angaben sind jedoch nicht für alle Projektmitglieder von Bedeutung. Daher werden auf deren Now-Page nur genau die Informationen angezeigt, die zur Ausführung der eigenen Aufgaben relevant sind (vgl. Abbildung 6). CASET übernimmt somit das Herausfiltern wirklich benötigter Informationen. Der einzelne Projektmitarbeiter wird entlastet, weil er keine Zeit mehr darauf verwenden muss, für ihn bedeutende Informationen von unbedeutenden zu trennen. Sollte es notwendig sein, dass ein Mitarbeiter erweiterten Zugriff auf die Projektaktivitäten erhält, kann dies über eine entsprechende Rechteverwaltung abgebildet werden.

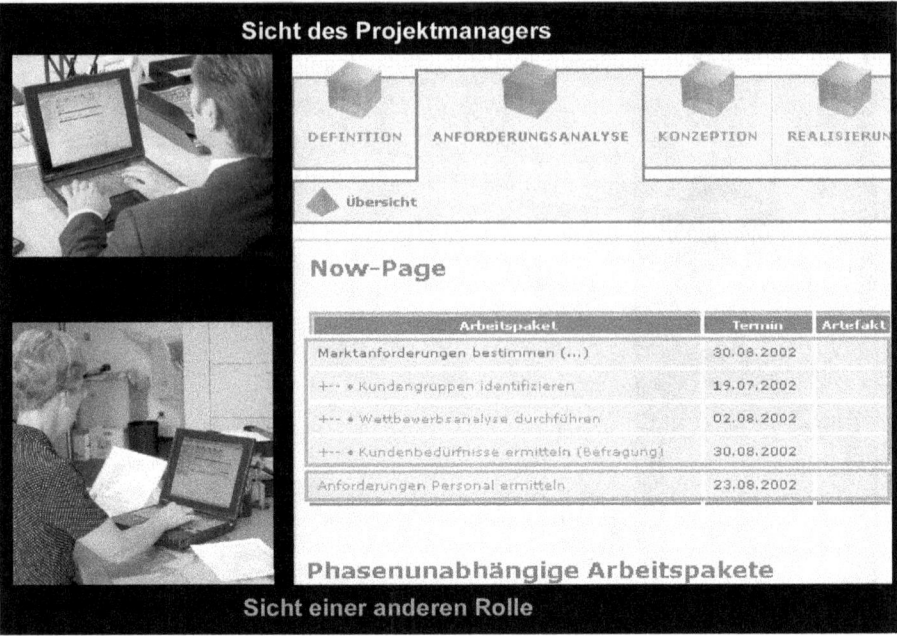

Abbildung 6: „Now-Page" – Personalisierte Sichten auf die Projektaktivitäten

Um die Entwicklungszeiten und somit die „Time-to-market" für die neue Dienstleistung „S BerlinKonto Brillant" so gering wie möglich zu halten, bemüht sich der Projektmanager um eine möglichst parallele Bearbeitung von voneinander unabhängigen Teilaufgaben. Häufig wird wertvolle Zeit dadurch vergeudet, dass die Aufgabenabarbeitung sequenziell erfolgt, d. h. dass mit einer neuen Aktivität erst dann begonnen wird, wenn die vorausgehende abgeschlossen wurde. Dies ist jedoch nur dann erforderlich, wenn Interdependenzen zwischen den Aufgaben bestehen, wenn also der nachfolgende Vorgang in irgendeiner Form von den Ergebnissen der vorgelagerten Aufgabe abhängt.

In vielen Branchen – besonders in der Finanzdienstleistungswirtschaft – sind kurze Zeitspannen von der Idee bis zur Markteinführung der neuen Dienstleistungen von hoher Bedeutung. Daher ist es bei Dienstleistungsentwicklungsprojekten wichtig, auf einen hohen Parallelisierungsgrad der Aktivitäten hinzuwirken. CASET wird dieser Anforderung durch ein Freigabekonzept für die parallele Aufgabenbearbeitung gerecht.

Zeitgleich durchführbare Arbeiten, wie sie beispielsweise im Rahmen des Arbeitspakets „Marktanforderungen" vorgesehen sind, werden durch das Freigabekonzept synchronisiert. Die marktorientierte Betrachtungsweise schließt die externen Akteure Kunden, Wettbewerber und Lieferanten ein. Im Szenario „S BerlinKonto Brillant" führen die Key Account Managerin und ihr Assistent Befragungen von bestehenden und potenziellen Kunden durch. Bei der Ausarbeitung des Befragungsinstruments werden sie durch Arbeitshinweise unterstützt, die im Vorgehensmodell an entsprechender Stelle verlinkt sind und über den Service Engineering-Guideline abgerufen werden können.

Parallel zu der Kundenbefragung kann eine Wettbewerbsanalyse durchgeführt werden. Ziel dieser Aktivität ist es, zu identifizieren, welche Maßnahmen andere Kreditinstitute im Bereich der Mehrwertkonten ergreifen. Aus den Ergebnissen lässt sich u. a. ableiten, ob Aussicht darauf besteht, als erster das neue Finanzdienstleistungsprodukt anbieten zu können oder ob vergleichbare Angebote bereits am Markt verfügbar sind. In Abhängigkeit von den Ergebnissen der Wettbewerbsanalyse positioniert sich das Kreditinstitut entweder als Innovationsführer für dieses spezielle Produktsegment oder aber es verfolgt die Strategie eines „schnellen Verfolgers" [3].

Nach Abschluss der Kundenbefragung und der Wettbewerbsanalyse markieren die Verantwortlichen die Teilaufgaben in CASET als „beendet". Daraufhin erhält der Manager des Dienstleistungsentwicklungsprojekts eine entsprechende Mitteilung. Er lässt sich über die Ergebnisse der Aktivitäten informieren. Damit verbunden ist eine Kontrolle der Arbeitsqualität. Sind aus Sicht des Projektleiters keine Nacharbeiten erforderlich, erteilt er zunächst für die beiden Teilaufgaben „Kundenbefragung" und „Wettbewerbsanalyse" sowie abschließend für die übergeordnete Aktivität „Marktanforderungen" die Freigabe. Nun können die Aktivitäten initialisiert werden, die von den Ergebnissen des Arbeitspakets „Marktanforderungen" abhängen. Kommt der Projektleiter nach Überprüfung der Ergebnisse zu dem Schluss, dass Informationen unvollständig sind oder völlig fehlen, veranlasst er die Nachbearbeitung. Die Freigabe verzögert sich in diesem Fall sowohl für die Teilaufgabe als auch für das übergeordnete Arbeitspaket. Abbildung 7 veranschaulicht das Prinzip der parallelen Aufgabenbearbeitung und des Freigabemechanismus.

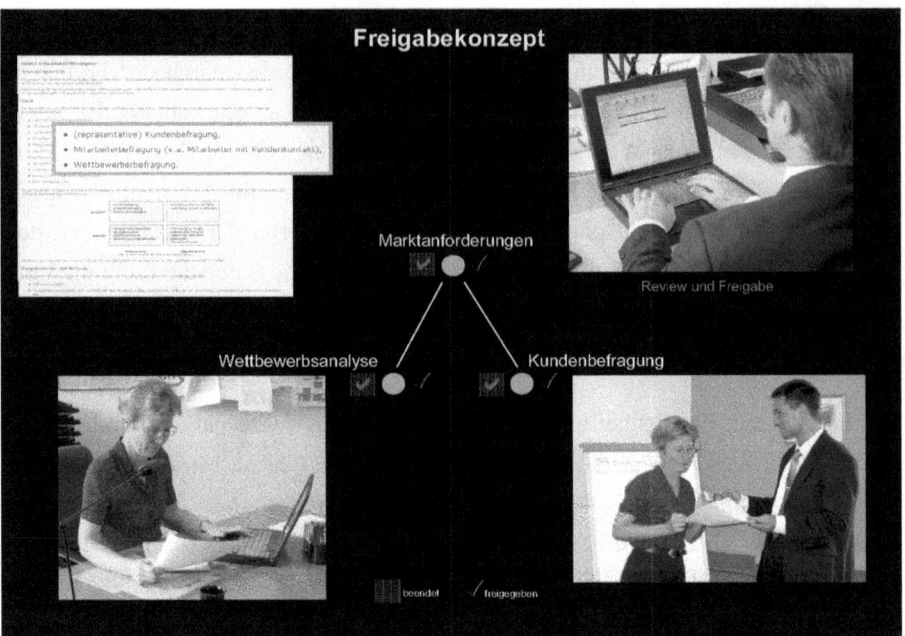

Abbildung 7: Freigabekonzept für die parallele Aufgabenbearbeitung

Am Beispiel der Finanzdienstleistung „S BerlinKonto Brillant" wurde gezeigt, wie die Arbeit in den frühen Phasen eines Dienstleistungsentwicklungsprojekts durch CASET unterstützt werden kann. Eine wesentliche Aufgabe der Entwicklung liegt darüber hinaus in der Konzeption des neuen Dienstleistungsprodukts. Während der Fokus der ersten Aktivitäten auf der Beschreibung der einzelnen Dienstleistungskomponenten beziehungsweise des Mehrwerts für den Kunden liegt, müssen im Zuge der Konzeption die Abläufe festgelegt werden, die nach der Markteinführung eine möglichst reibungslose Erbringung gewährleisten sollen.

2.5 Prozessgestaltung

Dienstleistungen werden in Interaktion zwischen dem Dienstleistungsanbieter und dem Kunden produziert. HERDER-DORNEICH und KÖTZ bezeichnen das gleichzeitige Zusammenwirken von Anbieter und Nachfrager beziehungsweise die Parallelität von Erstellung und Inanspruchnahme der Dienstleistung als „uno-actu-Prinzip" [4]. Die Gestaltung der Dienstleistungsprozesse stellt eine zentrale Aufgabe der Konzeptionsphase dar. Im Umfeld des CASET-Projekts wurde GraMo-SET (Grafische Modellierung von Prozessabläufen für das Service Engineering) als Software-Prototyp für die grafische Darstellung von Prozessen entwickelt. Bei der Implementierung von GraMoSET wurde auf einfache Bedienbarkeit geachtet. Das Werkzeug unterstützt die verteilte Erstellung und Bearbeitung von Prozessmodellen, d. h. Nutzer haben zeitgleich von verschiedenen Standorten aus die Möglichkeit, über Internet-Technologie auf dasselbe Modell zuzugreifen und es zu verändern. GraMoSET wurde als unmittelbarer Bestandteil der Service Engineering-Plattform CASET konzipiert. Über dieses Werkzeug hinaus sind für die Prozessgestaltung eine Vielzahl ausgereifter Methoden [5] und Werkzeuge [6] verfügbar. Werden besondere Anforderungen an das Tool zur Prozessgestaltung geknüpft, beispielsweise hinsichtlich Analyse- und Simulationsfunktionalitäten, bietet es sich an, auf spezialisierte Tools zurückzugreifen. Exemplarisch wurde im Rahmen des CASET-Projekts die Anbindung des ARIS-Toolset an die Entwicklungsplattform realisiert. So kann der ARIS-Webclient direkt aus CASET heraus aufgerufen werden.

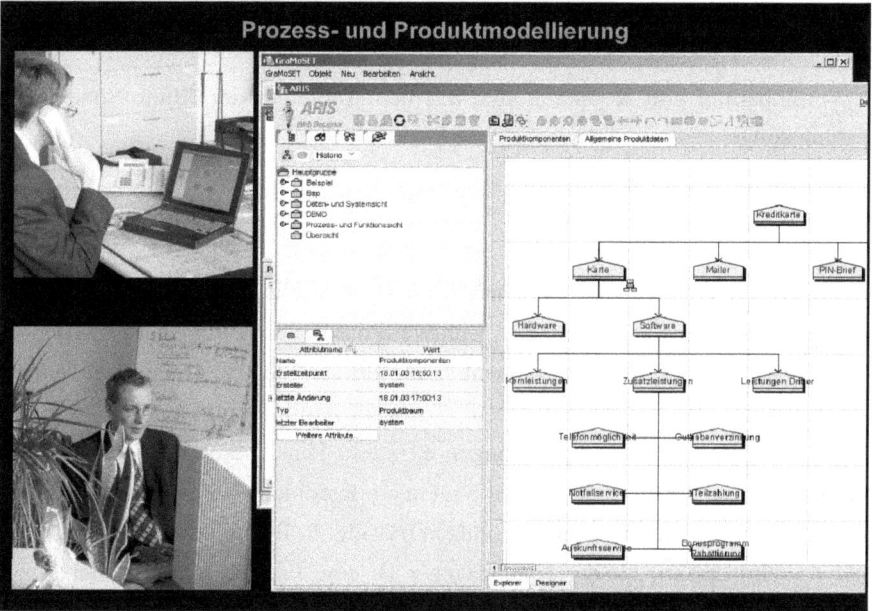

Abbildung 8: GraMoSET oder externe Werkzeuge wie das ARIS-Toolset können über die Entwicklungsplattform CASET angesteuert werden

2.6 Marketingkonzept

Nach Abschluss der Dienstleistungskonzeption, die im vorangegangenen Abschnitt zur Vereinfachung auf die Gestaltung der Prozessdimension reduziert wurde, ist ein Marketingkonzept für die neue Dienstleistung zu entwickeln. MEFFERT und BRUHN vertreten die Auffassung, dass die klassischen „4 P" des Marketings (Product, Price, Place, Promotion) für das Dienstleistungsmarketing um drei weitere „P" zu erweitern sind [7]: Sie unterstreichen damit die Bedeutung der Mitarbeiter (Personnel), der räumlichen Umgebungsfaktoren (Physical Facilities) und der Interaktion (Process Management).

Das Vorgehensmodell für das Dienstleistungsentwicklungsprojekt „S BerlinKonto Brillant" sieht die Erstellung eines Marketingkonzepts vor. Dieses umfasst beispielsweise die Definition verschiedener Zielgruppen, die Abstimmung der Dienstleistung mit dem bestehenden Leistungsportfolio des Kreditinstituts sowie ergänzende Maßnahmen im Rahmen der Kommunikationspolitik. Als konkrete Aktivitäten zur Vermarktung des Mehrwertkontos lassen sich u. a. anführen (vgl. Abbildung 9):

- Integration von „S BerlinKonto Brillant" in den Internetauftritt der Bank,

- Vereinbarung von Kooperationen mit den Anbietern der Konto-Sonderleistung sowie

- Erstellung der Service-Broschüren und Bonushefte mit Coupons für die Mehrwert-Services.

Für unterschiedliche Kundengruppen hält die Bankgesellschaft Berlin/Landesbank Berlin passende Ausführungen des Mehrwertkontos bereit. Um herauszufinden, welchen Service-Level ein Interessent präferiert, wurde ein Fragebogen entwickelt. Mit Hilfe des Fragebogens werden sowohl Anforderungen an die Bankgeschäfte als auch an die Zusatzleistungen ermittelt. Hinsichtlich des Kernbereichs wird beispielsweise abgefragt, ob der Kunde ein Kreditkartendoppel, ein erweitertes Kreditlimit oder Internetbanking nutzen möchte. In Bezug auf die ergänzenden Services wird eruiert, ob der Nachfrager z. B. eine Freizeit-Unfallversicherung, eine Auslandsreise-Krankenversicherung oder einen Türöffnungs-Service in Notfällen als Mehrwert ansieht, den er in Kombination mit seinem Girokonto nachfragen möchte.

Bei der Gestaltung der Werbematerialien wird darauf geachtet, dass die Vorgaben des Corporate Design medienübergreifend eingehalten werden, um einen einheitlichen Auftritt am Markt zu gewährleisten.

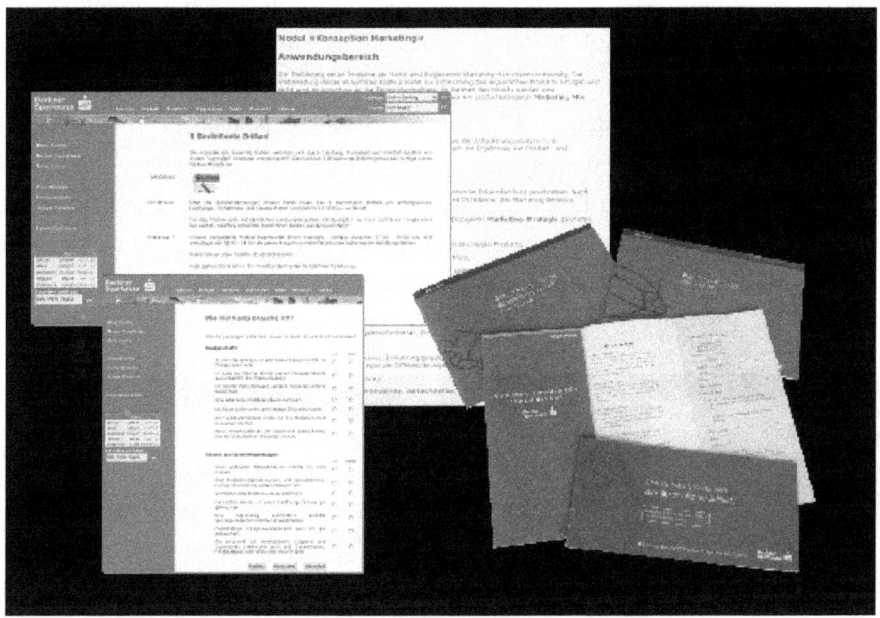

Abbildung 9: Kommunikationsmedien im Umfeld von „S BerlinKonto Brillant"

2.7 Controlling

LEIST und WINTER stellen bei der Gestaltung kostengünstiger Produktionsprozesse zwischen Industrie- und Dienstleistungsunternehmen große Ähnlichkeiten fest [8]. Daher fordern Sie die Wiederverwendung geeigneter Methoden und Verfahren im Finanzdienstleistungsbereich. Für das Controlling von Dienstleistungsunternehmen steht eine Reihe von Methoden zur Verfügung [9].

Eine ganzheitliche betriebswirtschaftliche Planung, Steuerung und Kontrolle muss sich bereits auf die Phase der Dienstleistungsentwicklung beziehen. Dabei müssen die erforderlichen Informationen kontinuierlich beschafft und ausgewertet werden, um die Zielerreichung des Entwicklungsprojekts zu überprüfen. Letztlich ist es die Aufgabe des entwicklungsbegleitenden Controllings, die Wirtschaftlichkeit der neuen Dienstleistung in allen Bereichen zu gewährleisten. Ein Ansatz, der bereits in der Entwicklungsphase der Dienstleistung verfolgt werden kann, orientiert sich an der von HORVÁTH und MAYER vorgestellten Prozesskostenrechnung [10]. Dabei muss der Dienstleistungsprozess zunächst in Teilprozesse zerlegt werden. Diesen Teilprozessen werden im nächsten Schritt die entsprechenden Kostenstellen zugeordnet. Auf diese Weise verbessert die Prozesskostenrechnung die Transparenz der zu erwartenden Produktionskosten der Dienstleistung. Die Ergebnisse der Prozesskostenrechnung heranziehend, kann der Dienstleistungsentwickler eine genauere Preiskalkulation für die neue Dienstleistung vornehmen.

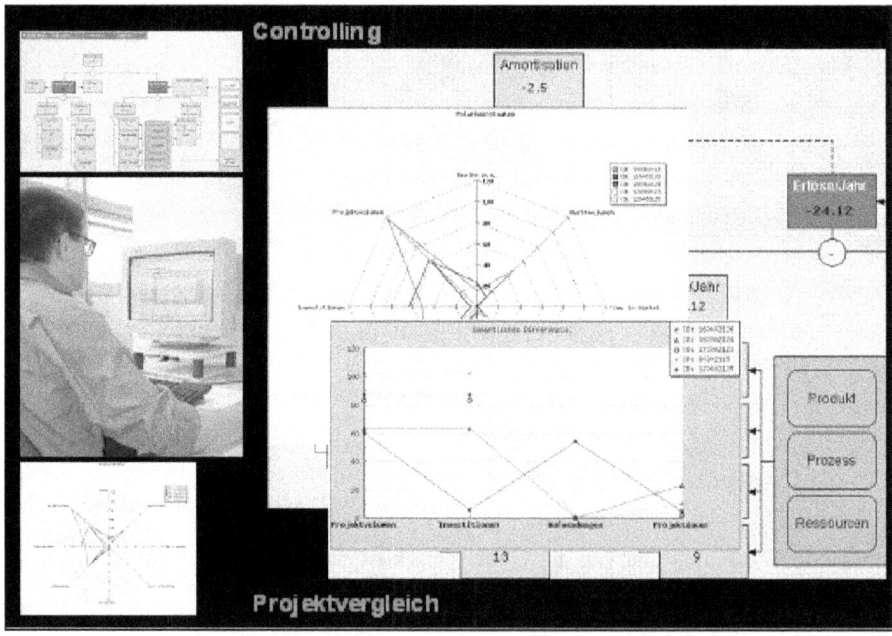

Abbildung 10: Amortisationsrechnung mit CASET und grafischer Projektvergleich

CASET beschränkt sich als Plattform-Prototyp auf eine Auswahl relevanter Controlling-Funktionalitäten. Für den Dienstleistungsentwickler ist es von zentraler

Bedeutung, sich mit Hilfe des Service Engineering Tool einen Überblick über die voraussichtlichen Kosten der Dienstleistung zu verschaffen. Das Controlling-Modul von CASET bildet über die Kostenseite hinaus auch die erwarteten Erlöse ab und bietet somit die Möglichkeit zur Durchführung einfacherer Amortisationsrechnungen. Neben der Betrachtung auf der Ebene eines spezifischen Projekts bietet die integrierte Controlling-Funktionalität die Möglichkeit eines übergreifenden Projektvergleichs. Mit Hilfe dieser Funktionalität kann ein neues Projekt anderen Projekten gegenüber gestellt werden. Hierfür können unterschiedliche Darstellungsformen gewählt werden (vgl. Abbildung 10).

3 Zusammenfassung

Das Anwendungsszenario „S BerlinKonto Brillant" zeigt, wie die Service Engineering-Plattform CASET die Dienstleistungsentwicklung im Bereich Konzeption und Umsetzung unterstützt. Das Computer Aided Service Engineering Tool wurde mit dem Ziel realisiert, dem Dienstleistungsentwickler eine durchgängige Hilfestellung bei der Erledigung seiner Aufgaben zu bieten. Da neue Services in erster Linie im Rahmen von Projekten gestaltet werden, ist es notwendig, dass das Tool Funktionalitäten für die Steuerung dieser Projekte zur Verfügung stellt (vgl. die Abschnitte 2.2 bis 2.4).

Die Funktionalitäten der Werkzeugplattform gehen allerdings deutlich über die eines klassischen Projektmanagementsystems hinaus. Die am Entwicklungsprojekt beteiligten Mitarbeiter können sich mit Hilfe des fachlichen Service Engineering-Guides kontextspezifisch über durchzuführende Aufgaben informieren. Im Rahmen des Anwendungsszenarios wurde dies anhand des Moduls „Ideenmanagement und Kreativitätstechniken" (vgl. Abschnitt 2.1) demonstriert. CASET beinhaltet somit auch eine qualifikatorische Komponente. Mitarbeiter, die bis dato nur über wenig oder gar keine Erfahrungen mit Dienstleistungsentwicklungsprojekten verfügen, können sich anhand der in die Plattform integrierten Fachinhalte fortbilden. Dies ist umso wichtiger, als dass in der Praxis häufig routinierte Projektmanager für die Dienstleistungsentwicklung fehlen. Einen zentralen Nutzen von CASET stellt die Orientierung an einem stringenten Vorgehensmodell dar. Das konfigurierbare Modell erleichtert nicht nur die Strukturierung des Entwicklungsvorhabens, sondern trägt maßgeblich dazu bei, dass bei der Konzeption und vorbereitenden Markteinführung keine wesentlichen Aktivitäten ausgelassen werden.

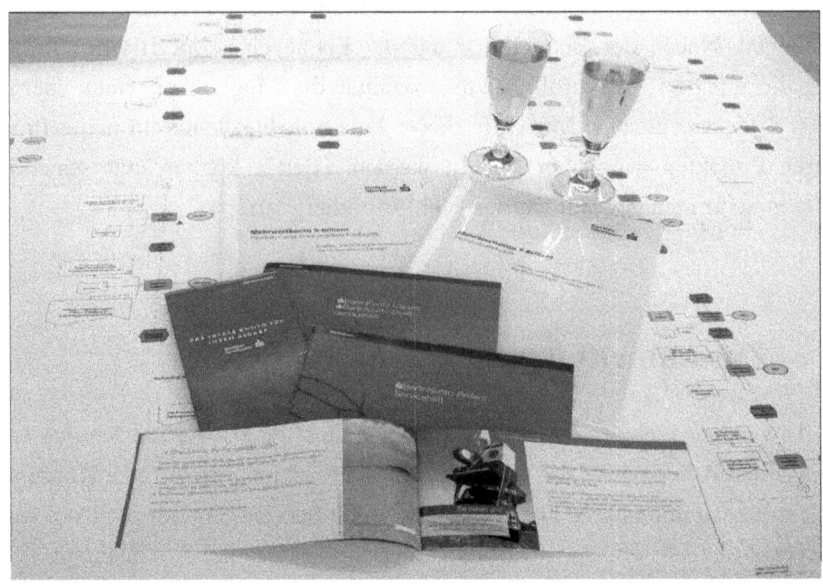

Abbildung 11: Eine systematisch entwickelte und marktreife Dienstleistung bildet das Ergebnis des Service Engineering Projekts.

Mit CASET wird der Ansatz einer konsequenten Marktorientierung verfolgt. Die Ausrichtung am Wunsch des Kunden, die allgemein in der Finanzdienstleistungsbranche noch verbesserungsfähig ist, steht dabei im Mittelpunkt. Mit nahezu ähnlichem Stellenwert werden die Aktivitäten der Mitbewerber beobachtet. Insbesondere im Privatkundengeschäft haben die Nachfrager eine große Auswahl aus fast identischen Produkten. Dies zeigt die hohe Bedeutung, die moderne Kreditinstitute einer systematischen, qualitäts- und kundenorientierten Entwicklung neuer Finanzdienstleistungsprodukte beimessen müssen. Durch die auf das Service Engineering ausgerichteten Funktionalitäten und vor allem durch das in die Werkzeugplattform integrierte Know-how bietet CASET eine wertvolle Unterstützung für die Gestaltung und Implementierung neuer Dienstleistungen. Dabei ist das am Beispiel von „S BerlinKonto Brillant" aufgezeigte Vorgehen in weiten Teilen auch auf andere Dienstleistungsbereiche übertragbar.

Literaturverzeichnis

[1] Spath, D.; Zahn, E. (Hrsg.): Kundenorientierte Dienstleistungsentwicklung in deutschen Unternehmen. Vom Kunden zur Dienstleistung : Ergebnisse einer empirischen Untersuchung. Berlin 2003.

[2] Böttcher, V.; Krings, S.: Der Prozess innovativer Produktentwicklung. In: Bastian, H.; Born, K.; Dreyer, A. (Hrsg.): Kundenorientierung im Touristikmanagement. München 1999, S. 141-156.

[3] Robinson, W. T.; Jeongwen, C.: Product Development Strategies for Established Market Pioneers, Early Followers, and Late Entrants. In: Strategic Management Journal, 23(2002), S. 855-866.

[4] Herder-Dorneich, P.; Kötz, W.: Zur Dienstleistungsökonomik, Systemanalyse und Systempolitik der Krankenhauspflegedienste. Berlin 1972.

[5] Schneider, K.; Schreiner, P.: Ein methodischer Ansatz zur Messung der Kundenintegration in der Dienstleistungserbringung. In: Information Management, 18(2003)3, S. 51-57.

[6] Bullinger, H.-J.; Schreiner, P. (Hrsg.): Business Process Management Tools. Eine evaluierende Marktstudie über aktuelle Werkzeuge. Stuttgart 2001.

[7] Meffert, H.; Bruhn, M.: Dienstleistungsmarketing : Grundlagen, Konzepte, Methoden. 3. Aufl., Wiesbaden 2000.

[8] Leist, S.; Winter, R.: Nutzung generischer Produktmodelle im Finanzdienstleistungsbereich am Beispiel des Ergebniscontrolling. In: Wirtschaftsinformatik, 40(1998) 4, S. 281-289.

[9] Meyer, C.: Moderne Controlling-Ansätze für Dienstleistungsunternehmen. In: Fickert, R.; Meyer, C.: Management-Accounting im Dienstleistungsbereich. Bern 1995, S. 11-44.

[10] Horváth, P.; Mayer, R.: Prozesskostenrechnung : Der neue Weg zu mehr Kostentransparenz und wirkungsvolleren Unternehmensstrategien. In: Controlling, 1(1989)4, S. 214-219.

Dienstleistungsentwicklung bei einem internen IT-Dienstleister

Thomas Bassler

Deutscher Sparkassen Verlag GmbH, Stuttgart

Inhalt

1 Warum „Produktentwicklung" bei einem internen Dienstleister?
2 Das Betriebsprojekt des DSV zu CASET
3 Der Leistungsentwicklungsprozess des ZB IV
4 Leistungsentwicklung am Beispiel „Modulares Supportmodell"
    4.1 Teilprozess Definition
    4.2 Anforderungsanalyse
    4.3 Leistungskonzeption
5 Zusammenfassung und Ausblick

Literaturverzeichnis

1 Warum „Produktentwicklung" bei einem internen Dienstleister?

„Die EDV ist zu teuer und leistet zu wenig" – für IT-Verantwortliche in Unternehmen ein nur zu vertrauter Satz. Dem ständigen Rechtfertigungsdruck und den reaktiven Abwehrkämpfen kann nur eines entgegen gesetzt werden: ein aktives Vermarkten der eigenen Leistung. Nach herrschender Auffassung – insbesondere unter technisch geprägtem IT-Personal – haben Marketing und IT-Organisation eigentlich nichts miteinander zu tun. Tatsächlich aber muss ein interner IT-Bereich seine Leistung sehr wohl deutlich machen und insbesondere nachweisen, dass er einen unverzichtbaren Beitrag zur Wertschöpfung des Unternehmens leistet. Dazu ist eine laufende Kommunikation mit den leistungsabnehmenden Bereichen – den internen Kunden – erforderlich. Dies bedeutet, dass alle Dimensionen des Marketings,

- Produktpolitik,
- Preispolitik,
- Distributionspolitik und
- Kommunikationspolitik,

sehr wohl bedacht und in angemessener Weise auch durch einen internen IT-Bereich, der sich als Dienstleister versteht, mit Leben erfüllt werden müssen [1].

Dies hat zur Konsequenz, dass ein interner IT-Dienstleister eine klare Vorstellung davon entwickeln muss, welche Dienstleistungsprodukte er auf dem internen Markt anbieten will. Alle vier genannten Dimensionen spielen hierbei eine Rolle, da auch der interne Markt nicht frei von Wettbewerb ist: Die Kunden können vor allem bei neuen Dienstleistungen zu externen Dienstleistern abwandern, wenn der interne Dienstleister in Qualität, Preis, Realisierungszeitraum etc. nicht den Anforderungen genügt. Um mit seinen Produkten im Wettbewerb bestehen zu können, müssen diese genau auf die Bedürfnisse des Kunden hin gestaltet sein. Produktentwicklung als Dienstleistungsentwicklung muss also stattfinden. Von Vorteil ist dann, wenn gerade den in Produktentwicklung ungeübten MitarbeiterInnen eines internen IT-Dienstleisters ein formal definierter Prozess und womöglich ein unterstützendes, anleitendes Werkzeug zur Verfügung stehen.

Der Zentralbereich Informationsverarbeitung (ZB IV) im Deutschen Sparkassen Verlag (DSV) hat bereits Mitte der 1990er Jahre begonnen, klare Rahmenbedingungen für den Aufbau der Kunden-Lieferanten-Beziehungen zu entwickeln. Der bis heute andauernde Prozess der Neuausrichtung hat inzwischen zu einer tiefgreifenden Veränderung in Selbstverständnis und Arbeitsweise des ZB IV geführt.

2 Das Betriebsprojekt des DSV zu CASET

Die Neuausrichtung des ZB IV erforderte die systematische Aufstellung eines Leistungsportfolios – einer strukturierten Darstellung aller angebotenen Dienstleistungen. Da eine solche systematische Leistungsdarstellung bis zum Jahre 2000 nicht gegeben war, bedurfte es einer gewissen Orientierungsphase, um eine geeignete Grundstruktur für die Abgrenzung und Einordnung der einzelnen Dienstleistungen des ZB IV zu finden. In diese Phase fiel der Beginn des Projekts CASET („Computer Aided Service Engineering Tool"). Kontakte zu den beteiligten Personen am Fraunhofer IAO bestanden bereits seit einiger Zeit, und so war es für den ZB IV nur folgerichtig, die Mitarbeit im Projekt zu prüfen. Dabei zeigte sich, dass an den Zielen von CASET zweierlei wichtig werden würde:

1. die Erarbeitung eines strukturierten, zielorientierten Dienstleistungsentwicklungsprozesses für den ZB IV und

2. die Unterstützung der Prozessdurchführung für die in Produktentwicklungsprozessen ungeübten IV-MitarbeiterInnen durch ein anleitendes Werkzeug.

Dabei lag der Schwerpunkt der Erwartungen auf dem ersten Punkt: Im Verständnis, wie ein Dienstleistungsprodukt zu beschreiben ist, mit welchen Prozessen und Ressourcen es zu unterlegen ist und wie eine begleitende Marktuntersuchung und -bearbeitung vonstatten gehen muss, lagen im Hinblick auf CASET die größten Defizite des vormals als „Zentralbehörde" arbeitenden Bereichs.

Von vornherein wurde angestrebt, einen möglichst großen Abdeckungsgrad der im ZB IV erbrachten Dienstleistungsarten im Rahmen des DSV-Betriebsprojekts zu CASET zu erreichen. Dazu wurden drei konkrete Produktideen jeweils in einem eigenen Teilprojekt untersucht:

- Betrieb von Web-Applikationen (weitgehend kundenspezifische Ausgestaltung der Dienstleistung, mit hohem Aufwand verbunden),
- Betrieb von Lotus-Notes-Datenbanken (kleiner Aufwand für die einzelne Dienstleistung, stark standardisiert),
- Betreuung von Arbeitsplatzsystemen mit differenzierten Service-Levels (so genanntes „modulares Supportmodell"; standardisierte, modular zusammengesetzte Dienstleistung in mehreren Varianten).

Die drei Teilprojekte decken dabei drei unterschiedliche Quadranten der Dienstleistungstypologie nach BULLINGER und MEIREN [2] ab (vgl. Abbildung 1): kundenintegrative Dienstleistungen (modulares Supportmodell), wissensintensive Dienstleistungen (Web-Applikationen) und Variantendienstleistungen (Lotus-Notes-Datenbanken).

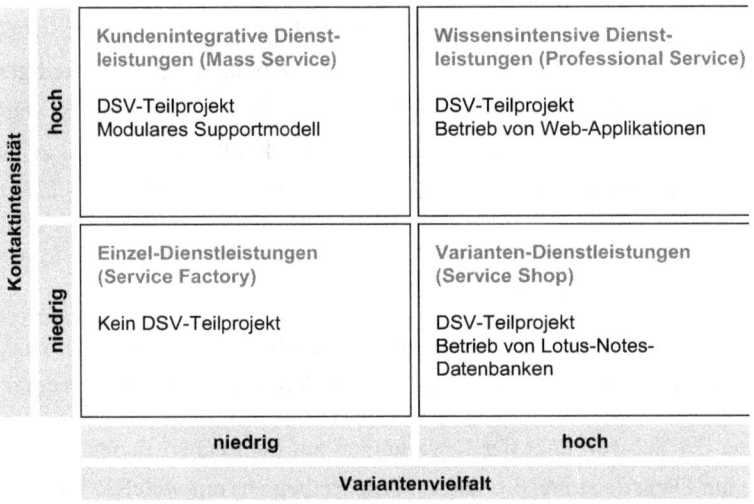

Abbildung 1: Dienstleistungstypologie nach BULLINGER und MEIREN [2] und Zuordnung der DSV-Teilprojekte

Die Projektbeteiligten im ZB IV kamen dementsprechend aus unterschiedlichen Organisationseinheiten: Web-Anwendungsentwicklung, Rechenzentrumsproduktion und User Help Desk. Das Projektstrukturdiagramm in Abbildung 2 gibt die Organisation des Betriebsprojekts wieder.

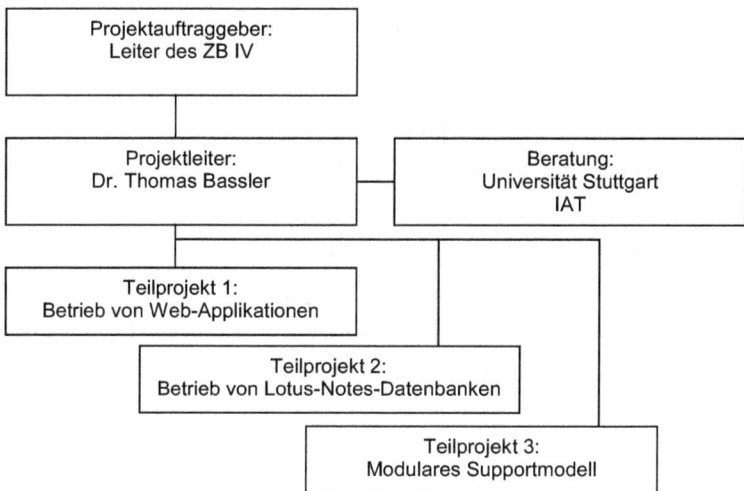

Abbildung 2: Projektstrukturdiagramm

Kurz nach Start des Projekts CASET begann auch das DSV-Betriebsprojekt. In einer ersten Informationsrunde wurden die Führungskräfte des ZB IV im Mai 2001 über das Projekt informiert, Ziele und Inhalte des Projekts wurden vorgestellt. Im Laufe der folgenden zwölf Monate wurden dann in mehreren, vom IAT der Universität Stuttgart moderierten Workshops die Themen der einzelnen Teilprojekte behandelt. Begleitend wurde auch vor der zweiten Führungsebene des DSV sowie in der Hauszeitschrift des DSV über die Projektarbeit berichtet [3].

Während der einzelnen Teilprojekte wurden einerseits jeweils die Dienstleistungsprodukte entwickelt, andererseits wurde protokolliert, welche Entwicklungsschritte notwendig waren und welche sich als für das jeweilige Produkt nicht geeignet erwiesen. Dabei wurde der Dienstleistungsentwicklungsprozess gemäß dem im 2. CASET-Workshop im April 2001 erarbeiteten Grobprozess (in Anlehnung an [4]) in folgende Phasen gegliedert:

- Definition
- Anforderungsanalyse
- Dienstleistungskonzeption
- Dienstleistungsrealisierung

- Vor der Markteinführung
- Nach Markteinführung

Die Ergebnisse der Teilprojekte wurden anschließend in einen einheitlichen Leistungsentwicklungsprozess für den ZB IV konsolidiert. Dabei wurde überprüft, inwieweit die Abweichungen vom „Standardprozess" (aus dem 2. CASET-Workshop) als allgemein typisch für Dienstleistungsentwicklungen im ZB IV gelten müssen oder ob sie nur durch die Auswahl des jeweiligen Dienstleistungsprodukts bedingt waren. Der aus diesem Syntheseprozess entstandene Dienstleistungsentwicklungsprozess ist im folgenden Abschnitt dokumentiert. Beispielhaft wird danach in Abschnitt 4 die Durchführung des Leistungsentwicklungsprozesses am Beispiel des Dienstleistungsprodukts „Modulares Supportmodell" beschrieben.

3 Der Leistungsentwicklungsprozess des ZB IV

Die nachstehenden Abbildungen 3 bis 8 dokumentieren die Grobstruktur des Prozesses „Leistungsentwicklung". Die Notation entspricht dem Standardverfahren des DSV zur Beschreibung von Geschäftsprozessen auf Überblicksebene. Dabei wird grundsätzlich zwischen wertschöpfenden („WP") und unterstützenden Prozessen („UP") unterschieden; offensichtlich ist der Prozess der Leistungsentwicklung der letzteren Kategorie zuzuordnen.

Jeder Prozess benötigt einen oder mehrere (alternative) Auslöser. In der Regel werden auch bestimmte Voraussetzungen gefordert, die zum Prozessbeginn vorliegen müssen. Am Ende jeden Prozesses steht ein definiertes Ergebnis. Ein Prozess ist in mehrere Teilprozesse gegliedert (typischerweise drei bis fünf), die jedoch – obwohl die Notation dies nahe legt – nicht sequenziell ablaufen müssen. Der zeitliche Zusammenhang wird auf dieser Dokumentationsebene in erster Linie durch die notwendigen Teilprozessvoraussetzungen sichtbar gemacht, die als Ergebnisse von anderen Teilprozessen erzeugt werden müssen.

Die Gesamtsicht des Prozesses „Leistungsentwicklung" zeigt Abbildung 3. Auslöser für den Prozess ist eine Produktidee, die entweder einer Anregung von Kundenseite zu verdanken oder im ZB IV selbst entstanden ist. Weitere Voraussetzungen werden für diesen Prozess nicht gefordert. Am Ende des Prozesses soll schließlich die eingeführte Dienstleistung mit passenderDokumentation stehen.

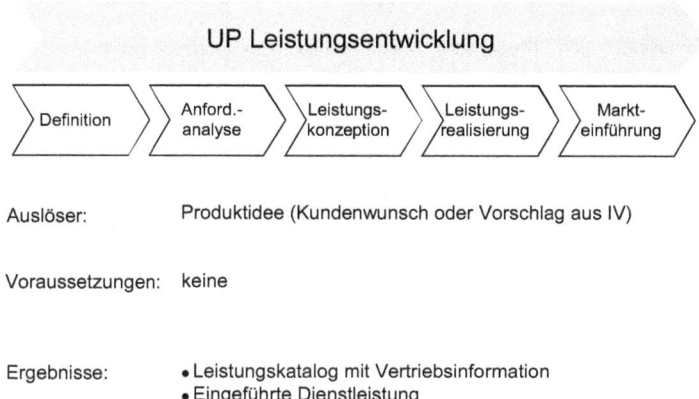

Abbildung 3: Gesamtsicht des Leistungsentwicklungsprozesses

Der Teilprozess „Definition" (Abbildung 4) nimmt den Kundenwunsch auf und setzt ihn in einem ersten groben Produktmodell um. Da der ZB IV in erster Linie Dienstleistungen in Anwendungsentwicklung und -betrieb anbietet, umfasst das Produktmodell die technische Spezifikation der Leistung („Funktionalität"), die notwendigen organisatorischen Rahmenbedingungen und bei Betriebsleistungen den für das künftige Service Level Agreement geforderten Servicegrad. Bereits zu diesem Zeitpunkt soll auch dargelegt werden, ob sich die Leistung modularisieren lässt oder ob unterschiedliche Leistungsvarianten sinnvoll sind.

In einer Machbarkeitsstudie wird geprüft, ob das Produktmodell unter den gegebenen Rahmenbedingungen und mit den gegebenen technischen und organisatorischen Möglichkeiten des ZB IV umsetzbar ist. Gleichzeitig wird untersucht, ob ein ausreichender Markt für die Dienstleistung vorhanden und ob eine Erbringung der Leistung durch externe Dienstleister möglich und sinnvoll ist (damit erfolgt gleichzeitig eine erste Wettbewerbsanalyse).

Ergebnis des Teilprozesses ist ein Leistungskatalog für die Dienstleistung, der der IV-Bereichsleitung zur Freigabe der weiteren Leistungsentwicklung vorgelegt wird.

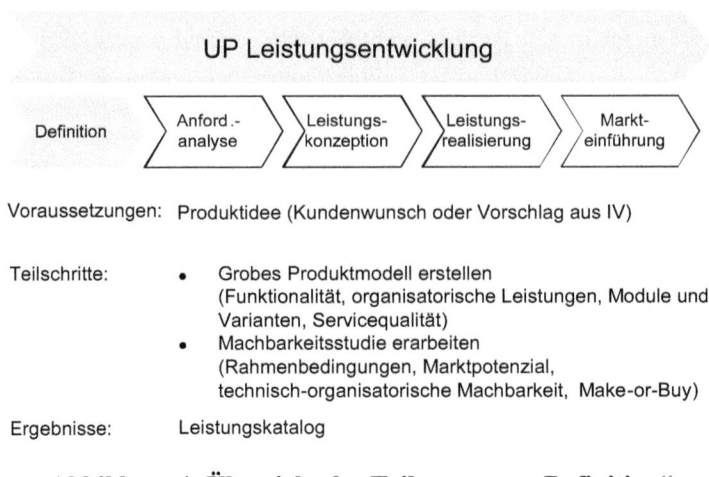

Abbildung 4: Übersicht des Teilprozesses „Definition"

Nach Freigabe des Leistungskatalogs wird im Teilprozess „Anforderungsanalyse" (Abbildung 5) näher untersucht, welche Bedürfnisse welcher Zielgruppen im Kundenkreis durch die neue Leistung befriedigt werden sollen. Bei Leistungsangeboten, für die sich bereits externe Wettbewerber im Unternehmen etabliert haben, ist außerdem eine Analyse der Wettbewerbssituation notwendig. Das Gleiche gilt für Angebote, die sich an den Markt außerhalb des Unternehmens richten, der vom ZB IV zunehmend auch bearbeitet wird.

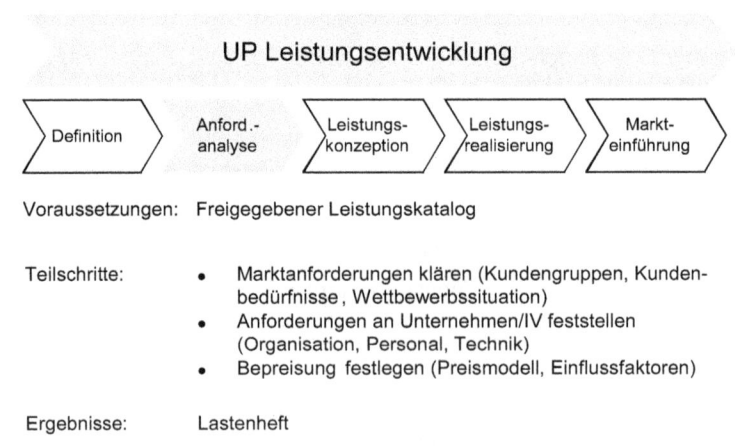

Abbildung 5: Übersicht des Teilprozesses „Anforderungsanalyse"

Der marktseitigen Betrachtung folgt die Überlegung, welche Voraussetzungen innerhalb des Unternehmens zu schaffen sind, um die Leistungserbringung zu ermöglichen. Dabei spielen organisatorische Maßnahmen eine Rolle, vor allem ist aber der kostentreibende personelle und technische Ressourcenbedarf zu klären.

Marktanforderungen einerseits und Ressourcenbedarf andererseits sind wesentliche Faktoren für die anschließende Erarbeitung eines Preismodells, das die preisbestimmenden Parameter und einen Zielpreis umfassen soll. Die Ergebnisse des Teilprozesses werden im Lastenheft dokumentiert, auf dessen Grundlage wiederum die Freigabe für den nächsten Teilprozess einzuholen ist.

Die weitere Detaillierung der Dienstleistung erfolgt im Teilprozess „Leistungskonzeption" (Abbildung 6). Der vorgesehene Dienstleistungsprozess muss zunächst mit dem bestehenden Prozessmodell des ZB IV abgeglichen werden, um mögliche Konflikte erkennen zu können. Bei der Ausformulierung des Produktmodells werden auch die ersten Vertriebsunterlagen („Leistungssteckbriefe") erarbeitet. Das Ressourcenmodell umfasst dann sowohl den personellen Aspekt (fachliche Rollen mit jeweils benötigter Kapazität) als auch den technischen (zur Erbringung der Dienstleistung benötigte IT-Systeme). Damit liegen die notwendigen Informationen vor, um eine konkrete Wirtschaftlichkeitsrechnung für die neue Dienstleistung vornehmen und die endgültige Durchführungsentscheidung für die Leistungsrealisierung fällen zu können.

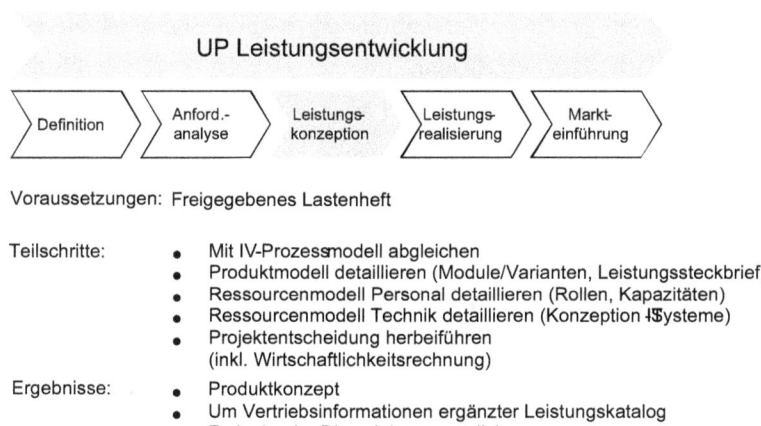

Abbildung 6: Übersicht des Teilprozesses „Leistungskonzeption"

Im Teilprozess „Leistungsrealisierung" (Abbildung 7) erfolgt die Umsetzung der Konzepte. Mit der wichtigste Aspekt in der Umsetzung ist die Schulung der an der Leistungserbringung beteiligten MitarbeiterInnen. Dabei muss sowohl der Leistungserstellungsprozess als auch das erforderliche technische Handwerkszeug behandelt werden. Die Erbringung der Leistung in angemessener Qualität (hier gibt es Grenzen nach oben wie nach unten) hängt letztlich stärker von den handelnden Personen als von der technischen Implementierung ab.

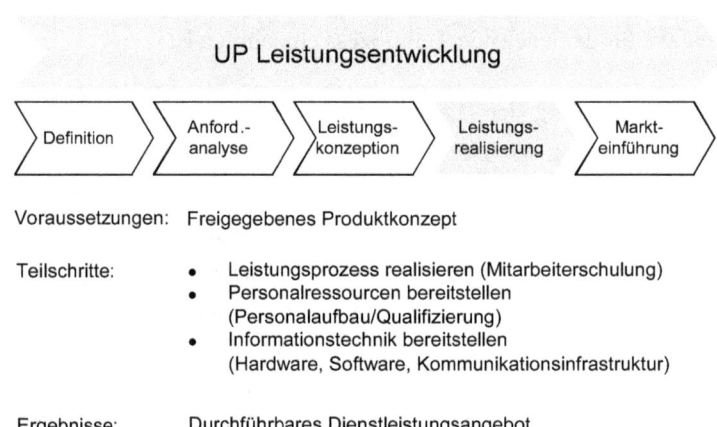

Abbildung 7: Übersicht des Teilprozesses „Leistungsrealisierung"

Wenn die Voraussetzungen für die Durchführung der Dienstleistung geschaffen sind, kann der Teilprozess der „Markteinführung" (Abbildung 8) beginnen. Markteinführung ist nach dem Verständnis des ZB IV nicht mit der Freigabe des Leistungsangebots zum Vertrieb abgeschlossen, sondern erst, wenn durch Pilotbetrieb, Analyse der Kundenzufriedenheit und eine Nachkalkulation der Leistung sichergestellt ist, dass die Marktanforderungen erfüllt und der wirtschaftliche Nutzen erreicht ist.

Für die Durchführung des Leistungsentwicklungsprozesses zeichnet im ZB IV die Vertriebsrolle verantwortlich. Unterstützt wird der Prozess durch die fachlichen Rollen (Anwendungsentwicklung, Produktion etc.) sowie das Controlling.

UP Leistungsentwicklung

| Definition | Anford.-analyse | Leistungs-konzeption | Leistungs-realisierung | Markt-einführung |

Voraussetzungen: Durchführbares Dienstleistungsangebot

Teilschritte:
- Produktmarketing aufbauen
- Dienstleistung im Pilotbetrieb erproben
- Kundenzufriedenheit analysieren
- Dienstleistung zyklisch nachkalkulieren

Ergebnisse: Eingeführte Dienstleistung

Abbildung 8: Übersicht des Teilprozesses „Markteinführung"

Abschließend wird in Abbildung 9 noch eine zusammenfassende Darstellung des Leistungsentwicklungsprozesses nach dem im Projekt CASET verwendeten Schema wiedergegeben.

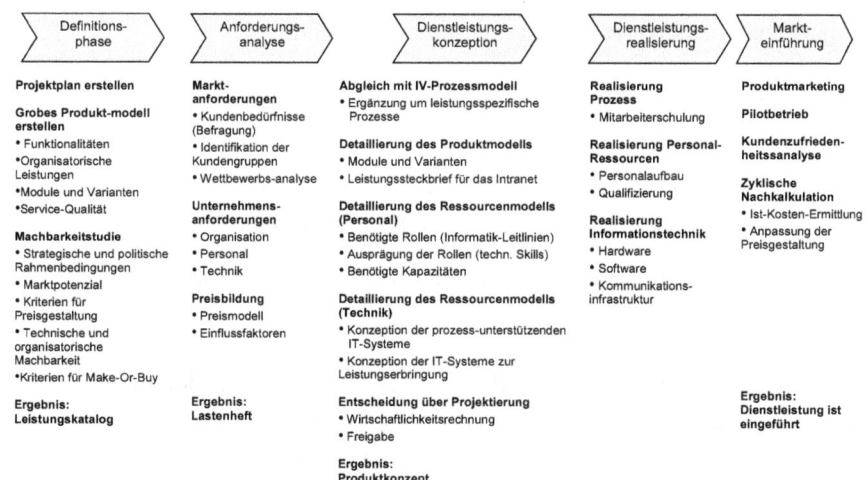

Abbildung 9: Der Leistungsentwicklungsprozess des ZB IV nach CASET-Standarddarstellung

4 Leistungsentwicklung am Beispiel „Modulares Supportmodell"

Die einzelnen Phasen des Leistungsentwicklungsprozesses wurden für die Dienstleistung „Modulares Supportmodell" vollständig durchgeführt. Bestandteil des Betriebsprojekts CASET waren die Teilprozesse Definition, Anforderungsanalyse und Leistungskonzeption, die daher im Nachfolgenden dokumentiert werden. Wesentliche Arbeit wurde dabei in vom IAT moderierten Workshops geleistet.

4.1 Teilprozess Definition

Die Definitionsphase wurde zwischen Juni und November 2001 durchlaufen. Für das Produktmodell wurde eine erste Leistungsbeschreibung des modularen Supportmodells erstellt. Das Supportangebot wird hierbei nach Leistungsstufen, Leistungsqualität und der unterstützten Geräteklasse differenziert und ermöglicht so einen flexibleren Service.

Die angebotenen Leistungen sind in drei Stufen eingeteilt:

- Basis-Service: Dies umfasst den Support für Betriebsysteme, Hardware und Netzanbindung.
- Standard-Service: Support für alle Standard-Applikationen, die im Warenkorb angeboten werden (z. B. Office, SAP-GUI, Lotus Notes).
- Full-Service: Auch individuelle Applikationen des Warenkorbs werden unterstützt.

Zusätzlich zu dieser Einteilung in Stufen wird zwischen drei Service-Levels unterschieden, die sich in der Antwortzeit auf Problemanfragen unterscheiden. Außerdem wird nach der betroffenen Geräteklasse (Desktop, Laptop oder Drucker) differenziert. Dies ergibt insgesamt 27 mögliche Leistungsvarianten (vgl. Abbildung 10), die in der weiteren Detaillierung des Produktmodells reduziert werden müssen.

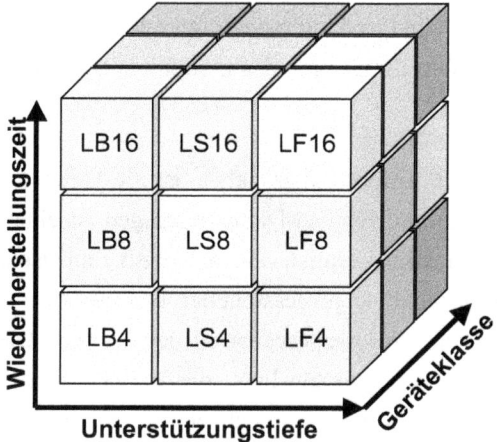

Abbildung 10: Variantenvielfalt der Supportdienstleistung bei Strukturierung nach drei Dimensionen (Wiederherstellungszeit 4/8/16 Stunden, Unterstützungstiefe Basis/Standard/Full, Geräteklasse Laptop/Tower/Drucker)

Individuelle Probleme, die über den vereinbarten Leistungsumfang hinausgehen, werden nach dem anfallenden Aufwand abgerechnet.

Auf die Durchführung einer Machbarkeitsstudie wurde in diesem Teilprojekt verzichtet, da die Leistung nur im Grad der Differenzierung von der bisherigen Hotline-Leistung abweicht.

4.2 Anforderungsanalyse

Der erste Teilschritt der Anforderungsanalyse ist die Klärung der Marktanforderungen. Nachdem bereits im ersten Workshop die (internen) Kundengruppen identifiziert worden waren, wurde nun das Gespräch mit den EDV-Koordinatoren der einzelnen Fachbereiche gesucht. Ergänzend wurde Information über eine Umfrage im Intranet gesammelt, deren Aussagekraft jedoch nicht sehr hoch war. Weitere Erkenntnisse konnten aus der Analyse der statistischen Verteilung der in der Vergangenheit eingegangenen Problemmeldungen gewonnen werden. Dabei wurde deutlich, dass die überwiegende Mehrzahl der Problemmeldungen nicht zu Anwendungen, sondern zu Systemfunktionen der Endgeräte eingegangen waren.

Damit deutete sich bereits ein Trend zur bevorzugten Wahl des Basis-Supports an, der später bei der pilothaften Einführung des modularen Supportmodells auch bestätigt wurde.

Ein wichtiger Baustein der Anforderungsanalyse ist die Untersuchung der Wettbewerbssituation. Im Falle von Hotline-Dienstleistungen ist eine Inanspruchnahme externer Dienstleistungen als realistische Alternative anzusehen. Daher wurden am Markt Leistungsangebote professioneller Hotline-Dienstleister sondiert. Es wurde deutlich, dass der Wettbewerbsvorteil des internen Dienstleisters (bei vergleichbaren Kosten) in der Synergie liegt, die aus der engen Integration mit dem systemseitigen Second-Level-Support entsteht.

Die Anforderungen an das Unternehmen beziehungsweise an den ZB IV wurden vor allem auf organisatorischer und technischer Seite betrachtet. Früh wurde deutlich, dass die Abwicklung differenzierter Servicevereinbarungen mit den Kunden nur durch ein geeignetes Informationssystem möglich wird, das mit dem bereits bestehenden Trouble-Ticket-System verknüpft sein muss. Auf organisatorischer Seite wurden die notwendigen Vereinbarungen mit den Kunden (im Sinne standardisierter Service Level Agreements), Kündigungsfristen für bestehende Vereinbarungen und die für die Einführung des Informationssystems unabdingbare Einbeziehung des Betriebsrats in den Leistungsentwicklungsprozess untersucht.

Die personellen Anforderungen durch das modulare Supportmodell wurden im Vergleich zur gegebenen Situation unverändert eingeschätzt. Die Integration der Einzelinformationen erfordert einerseits einen höheren Erfassungsaufwand, der sich aber andererseits durch geringeren Rechercheaufwand auszahlt.

Beim Preismodell wurde das bisherige Verfahren der monatlichen Pauschale je Anwender beibehalten, die Höhe der Pauschale wurde jedoch nach dem gewählten Leistungsmodul gestaffelt.

Alle Ergebnisse des Teilprozesses wurden bis Januar 2001 in einem Lastenheft dokumentiert.

4.3 Leistungskonzeption

Im ersten Schritt wurde sichergestellt, dass die Abwicklung des Hotline-Service nach dem modularen Supportmodell nicht im Widerspruch zum bereits definierten Problem-Management-Prozess stand. Dies konnte mit kleinen Ergänzungen der Prozessbeschreibung erreicht werden.

Bei der Ausarbeitung des Produktmodells entstand eine detaillierte Leistungsbeschreibung, die im Intranet des SupportCenters hinterlegt wurde. Abbildung 11 zeigt einen Ausschnitt dieser Leistungsbeschreibung, die nicht nur interne Dokumentationszwecke verfolgt, sondern sich offensichtlich auch direkt an den Kunden wendet.

Leistungsbeschreibungen im Rahmen des modularen Supportmodells

Die hier dargestellten Supportstufen stellen ein, auf einem Basissupport basierendes, modulares Supportmodell dar. Der Basissupport ist Voraussetzung für jedes Supportlevel.
Der Supportanspruch / Supportumfang bezieht sich primär auf das jeweilige System, nicht auf den Kunden.
Die Leistungen umfassen ausschließlich die Dienstleistung. Die Kosten für Hard- und Software sind im Leistungsangebot nicht enthalten.
Anmerkung : die hier dargestellten Leistungsbeschreibungen fließen im Jahre 2003 in den Servicekatalog ein.
Supportkategorien :
- Basissupport
- Standardsupport
- Full-Service-Support

Supportstufe : Basissupport

Im Rahmen des Basissupports erhalten Sie folgende Leistungen:

Leistungen	Problemmanagement	Annahme aller Problemmeldungen Unterstützung bei Problemen betreffend • Netzwerkumgebung und Netzwerkzugang des Anwenders auf Systemen mit Wartungsvertrag • Call-Annahme mittels Telefon, Mailbox, E-Mail, Fax • 90 Prozent Direktannahme bei Sprachmeldungen (Nachweis sind die ARS-Auswertungen) • Betriebssystem auf Systemen mit Wartungsvertrag • Berechtigungen (lokal und auf Servern) des Anwenders

Abbildung 11: Ausschnitt aus der Leistungsbeschreibung „Modulares Supportmodell"

Auf der Seite des technischen Ressourcenmodells wurde der Ausbau des bereits bestehenden Trouble-Ticket-Systems ARS (Action Request System von Remedy, heute BMC) zum zentralen Informationssystem für das SupportCenter („Single Point of Information (SPI)") konzipiert. Hier flossen jedoch nicht nur die Anforderungen des Dienstleistungsprodukts „Modulares Supportmodell" ein, sondern auch die Anforderungen aus weiteren Dienstleistungen des SupportCenters.

Mit dem Teilprozess Leistungskonzeption endete das im Rahmen des Betriebsprojekts CASET durchgeführte Teilprojekt „Modulares Supportmodell".

5 Zusammenfassung und Ausblick

Im Rahmen des Projekts CASET wurde im Zentralbereich Informationsverarbeitung (ZB IV) des Deutschen Sparkassen Verlags ein dokumentierter Dienstleistungsentwicklungsprozess eingeführt. Die intensive Beschäftigung mit Dienstleistungen als Produkt, mit den unterschiedlichen Modelldimensionen Produkt, Prozess, Ressourcen und Markt sowie mit dem Prozess der Erarbeitung neuer Dienstleistungen hat für alle Projektbeteiligten im ZB IV einen großen Zugewinn an Erkenntnis bedeutet. Die Erfahrungen aus dem Projekt haben die nachfolgende Beschreibung des Leistungsportfolios und darauf aufbauend auch die weitere langfristige Ausrichtung des Bereichs positiv beeinflusst.

Mit zunehmender Erfahrung in der systematischen Dienstleistungsentwicklung gewinnt der ZB IV die Grundlage, um den Leistungsentwicklungsprozess noch detaillierter auszuarbeiten und auch für diesen Aspekt die für eine Qualitätszertifizierung nach ISO 9001 notwendige Dokumentationspräzision zu erhalten.

In der weiteren Entwicklung ist denkbar, den Leistungsentwicklungsprozess mit einem vorgeschalteten Innovationsprozess zu koppeln, über den zur Zeit nachgedacht wird. Auch eine Übertragung auf die Entwicklung von Dienstleistungen anderer Unternehmensbereiche kommt in Frage.

Literaturverzeichnis

[1] Bassler, T; Breier, G.; Güngör, N.; Hartung, S.; Löffler, N.: IT-Infrastrukturen : Skriptum zur Vorlesung. Berufsakademie Stuttgart, Stuttgart 2002.

[2] Bullinger, H.-J.; Meiren, T.: Service Engineering : Entwicklung und Gestaltung von Dienstleistungen. In: Bruhn, M; Meffert, H. (Hrsg): Handbuch Dienstleistungsmanagement : Von der strategischen Konzeption zur praktischen Umsetzung. 2. Aufl., Gabler: Wiesbaden 2001, S. 149–175.

[3] Bassler, T.: CASET : Werkzeug für die Entwicklung neuer Dienstleistungen. In: MIZE : Mitarbeiterzeitschrift der UnternehmensGruppe DSV. Ausgabe 17, Dezember 2001, S. 24–25.

[4] Meiren, T.: Entwicklung von Dienstleistungen unter besonderer Berücksichtigung von Human Resources. In: Bullinger, H.-J. (Hrsg): Entwicklung und Gestaltung innovativer Dienstleistungen. Tagungsband zur Service Engineering 2001, Fraunhofer IAO: Stuttgart 2001.

Kommentare aus der Praxis

Deutsches Zentrum für Luft- und Raumfahrt (DLR) – Der Projektträger

Service Engineering – eine Erfolgsstory in der Dienstleistungsforschung

Gut ein Jahr nach dem grundlegenden Buch zum Service Engineering von BULLINGER und SCHEER erscheint jetzt in Ergänzung das Buch „Computer Aided Service Engineering" mit dem Anspruch, das Feld des Service Engineering weiter zu vertiefen und zu verbreitern. Nachdem die Konzeption des Service Engineering konkretisiert ist, soll jetzt das Computer Aided Service Engineering vorangetrieben werden.

Vor neun Jahren tauchte auf der 1. Dienstleistungstagung das Thema „Service Engineering" noch nicht auf, auf der 2. Tagung im Jahr 1996 war es wenigstens einen Hinweis wert, dass ein Forschungsprojekt das Thema vertiefen würde. Auf der 3. Tagung gab es den ersten Ergebnisworkshop und auf der 4. und 5. Dienstleistungstagung war Service Engineering der Publikumsmagnet unter den Dienstleistungsthemen. Grundlage für diesen Erfolg war die im September 1998 veröffentlichte Forschungsbekanntmachung „Service Engineering und Service Design". Auf die Bekanntmachung gingen insgesamt 77 Projektskizzen beim Projektträger im DLR ein. 18 mit insgesamt 70 Einzelvorhaben und einem Fördervolumen von ca. 12 Mio. € wurden für eine öffentliche Förderung vorgesehen. CASET war eines der erfolgreichen Vorhaben. Die Zwischenevaluation ergab, dass die Vorhaben die Zielsetzung der Bekanntmachung „Service Engineering" erfüllt haben. Auch ist eine große Anzahl von akademischen Nachwuchsarbeiten entstanden und Service Engineering ist inzwischen zum Thema von Lehrveranstaltungen beziehungsweise zu einem Teil der akademischen Ausbildung geworden. Die Wirtschaft ist bereit, das Thema „Service Engineering" aufzunehmen. Damit ist ein Prozess in Gang gesetzt, von dem wir hoffen, dass er mit Projekten wie CASET in einen ungeförderten Zyklus übergehen kann.

Doch CASET ist nicht nur ein Vorhaben im Rahmen des Service Engineering, sondern auch ein Vorhaben, dass sich den Finanzdienstleistungssektor als Wirkungsgebiet gewählt hat. Ein interessanter, aber in den letzten Jahren besonders schwieriger Bereich. Die Einbeziehung des Finanzsektors in die Forschungsförderung des Dienstleistungsbereichs fiel nicht leicht. Das hängt im Wesentlichen mit der Begründung der Notwendigkeit einer Förderung zusammen: Wird doch der Finanzsektor im öffentlichen Bewusstsein regelmäßig mit den großen privaten Finanzinstituten assoziiert. Die sind nicht dafür bekannt, dass sie auf staatliche Forschungsförderung angewiesen sind. Finanzdienstleistungen sind allerdings nicht auf den Bankensektor beschränkt und erst recht nicht auf private Großbanken. 1999 wurde im Rahmen der Förderkonzeption „Innovative Dienstleistungen" die Förderung des Forschungsverbundes „Finanzdienstleistungen" begonnen. Grundsätzlich kooperieren wissenschaftliche Institutionen, Banken, Volksbanken Raiffeisenbanken, Sparkassen, Verbände der Finanzdienstleister und andere Unternehmen. Banken und Finanzdienstleister werden dabei nicht gefördert. Der Themenkreis reicht von der mitarbeiterorientierten Ausgestaltung des „Multikanalvertriebes", der Bank der Zukunft, der Auslotung der Potenziale innovativer Finanz- und Verbunddienstleistungen für private Haushalte bis hin zum Thema Service Engineering.

Auch wenn die Weiterentwicklung des Service Engineering zu einem selbsttragenden Prozess werden soll, wird es weitere Forschungsnotwendigkeiten geben. Dazu gehört sicher die Weiterentwicklung des Ansatzes hinsichtlich der Exportfähigkeit von Dienstleistungen sowie der menschengerechten Gestaltung neuer Dienstleistungen. CASET stellt einen wichtigen Meilenstein auf diesem Weg dar.

Ansprechpartner: Dr. Gerhard Ernst
Projektträger im Deutschen Zentrum für Luft- und Raumfahrt (DLR)
Arbeitsgestaltung und Dienstleistungen

Bankgesellschaft Berlin AG

Die Bankgesellschaft Berlin mit ihrem Sitz in der deutschen Hauptstadt ist ein an inländischen Börsen notierter Bank- und Finanzkonzern, der in den nächsten Jahren zu einer starken Regionalbank im Raum Berlin umgebaut wird. Sie betreut ihre Kunden im Retail-Banking, in der Immobilienfinanzierung sowie in den Kapitalmärkten.

Bei der Produktentwicklung steht auch die Bankgesellschaft in dem Zielkonflikt, dem Kunden zum einen ein individuelles, sich von Mitbewerbern absetzendes Portfolio anbieten zu wollen, zum anderen aber gleichzeitig einen kostenoptimalen Produktmix bereitstellen zu müssen. Ein methodisch-strukturiertes Vorgehen in der Weiterentwicklung beziehungsweise Konfiguration von Produkt- und Dienstleistungsbündeln unterstützt unseres Ermessens diese Aufgabe.

Bereits bei der Umsetzung von Themen des Qualitätsmanagements hat die Bankgesellschaft Berlin die Erfahrung gemacht, dass der Finanzdienstleistungssektor von bereits implementierten Lösungen aus der Industrie lernen kann. Methoden, welche dort seit Jahren angewendet werden, haben unser Interesse geweckt und uns veranlasst, mit dem IAT der Universität Stuttgart beziehungsweise Fraunhofer IAO interdisziplinär an möglichen Transferergebnissen zu arbeiten.

Die von den Fachbereichen bei der Produktentwicklung bereits verwendeten Methoden und Verfahren wurden mit Hilfe von CASET ergänzt und in einen strukturierten Gesamtrahmen gebracht.

Wie in unserem Beitrag ablesbar ist, halten wir eine auf die Branche angepasste Methodik des Service Engineering für eine sinnvolle Möglichkeit, innovative und interessante Produkte kostengünstig auch in Krisenzeiten entwickeln und erfolgreich verkaufen zu können.

Ansprechpartner: Alexander Zacharias
Leiter Organisationsgrundsätze
Bankgesellschaft Berlin AG

Commerzbank AG

Mit einer Konzern-Bilanzsumme von ungefähr 400 Mrd. EUR gehört die in Frankfurt am Main ansässige und 1870 gegründete Commerzbank zu den führenden privaten Geschäftsbanken in Deutschland und Europa. Der Commerzbank-Konzern beschäftigt rund 35.000 Mitarbeiter, davon 7.600 weltweit. Als moderne Großbank betreut die Commerzbank zirka 6 Millionen Privat- und Firmenkunden in allen Facetten des Bankgeschäfts.

Dienstleistungen sind der Kern jeglichen Bankgeschäftes. Daher ist die schnelle und effiziente Realisierung von neuen oder die Weiterentwicklung von bestehenden Dienstleistungen ein kritischer Erfolgsfaktor. Oft kommt die Vernetzung mit Softwareentwicklungstätigkeiten hinzu. Die Motivation der Commerzbank an der Zusammenarbeit mit dem Institut für Wirtschaftsinformatik im DFKI im Rahmen des Projekts CASET war, hier verbesserte Lösungsansätze hinsichtlich Vorgehensweisen und Tools zu erhalten. Weiterhin wollten wir der Forschung Impulse und Fragestellungen geben mit dem Ziel, praxistaugliche Methoden und Lösungen mitzugestalten, die sich infolgedessen schneller durchsetzen.

Aus unserer Sicht hat das Projekt CASET wertvolle und verwertbare Ergebnisse für die Produktentwicklung der Commerzbank geliefert, die von uns gerne aufgegriffen werden, in zukünftige Projekte einfließen und dort weiter ausgebaut werden.

Da in Zukunft das Innovationstempo weiter steigen wird, kommt dem Thema methoden- und toolgestützte Dienstleistungsentwicklung immense Bedeutung zu. Wer Dienstleistungen nicht schnell und effizient den Bedürfnissen des Marktes anpassen kann, wird in Zukunft am Markt verlieren.

Ansprechpartner: Christof Lauck
Gruppenleitung Vertrieb Filiale
Zentraler Servicebereich IT Development - Bereich Private Kunden
Commerzbank AG

Deutscher Sparkassen Verlag GmbH

Der Deutsche Sparkassen Verlag (DSV) hat sich seit seiner Gründung im Jahr 1935 zu einem modernen Medien- und Systemhaus entwickelt und versteht sich als Allround-Dienstleister für die Sparkassen-Finanzgruppe mit breiter Produktpalette – von klassischen Verlagsprodukten, technischen Geräten und Bankkarten über Softwarelösungen, Angeboten und Dienstleistungen im Digital-Business bis hin zu Kommunikationskonzepten und PR-Events.

Der Zentralbereich Informationsverarbeitung (IV) des DSV bietet sowohl interne Dienstleistungen als auch Services für externe Kunden an. Das Fehlen eines eindeutig definierten Leistungsangebots erschwerte jedoch Vermarktung und Leistungserbringung. Das Projekt CASET liefert dazu den gesuchten Ansatz, um die angebotenen IT-Dienstleistungen zu strukturieren und zu bepreisen.

Die exemplarische Durchführung des Dienstleistungsentwicklungsprozesses am Beispiel dreier, in ihrer Art völlig unterschiedlicher Dienstleistungen brachte uns nicht nur im konkreten Fall klar strukturierte und dem Kunden gut vermittelbare Produkte, sondern auch weiterführende Erkenntnisse über den Charakter unserer Leistungen und das für eine strukturierte Gestaltung notwendige Vorgehen.

Die zunehmende Marktorientierung unseres Bereichs wird uns künftig immer mehr zwingen, neue Dienstleistungen schnell und marktgerecht zu gestalten. Unser aus dem CASET-Projekt hervorgegangener Leistungsentwicklungsprozess wird uns dabei helfen, diesen Anforderungen gerecht zu werden.

Ansprechpartner: Dr. Thomas Bassler
Leiter Produktion, Service und Infrastruktur
Zentralbereich Informationsverarbeitung
Deutscher Sparkassen Verlag GmbH

Autorenverzeichnis

Dr.-Ing. Dipl.-Inform. Thomas Bassler
Deutscher Sparkassen Verlag (DSV), Stuttgart
Dr.-Ing. Dipl.-Inform. Thomas Bassler ist als Leiter Produktion, Service und Infrastruktur des Zentralbereichs Informationsverarbeitung im DSV verantwortlich für den Rechenzentrumsbetrieb der Unternehmensgruppe DSV. In dieser Funktion entwirft und implementiert er mit seinen Mitarbeiterinnen und Mitarbeitern IT-Dienstleistungen für die Unternehmensgruppe DSV, die Sparkassen-Finanzgruppe und angrenzende Märkte. Ein wichtiges Anliegen bei dieser Aufgabe ist ihm die Ausrichtung der Dienstleistungsprodukte an den Anforderungen der IT Infrastructure Library (ITIL).

Dipl.-Inform. Matthias Dannenberg
ISA Tools GmbH, Stuttgart
Dipl.-Inform. Matthias Dannenberg ist Geschäftsführer der ISA Tools GmbH. Die ISA Tools GmbH beschäftigt sich mit der Erstellung und Vertrieb eines Werkzeugs zur Gestaltung grafischer Oberflächen. Sein Aufgabenschwerpunkt liegt dabei bei der Betreuung der Key-Accounts bei allen Fragen rund um das Produkt sowie bei der Konzeption und Realisierung kundenspezifischer Anpassungen und Erweiterungen des Produkts.

Dipl.-Kffr. Christine Daun
Institut für Wirtschaftsinformatik (IWi) im Deutschen Forschungszentrum für Künstliche Intelligenz (DFKI), Saarbrücken
Dipl.-Kffr. Christine Daun ist wissenschaftliche Mitarbeiterin am Institut für Wirtschaftsinformatik (IWi) im Deutschen Forschungszentrum für Künstliche Intelligenz (DFKI). Sie beschäftigt sich dort schwerpunktmäßig mit den Bereichen E-Government und Service Engineering.

Dipl.-Kffr. Katja Herrmann
Institut für Wirtschaftsinformatik (IWi) im Deutschen Forschungszentrum für Künstliche Intelligenz (DFKI), Saarbrücken
Dipl.-Kffr. Katja Herrmann ist wissenschaftliche Mitarbeiterin am Institut für Wirtschaftsinformatik (IWi) im Deutschen Forschungszentrum für Künstliche Intelligenz (DFKI). Sie beschäftigt sich dort schwerpunktmäßig mit den Bereichen Collaborative Business und Service Engineering.

Dipl. Betriebswirt (FH) Christoph Klein
IDS Scheer AG, Saarbrücken

Dipl. Betriebswirt (FH) Christoph Klein ist Senior Consultant im Bereich Consulting Finanzdienstleister der IDS Scheer AG. Er beschäftigt sich dort u. a. mit Bankenreorganisationen, Prozessmanagement und Service Engineering.

Dipl.-Kfm. Ralf Klein
Institut für Wirtschaftsinformatik (IWi) im Deutschen Forschungszentrum für Künstliche Intelligenz (DFKI), Saarbrücken

Dipl.-Kfm. Ralf Klein ist wissenschaftlicher Mitarbeiter am Institut für Wirtschaftsinformatik (IWi) im deutschen Forschungszentrum für Künstliche Intelligenz (DFKI). Er beschäftigt sich dort schwerpunktmäßig mit den Bereichen Service Engineering, (Finanz-)Dienstleistungsmanagement und Geschäftsprozessmanagement.

Dipl.-Kfm. Dietmar Kopperger
Fraunhofer-Institut für Arbeitswirtschaft und Organisation (IAO), Stuttgart

Dipl.-Kfm. Dietmar Kopperger arbeitet im Competence Center Software-Management am Fraunhofer IAO. In Forschungs- und Beratungsprojekten erarbeitet er Konzepte für die Bewertung und Beurteilung von Services und IT-Entscheidungen. Die thematischen Schwerpunkte seiner Arbeit liegen in den Bereichen Gestaltung kundenorientierter Bewertungsverfahren sowie Konzeption und DV-technische/organisatorische Verankerung von Services in IT-Szenarien.

Dipl.-Wirtsch.-Ing. Inka C. Mörschel
Fraunhofer-Institut für Arbeitswirtschaft und Organisation (IAO), Stuttgart

Dipl.-Wirtsch.-Ing. Inka C. Mörschel ist wissenschaftliche Mitarbeiterin im Competence Center Dienstleistungsmanagement am Fraunhofer IAO. In Forschungs- und Beratungsprojekten erarbeitet sie Lösungen zur Entwicklung, Vermarktung und Erbringung von Dienstleistungen. Ihre Themenschwerpunkte liegen in der modularen Gestaltung und Bündelung von Dienstleistungen sowie in der Standardisierung.

Oliver Pape
ISA Tools GmbH, Stuttgart

Oliver Pape studierte Betriebswirtschaftslehre an der Universität Stuttgart mit den Vertiefungsrichtungen Wirtschaftsinformatik und betriebswirtschaftliche Planung. Die Schwerpunkte seiner Arbeit sind Forschungs- und Beratungsprojekte im Bereich Management und Controlling von Software-Entwicklungsprozessen sowie Qualitäts- und Prozessmanagement bei Dienstleistungen und Software.

Dipl.-Ing. Christian Raether
ISA Informationssysteme, Stuttgart
Dipl.-Ing. Christian Raether ist Gründer und geschäftsführender Gesellschafter der ISA Informationssysteme seit 1987. Das mittelständische Softwarehaus entwickelt und vertreibt eigene Lösungen zur Erstellung von Client-Server-Anwendungen mit interaktiven Benutzerschnittstellen sowie Softwarewerkzeuge zur Generierung und Bearbeitung von Ontologien auf Basis statistisch-linguistischer Verfahren. Christian Raether hat eine Reihe weiterer Ausgründungen aus der Fraunhofer Gesellschaft aktiv begleitet und ist Vorstand im Stuttgarter Netzwerk für Existenzgründer PUSH.

Prof. Dr. Dr. h.c. mult. August-Wilhelm Scheer
Institut für Wirtschaftsinformatik (IWi) im Deutschen Forschungszentrum für Künstliche Intelligenz (DFKI), Saarbrücken
Prof. Dr. Dr. h.c. mult. August-Wilhelm Scheer ist Direktor des Instituts für Wirtschaftsinformatik (IWi) im Deutschen Forschungszentrum für Künstliche Intelligenz (DFKI) sowie Gründer und Vorsitzender des Aufsichtsrats der IDS Scheer AG und Gründer und Hauptgesellschafter der imc, Information Multimedia Communication GmbH, beide mit Sitz in Saarbrücken.

Dipl. Kaufmann (FH) Michael Schnüttgen
IDS Scheer Radermacher GmbH, Berlin
Dipl. Kaufmann (FH) Michael Schnüttgen ist Consultant bei der IDS Scheer Radermacher GmbH. Er beschäftigt sich dort mit u.a. mit Themen Real Estate Management, Prozessmanagement und Service Engineering.

Dipl.-Kfm. Peter Schreiner
Fraunhofer-Institut für Arbeitswirtschaft und Organisation (IAO), Stuttgart (bis April 2004)
Dipl.-Kfm. Peter Schreiner leitete das Competence Center Dienstleistungsmanagement am Fraunhofer IAO. Dort beschäftigte er sich mit den Themen Prozessgestaltung, -analyse und -optimierung. Sein größtes Interesse galt der Fragestellung, wie Unternehmen kundenorientiert Dienstleistungsprozesse gestalten können. Seit Mai 2004 ist er für den europäischen Marktführer im Bereich Pharmadistribution tätig.

Prof. Dr.-Ing. Dieter Spath
Fraunhofer-Institut für Arbeitswirtschaft und Organisation (IAO), Stuttgart

Prof. Dr.-Ing. Dieter Spath wurde 1981 zum ordentlichen Professor an der Universität Karlsruhe, Institut für Werkzeugmaschinen und Betriebstechnik ernannt und stand dort von 1996 bis 1998 als Dekan der Fakultät Maschinenbau vor. 1999 erhielt er einen Ruf an die Technische Universität München an das Institut für Werkzeugmaschinen und Betriebswissenschaften (iwb). Im Oktober 2002 wurde Professor Spath Leiter des Fraunhofer-Instituts für Arbeitswirtschaft und Organisation (IAO) und des Instituts für Arbeitswissenschaft und Technologiemanagement (IAT) der Universität Stuttgart.

Dipl.-Phys. Oliver Strauß
Fraunhofer-Institut für Arbeitswirtschaft und Organisation (IAO), Stuttgart

Dipl.-Phys. Oliver Strauß ist wissenschaftlicher Mitarbeiter im Marktstrategie Team Softwaretechnik am Fraunhofer IAO. Im Rahmen seiner Tätigkeit ist er in einer Reihe von Forschungs- und Entwicklungsprojekten vor allem im Umfeld der Entwicklung von Web-Anwendungen tätig. Seine Themenschwerpunkte liegen im Bereich der Vorgehensmodelle und Methoden zur Softwareentwicklung, der Konzeption und Umsetzung von IT-Lösungen sowie der Entwicklung von Software für Service Engineering.

Dipl.-Inform. Tek-Seng The
Fraunhofer-Institut für Arbeitswirtschaft und Organisation (IAO), Stuttgart

Dipl.-Inform. Tek-Seng The ist wissenschaftlicher Mitarbeiter im Competence Center Dienstleistungsmanagement am Fraunhofer IAO. In Forschungs- und Beratungsprojekten erarbeitet er IT-Lösungen zur Unterstützung der Entwicklung und Erbringung von Dienstleistungen. Seine Themenschwerpunkte liegen in der Konzeption und Einführung von unternehmensspezifischen IT-Lösungen und der Entwicklung von Software für Service Engineering.

Priv.-Doz. Dr.-Ing. habil. Anette Weisbecker
Fraunhofer-Institut für Arbeitswirtschaft und Organisation (IAO), Stuttgart

Priv.-Doz. Dr.-Ing. habil. Anette Weisbecker ist Institutsdirektorin des Fraunhofer IAO und Leiterin des Competence Centers Software Management. In zahlreichen nationalen und europäischen Forschungs- und Beratungsprojekten erarbeitet sie Methoden und Lösungen in den Bereichen Software Engineering, komponentenbasierte Softwareentwicklung und Grid-Computing. Ihre Themenschwerpunkte sind Software-Management, Software-Technik und Software-Ergonomie.

Dipl.-Kfm. Alexander Zacharias
Bankgesellschaft Berlin AG

Dipl.-Kfm. Alexander Zacharias leitete nach seinem Traineeprogramm im Organisationsbereich verschiedene Projekte zur Einführung von Qualitätsmanagement-Systemen in unterschiedlichen Konzernteilen der Bankgesellschaft Berlin AG. Er war maßgeblich bei der Restrukturierung und Zentralisierung des Kreditgeschäfts der Berliner Bank AG beteiligt und leitete dort im Anschluss die Abteilung Qualitätsmanagement. Seit 2001 ist er für die Themen Prozess- und Qualitätsmanagement in der Bankgesellschaft Berlin AG verantwortlich.

Dienstleistung als Wettbewerbsvorteil

Dieter Ahlert, Heiner Evanschitzky, Münster

Dienstleistungsnetzwerke

Management, Erfolgsfaktoren und Benchmarks im internationalen Vergleich

Dieses Buch zeigt, dass Dienstleister, die als Netzwerk organisiert sind, ihre Wettbewerbsposition verbessern können, da sie Kundennähe mit effizientem Systemhintergrund verbinden. Nach einem konzeptionellen Überblick werden empirische Ergebnisse einer internationalen Benchmarkingstudie zu den Erfolgsfaktoren von Dienstleistungsnetzwerken vorgestellt. Dabei werden fünf Erfolgsfaktoren identifiziert und deren Umsetzung in Form von „Best Practices Case Studies" aufgearbeitet. Diese Fallstudien stellen die international erfolgreichsten Benchmarks vor.

2003. XXIV, 466 S. 198 Abb. Gebunden € **59,95**; sFr 96,- ISBN 3-540-43572-7

Manfred Bruhn, Universität Basel

Qualitätsmanagement für Dienstleistungen

Grundlagen, Konzepte, Methoden

Die Qualität von Dienstleistungen erhöhen - das ist das Anliegen dieses Buches, das bereits in kürzester Zeit in der 5. Auflage erscheint. Der Autor setzt sich mit dem Dienstleistungsbegriff auseinander, er diskutiert die Instrumente zur Messung der Dienstleistungsqualität und erörtert Fragen der Organisation und Implementierung des Qualitätsmanagements sowie der Zertifizierung von Dienstleistungen.

5., verb. Aufl., 2004. X, 503 S., 165 Abb. Geb. € **44,95**; sFr 72,- ISBN 3-540-20292-7

Gunter Lay, Petra Jung Erceg, Fraunhofer-Institut für Systemtechnik und Innovationsforschung, Karlsruhe (Hrsg.)

Produktbegleitende Dienstleistungen

Konzepte und Beispiele erfolgreicher Strategieentwicklung

Nicht nur hervorragende Produkte können zu Wettbewerbsvorteilen führen, auch durch das Angebot zusätzlicher Dienstleistungen können Firmen sich von der Konkurrenz unterscheiden. Dieses Buch zeigt, wie Engineering-Leistungen, Rund-um-die-Uhr-Service, Finanzierungsdienste sowie Up-grading und Entsorgung strategisch zu Wettbewerbsvorteilen entwickelt werden können. Praxisberichte erfolgreicher Vorreiterfirmen werden in ein Konzept einer zielgerichteten Strategieentwicklung eingeordnet.

2002. VIII, 174 S. 93 Abb. Geb. € **37,95**; sFr 61,- ISBN 3-540-43278-7

Hans-Jörg Bullinger, Fraunhofer Institut für Arbeitswirtschaft und Organisation (IAO), Stuttgart; **August-Wilhelm Scheer,** IDS Scheer AG, Saarbrücken (Hrsg.)

Service Engineering

Entwicklung und Gestaltung innovativer Dienstleistungen

Die schnelle und effiziente Realisierung innovativer Dienstleistungen stellt zunehmend einen Erfolgsfaktor für die Wettbewerbsfähigkeit von Dienstleistungsunternehmen dar. Das Konzept des „Service Engineering" beschreibt Vorgehensweisen, Methoden und Werkzeugunterstützung für die systematische Planung, Entwicklung und Realisierung innovativer Dienstleistungen. Ziel ist es, Wissenschaftlern und Praktikern gleichermaßen einen Überblick über den aktuellen Kenntnisstand zum Service Engineering zu geben.

2003. X, 804 S. 239 Abb. Geb. € **89,95**; sFr 139,50 ISBN 3-540-43831-9

**Springer · Kundenservice
Haberstr. 7 · 69126 Heidelberg
Tel.: (0 62 21) 345 - 0 · Fax: (0 62 21) 345 - 4229 · e-mail: orders@springer.de**

Die €-Preise für Bücher sind gültig in Deutschland und enthalten 7% MwSt. Preisänderungen und Irrtümer vorbehalten. d&p · BA 20888

 Springer

GPSR Compliance

The European Union's (EU) General Product Safety Regulation (GPSR) is a set of rules that requires consumer products to be safe and our obligations to ensure this.

If you have any concerns about our products, you can contact us on

ProductSafety@springernature.com

In case Publisher is established outside the EU, the EU authorized representative is:

Springer Nature Customer Service Center GmbH
Europaplatz 3
69115 Heidelberg, Germany